LAUTERBACHER
ANNO 1651
ERDINGER
WEISSBRAU
ALKOHOLFREI
ERDINGER
Weißbier
ERDINGER
ALKOHOLFREI
Andechs
DOPPELBOCK DUNKEL
KAPUZINER
MIT FEINER HEFE
Franziskaner
Hefe-Weissbier
KAPUZINER
Weißbier
MIT FEINER HEFE
Zündorfer
LANDBIER
SEIT 1674
Das gute Zündorfer
LANDBIER

BIER

BIER

Brauereien und Sorten aus der ganzen Welt

DAVID KENNING

Herausgeber: James Bennett
Layout: Graham Curd
Bildredaktion: James Hollingworth
Weitere Texte: Robert Jackson, Chris McNab

Entwurf & Realisation: Amber Books Ltd.

Parragon
Queen Street House
4 Queen Street
Bath BA1 1HE, UK

Übersetzung: Anke Wellner-Kempf, Janette Schroeder
Satz und Redaktion: schroeder & partner, München
Koordination: trans texas GmbH, Köln

ISBN 1-40545-505-5

Printed in China

Inhalt

Coors
Coors

FULLER'S
ESB
EXTRA SPECIAL BITTER

MOUSEL
PREMIUM PILS

ER'S LAGER
FOSTER'S
CARLTON & UNITED BREWERIES LTD
77 SOUTHBANK BOULEVARD SOUTHBANK VIC 3006
BEER - PRODUCT OF AUSTRALIA
ALIA'S CLASSIC
R SINCE 1888
355mL

Einleitung

„Bier ist der Beweis dafür, dass Gott den Menschen liebt und ihn glücklich sehen will."

Benjamin Franklin

Wann das erste Bier gebraut wurde, ist nicht bekannt. Doch dass es im heutigen Nahen Osten geschah, ist höchst wahrscheinlich. Die ältesten Berichte über das Bierbrauen wurden vor über 5000 Jahren von den Sumerern verfasst, die im Zweistromland zwischen Euphrat und Tigris lebten, einem Gebiet, das heute im Irak liegt. Schon damals gab es verschiedene Biersorten – die Sumerer kannten mindestens 20, von denen jede zu einem entsprechenden Anlass getrunken wurde. Sikaru beispielsweise diente religiösen und medizinischen Zwecken. Zu seiner Herstellung tränkte man Brot aus Emmer-Weizen und Gerste in Flüssigkeit, ließ diese in Tonkrüge rinnen und dort mehrere Tage lang gären. Anschließend wurde die Flüssigkeit mit Honig und Datteln verfeinert. Das so hergestellte Bier war sehr nahrhaft. Seine berauschende Wirkung wurde aber ebenso geschätzt. Ein wesentlicher Grund, warum man Bier braute und trank, war aber schlicht und einfach, dass naturbelassenes Wasser oft gesundheitsgefährdend war.

Die Geschichte des Biers

Nach den Sumerern entwickelten die Ägypter das Brauereiwesen weiter. Sie erfanden eine Methode, Bier in großen Mengen herzustellen, um die Armeen des Pharaos versorgen zu können. Außerdem verfeinerten sie den Prozess des Mälzens. Als sich im 7. und 8. Jahrhundert der Islam im Mittleren Osten verbreitete, kam es zum Niedergang der Bierproduktion. Damals war Bier in Europa jedoch bereits fest etabliert.

Um das 5. Jahrhundert hatten in Europa die Mönche damit begonnen, Bier zu brauen. Die Klöster bauten die Gerste selbst an und verkauften ihre Überproduktion an Bier, um ihre religiöse Gemeinschaft zu finanzieren. Im Lauf der Jahrhunderte entwickelten die Mönche das grundlegende Brauverfahren, das bis heute noch von den kommerziellen Brauereien angewandt wird.

Bis ins 16. Jahrhundert waren alle Biere obergärig, das heißt, die Hefe schwamm während des Gärprozesses auf dem Bier. Ab etwa 1530 begannen die Mönche in Bayern, das gärende Bier tief unter der Erde in kühlen Kellern zu lagern. So konnten sie auch im Sommer Bier brauen. Hohe Temperaturen machen den Gärprozess nämlich unkontrollierbar. Die kühle Lagerung hatte eine entscheidende Auswirkung auf die Hefe – sie sank nun zu Boden

Unten

Nach dem deutschen Reinheitsgebot von 1516 dürfen zum Bierbrauen nur Hopfen, Malz und Wasser eingesetzt werden. Damals wurde die Hefe in diesem Zusammenhang noch nicht erwähnt. Sie ist heutzutage aber die „vierte Zutat" bei der Herstellung.

OBEN

Das Guinness-Bier verdankt seinen Namen dem Braumeister Arthur Guinness, der 1759 die Brauerei gründete.

und fermentierte wesentlich langsamer. Dieses Bier konnte viel länger gelagert werden. Das Verfahren nannte man dann auch „Lagern" – daher die Bezeichnung „Lager", die in vielen englischsprachigen Ländern für eine bestimmte Biersorte verwendet wird.

Außerhalb der Klöster brauten vor allem Gast- und Landwirte Bier, allerdings nur in kleinen Mengen. War jemand darin erfolgreich, zog er Besucher an. So entstanden viele Gaststätten mit angeschlossener Gasthausbrauerei. In manchen Familien bildete sich eine regelrechte Brautradition heraus, und im 14. Jahrhundert entstanden die ersten kommerziellen Brauereien.

Weil Bier massig war und sich nur schwer transportieren ließ, verkaufte man es am Standort der Brauerei. Die Rohstoffe wurden jedoch oft von weit hergeholt. Erst mit dem Aufkommen der Eisenbahn ab 1840, im Zuge der Industrialisierung, konnte man Bier in großen Mengen transportieren. Der wissenschaftliche und technische Fortschritt führten zu einer zunehmenden Automatisierung und Mechanisierung im Brauwesen, wodurch die Brauer die Produktion erheblich steigern konnten. Bierbrauen wurde nun zu einem bedeutenden Industriezweig, und manche Brauereien entwickelten sich zu international operierenden Unternehmen.

Die letzte große Änderung in der Kunst des Bierbrauens erfolgte Mitte des 19. Jahrhunderts. Bis dahin waren alle Biere dunkelbraun oder bernsteinrot und eher trüb. Dann entdeckte 1842 ein Brauer namens Joseph Groll in der böhmischen Stadt Plzeň ein Verfahren zur Herstellung kristallklarer goldfarbener Lagerbiere. Seine Entdeckung war wahrscheinlich eher eine Art Betriebsunfall. Sie war das Ergebnis einer Zufallskombination von Malz, Wasser und ganz bestimmten Umweltbedingungen. Dass sein kristallklares Bier einen weltweiten Siegeszug antrat, ist sicher auch dem Umstand zu verdanken, dass es in Böhmen damals auch eine bedeutende Glasindustrie gab. Wurde Bier meistens aus Stein-, Metall- oder Tonkrügen getrunken, so kam Grolls neues kristallklares Bier in böhmischem Glas ideal zur Geltung.

Um 1870 wurde die mechanische Kühlung erfunden, sodass man Bier nicht nur länger frisch halten, sondern auch gekühlt servieren konnte, was Bier zu einem perfekten Erfrischungsgetränk an warmen Sommertagen machte.

Wasser: der Grundstoff

Bier besteht zu etwa 90 Prozent aus Wasser. Daher ist es wenig überraschend, dass der Mineralstoffgehalt des verwendeten Wassers großen Einfluss auf den Geschmack des Biers hat. So ist das weiche Wasser der tschechischen Stadt Plzeň ideal für die berühmten goldfarbenen Lagerbiere, auch Pilsener genannt, während das harte, schwefelreiche Wasser des englischen Flusses Trent die hellen Ales, für die die Stadt Burton-upon-Trent berühmt ist, entscheidend prägt.

Malz: die Seele

Verschiedenste Getreidesorten werden zur Bierherstellung verwendet – etwa Weizen, Roggen, Mais und Hafer –, allen gemeinsam ist, dass die rohen Körner nicht ausreichend fermentieren, sodass sie zunächst gemälzt werden müssen. Gerste wird von den Brauern bevorzugt, weil sie am einfachsten zu mälzen ist und eine größere Menge an Gärzuckern produziert. Sie wird zu Malz, indem man die Körner zwei bis drei Tage lang in Wasser einweicht, bis sie zu keimen beginnen. Dann werden sie in einem Keimkasten ausgebreitet, wo sie drei bis fünf Tage weiterkeimen. Nun verwandelt sich die Stärke in den Getreidekörnern in die für das Brauen so wichtigen Gärzucker. Der Keimprozess wird dann gestoppt, indem die Körner in einer Darre erhitzt werden.

Die Höhe der Temperatur und die Länge der Darrzeit entscheiden über Farbe und Geschmack des Malzes, was wieder Einfluss auf Farbe und Geschmack des Biers hat. Helles Malz ist am verbreitetsten, da es sich für alle Biersorten eignet. Bernsteinfarbene und braune Malze entstehen, indem die Gerste bei höheren Temperaturen gedarrt wird. Dadurch erhält das Bier eine kupferrote Farbe. Das dunklere und geschmacklich komplexere Schokoladenmalz wird noch länger gedarrt. Die längste Darrzeit hat das Schwarzmalz mit seinem kräftigen Bittergeschmack. Die meisten Malze werden hergestellt, indem die Temperatur über mehrere Stunden schrittweise erhöht wird. Zur Herstellung von Kristallmalzen – sie sorgen für einen volleren, süßeren Geschmack – werden die Körner aber fast sofort hohen Temperaturen ausgesetzt.

Hopfen: Haltbarkeit und Würze

Hopfen wird erstmals in klösterlichen Aufzeichnungen aus dem 8. Jahrhundert n. Chr. als Zutat von Bier erwähnt. Schon damals wussten die Mönche um die konservierenden Eigenschaften des Hopfens, doch war er wegen seines bitteren Geschmacks zunächst nicht beliebt. Er enthält ein harziges Öl namens Lupulin, das sowohl für Haltbarkeit wie auch für Bittere sorgt. Bevor man Hopfen verwendete, erfüllten verschiedene Würzmischungen diese Funktion, wie etwa Grut, eine Mischung aus Kräutern und Gewürzen. Aber die Biertrinker fanden mit der Zeit Gefallen am bitteren Hopfen, und so setzte er sich durch, obwohl die Obrigkeit mancherorts versuchte, den Hopfenanbau zu untersagen – so der Erzbischof von Köln, der ein Monopol auf die Herstellung von Kräutern besaß, mit denen Bier gewürzt wurde. Gehopftes Bier kam erstmals um 1400 in England auf. Auch hier sorgte der Hopfen zunächst für Probleme, da die englischen Brauer um ihre Existenz fürchteten. Um 1600 hatte sich die Verwendung von Hopfen in Europa jedoch durchgesetzt, und heute haben zahlreiche Biersorten ihre feinen Unterschiede in Aroma und Geschmack den unterschiedlichen Hopfensorten zu verdanken.

Unten

Tiger-Bier wird in Malaysia gebraut und gilt als eines der beliebtesten asiatischen Biere.

Hefe: der Katalysator

Die ersten Brauer wussten nichts von Hefepilzen, und selbst die Mönche im Mittelalter hatten nur eine sehr vage Vorstellung davon. Sie schrieben ihre Wirkung einer Art göttlichen Einwirkens zu, die sie „Gottesgut" nannten. 1685 beobachtete der holländische Wissenschaftler van Leeuwenhoek erstmals Hefe in Bier, aber ihre Wirkung wurde erst 1871 grundlegend durch den berühmten Wissenschaftler Louis Pasteur erklärt.

Pasteur beobachtete, dass Hefe den im Sud gelösten Malzzucker in Alkohol und Kohlensäure umwandelt. Werden die Braubedingungen nicht sorgfältig kontrolliert, verhält sich die Hefe willkürlich und ruiniert das Bier. Pasteur konnte viele Probleme, mit denen die Brauer beim Bierbrauen konfrontiert waren, erklären. Seine Arbeit veranlasste den dänischen Brauer J. C. Jacobsen von der Brauerei Carlsberg in Kopenhagen, ein Labor einzurichten, in dem Bierhefe-Reinkulturen gezüchtet wurden. Aber Hefe löst nicht nur die Gärung aus, sondern beeinflusst auch den Geschmack des Biers. Daher verwenden viele Brauer eine Mischung aus verschiedenen Hefesträngen, während die belgischen Lambic-Brauer sich bei der Gärung auf die wilden Hefepilze in der Luft verlassen.

Weitere Zutaten

Es gibt unendlich viele Variationen des Grundrezepts zur Bierherstellung, bei denen alle Arten von Zutaten verwendet werden. Manche Zutaten werden als „Zusätze" angesehen, die als billiger Ersatz für Gerstenmalz verwendet werden, vor allem bei industriellen Lagerbieren. Verbreitet sind Zucker, Reis, Mais, Maissirup und Malzextrakte. Getreide wie Weizen und Hafer gehören einfach in traditionelle Biersorten, und wieder andere Zutaten verbessern tatsächlich den Geschmack. Dazu zählen Kräuter und Gewürze wie Wacholder, Koriander, Ingwer sowie Orangen- und Zitronenschalen. Der Gebrauch von Honig in Bier ist eine jahrhundertealte Tradition, und eine schottische Brauerei würzt ihr Bier sogar mit Heidekraut.

Das Bierbrauen

Der Schlüssel beim Brauen ist die Umwandlung von Zucker in Alkohol durch Gärung. Obwohl die Sumerer die Gärprozesse nicht verstanden, wandten sie bereits dasselbe Grundverfahren an wie moderne Hightech-Brauereien, die gewaltige Mengen Bier produzieren.

Das erste Stadium des Brauens ist die Maische. Hier wird das Malz in Wasser gekocht, bis es sich in einen Brei verwandelt, wobei dem Malz der Gärzucker entzogen wird. Man unterscheidet zwei Verfahren: die Infusion, bei der die Temperatur stufenweise angehoben wird und der Zucker sich einfach auflöst, und die aufwändigere Dekoktion, zu der zwei Behälter nötig sind. Im ersten Behälter befindet sich die Hauptmaische; im zweiten, der Maischpfanne, werden Teile der Hauptmaische auf eine bestimmte Temperatur erhitzt und der Hauptmaische wieder hinzugefügt. Dies wird so oft wiederholt, bis die Hauptmaische die gewünschte Temperatur hat. Dabei wird bei unterschiedlichen Temperaturen so viel Zucker wie möglich extrahiert.

Die Flüssigkeit, die nach dem Maischen entzogen wird, heißt Würze. Diese wird nun mehrere Stunden in einem Braukessel erhitzt. Wird Hopfen zu Beginn zugegeben, erhält das Bier Bittere, wird er gegen Ende zugefügt, bekommt es Aroma. Der verbrauchte Hopfen wird mit einem Filter, dem Hopfenseiher, entfernt, und die Würze wird gekühlt, bevor sie in die Gärtanks kommt. Jetzt wird die Hefe zugesetzt, und die Gärung setzt ein.

Nach der ersten Gärphase ist das so genannte Jung- oder Grünbier entstanden. Dieses wird in Tanks einer zweiten, sanfteren Gärung unterzogen (gewöhnlich bei niedrigeren Temperaturen), damit das Bier seinen endgültigen Charakter entwickeln kann.

Nach der Gärung werden die meisten Biere gefiltert und pasteurisiert. Manche in „Flaschengärung" hergestellten Biere werden jedoch noch mit aktiver Hefe in Holzfässern oder Flaschen gelagert und reifen weiter, bis sie schließlich in den Ausschank kommen.

Obwohl das Grundverfahren für alle Biere nahezu gleich ist, gibt es fast unendlich viele Biersorten – kein Wunder angesichts der endlosen Variationsmöglichkeiten in den Verhältnissen der Zutaten zueinander, den zahlreichen Wasser-, Malz-, Hefe- und Hopfenarten, ganz zu schweigen von den Gewürzen und Zusätzen sowie den verschiedenen Braubedingungen. Die große Vielfalt bietet für jeden Gaumen und für jeden Anlass etwas – vom Durstlöscher für heiße Sommertage bis zu starkem, dunklem Bier für ein winterliches Festmahl.

Oben

Molson wurde 1786 gegründet und ist damit die ältesete Biersorte Nordamerikas. Als einer der größten Bierproduzenten weltweit unterhält der Konzern mittlerweile neben seiner Niederlassung in Kanada auch Produktionsstätten in Brasilien und in den USA. Die Biersorte Molson Canadian Ice ist das beliebteste Bier in Kanada.

Kanadisches Bier

Obwohl die Geschichte des Brauereiwesens in Kanada mit der seines Nachbarn USA viel gemeinsam hat, gibt es doch auch wesentliche Unterschiede. Am bedeutendsten war der Einfluss der Prohibition. Diese wurde zwar 1932 aufgehoben – zur gleichen Zeit wie in den USA –, doch hatte man stattdessen strenge Vorschriften erlassen, um die Produktion und den Verkauf von Alkohol zu kontrollieren. Bis heute schränken sie den Markt ein.

OBEN
Kanada hat eine blühende Pub- und Bar-Kultur und bietet lokalen Kleinbrauereien einen großen Markt.

DIE KANADISCHE ALKOHOLSTEUER ist weltweit eine der höchsten. Bier ist hier also teuer. Regionale Gesetze verhindern zudem den Verkauf von Bier über die Provinzgrenzen hinaus.

Deshalb wird die Bierproduktion in Kanada seit jeher von einer Hand voll großer Brauereigruppen dominiert. Die größte, Molson, wurde 1786 in Montreal von dem Engländer John Molson gegründet. Die nächstgrößte, Carling, gegründet 1840 in Ontario von Sir Thomas Carling, schloss sich 1862 mit dem Konkurrenten O'Keefe zu Carling O'Keefe zusammen, die schließlich 1989 von Molson übernommen wurde. Die zweite große Brauerei Kanadas, Labatt, wurde 1847 von dem Iren John Labatt gegründet. Sowohl Labatt als auch Molson sind heute in ausländischer Hand: Labatt gehört seit 1995 zu dem belgischen Großkonzern Interbrew, und Molson schloss sich 2004 mit dem riesigen US-Brauunternehmen Coors zusammen.

Diese großen, mächtigen Unternehmen konnten die regionalen Gesetze umgehen, indem sie im ganzen Land regionale Brauanlagen errichteten und oft die kleinen lokalen Marken schluckten. Ein positiver Aspekt der gesetzlichen Beschränkungen ist, dass sie die Gründung vieler kleiner Brauereien ermöglicht haben, die ausschließlich innerhalb der Grenzen ihrer Provinz tätig sind und in kleinen Mengen interessante Biere nach alter Tradition brauen. Gleichwohl wird der Markt immer noch von leichten, faden Lagerbieren beherrscht. Trotz der sehr strengen Lizenzgesetzgebung waren kanadische Brauer führend in der Weiterentwicklung der Brauverfahren. Besonders Labatt war hierbei wegweisend mit seinem Eisbier, das 1993 auf den Markt kam.

RUND UMS BIER

Produktionsmenge: 23 443 000 Hektoliter pro Jahr

Pro-Kopf-Verbrauch: 60 Liter pro Jahr

Berühmte Brauereien: Big Rock; Brick Brewing Company; Budweiser Canada; Creemore Springs; Labatt Breweries; McAuslan Brewing; Molson Breweries of Canada; Moosehead Breweries; Unibroue

Berühmte Marken: Brick Premium; Creemore Springs Premium; Labatt's Ice Beer; Moosehead; Big Rock Grasshopper; Molson Canadian

Alexander Keith’s IPA

Alexander Keith’s India Pale Ale wird seit 1820 in Halifax in der Provinz Novia Scotia gebraut. Damals beschloss der Brauereibesitzer, Qualitätsbiere zu produzieren, die allen Geschmäckern gerecht werden und breiten Zuspruch finden.

Dieses besondere India Pale Ale ist ein klares, hellgelbes Ale mit einer kleinen, aber deutlich sprudelnden Krone. Es verfügt über eine angenehm kräftige Süße, mit einem Hauch von Aprikose, Honig und Butterscotch. Das Ale hat einen ausgezeichneten, nussigen Nachgeschmack und ist im Allgemeinen äußerst erfrischend. Manche Kritiker behaupten jedoch, das Alexander Keith’s IPA sei kein traditionelles India Pale Ale, weil es nicht malzig genug schmeckt. Andere empfehlen, das Bier als Fassbier und nicht als Flaschenbier zu trinken. Wie verschieden die Ansichten auch sind: Das IPA hat eine treue Fangemeinde unter den kanadischen Biertrinkern.

WISSENSWERTES

Brauerei: Oland Brewery (Labatt/Interbrew)
Standort: Halifax, Novia Scotia
Sorte: India Pale Ale
Farbe: Hellgelb
Alkoholgehalt: 5 Vol.-%
Serviertemperatur: 5–7 °C
Passt gut zu: Brot mit reifem Cheddar-Käse

Amsterdam Nut Brown Ale

Amsterdam war ursprünglich der Name einer Brauereikneipe an der John Street in Torontos Nachtclub-Viertel.

Diese Kneipe wurde jedoch verkauft und heißt heute Al Frisco’s (wo immer noch sporadisch Hausbier gebraut wird). Amsterdam hieß auch die Brauerei über der Rotterdam Bar, in der King Street West 600. Das Amsterdam Nut Brown Ale gilt als klassisches braunes Ale im britischen Stil, mit einer dunklen Kastanienfarbe und einem mittleren Körper. Es wird mit Schokoladenmalz aus Belgien gebraut und mit kanadischem Hopfen ausgewogen, der den vollen Malzgeschmack ergänzt.

WISSENSWERTES

Brauerei: Amsterdam Brewing Company
Standort: Toronto, Ontario
Sorte: Nut Brown Ale
Farbe: Dunkelbraun
Alkoholgehalt: 5 Vol.-%
Serviertemperatur: 5 °C
Passt gut zu: Brot, kräftigem Käse und Pickles

Big Rock McNally's Extra Ale

Big Rock wurde nach einem 18 000 Tonnen schweren Felsbrocken benannt, den ein Gletscher in Calgary, der Heimatstadt des Brauers, hinterlassen hatte. Die Brauerei wurde 1984 von Ed McNally gegründet, einem kanadischen Bierliebhaber irischer Herkunft. Er wollte den faden, in Masse produzierten Bieren, die den Markt beherrschten, eine geschmacksintensivere Alternative entgegensetzen. Da er selbst kein Brauer war, engagierte er Bernd Pieper, einen erfahrenen Schweizer Bierbrauer, für die Produktion. Bald brachte die Brauerei drei Marken heraus: ein mildes, ausgewogenes, traditionelles Ale, das bis heute produziert wird, ein Bitter und ein Porter.

Dieses milde, durstlöschende helle Ale gehört seit Sommer 1986 zur Produktpalette. Als dieses Bier herauskam, wurden mehrere große Brauereien durch Streiks erschüttert, sodass das Big Rock Pale Ale von einer durstigen Kundschaft wohlwollend aufgenommen wurde. Weihnachten 1986 kam McNally's Extra Pale Ale zum Sortiment hinzu und wurde das erste – und einzige – Bier von Big Rock, das McNallys Namen trägt. Das helle, bernsteinfarbene Ale mit kräftigem Geschmack wird in typisch irischem Stil gebraut. Auf kräftige Röstmalzaromen mit fruchtigen Rösttönen folgt auf dem Gaumen ein ebenso voller, an Brot erinnernder Malzgeschmack mit einem Hauch Karamell und Rosine.

WISSENSWERTES

Brauerei: Big Rock Brewery
Standort: Calgary, Alberta
Sorte: Irish Red Ale
Farbe: klares, dunkles Bernsteinrot
Alkoholgehalt: 7 Vol.-%
Serviertemperatur: 10–13 °C
Passt gut zu: Schweinebraten mit Apfelsoße

Big Rock Grasshöpper

Ein einzigartiges Weizenbier, süffig und außergewöhnlich erfrischend. Grasshöpper ist delikat gehopft und hat einen weichen, hellen Abgang.

Grasshöpper ist in der Tradition des deutschen Kristallweizens gebraut. Es ist nur eins von vielen beliebten Biersorten der Big Rock Brauerei, die Mitte der 1980er-Jahre von Ed McNally aus Lethbridge in Alberta gegründet wurde. McNally war eigentlich Jurist, wechselte aber den Beruf und wurde zunächst Landwirt und danach Unternehmer mit einer eigenen Brauerei. Grasshöpper ist ein klares Bier mit leichtem Zitronengeschmack, prickelnd und scharf auf dem Gaumen. Nach dem Ausschenken behält das Bier von sonnig-hellgelber Farbe seine Schaumkrone eine ganze Weile bei.

WISSENSWERTES

Brauerei: Big Rock Brewery
Standort: Calgary, Alberta
Sorte: Weizenbier
Farbe: Goldgelb
Alkoholgehalt: 5 Vol.-%
Serviertemperatur: 5 °C
Passt gut zu: würzigen, orientalischen Gerichten

Brick Red Baron

Das Red Baron wird nach ähnlicher Rezeptur gebraut wie das Premium Lager von Brick, jedoch mit einem weniger ausgeprägten Hopfenprofil. Es ist daher ein idealer Durstlöscher.

Das Red Baron ist wie das Red Cap die Neuauflage eines in den 1950er- und 1960er-Jahren beliebten Biers, das in kleine 25-cl-Flaschen mit rotem Verschluss abgefüllt wird, und gehört zum Sortiment der Brick-Brauerei. Wie auch das Waterloo Dark, das nach dem Sitz der Brauerei benannt ist – ein volles, dunkel-mahagonifarbenes Bier nach Münchner Art mit mildem Malzcharakter.

WISSENSWERTES

Brauerei: Brick Brewing Company
Standort: Waterloo, Ontario
Sorte: Lager
Farbe: helles Strohgelb
Alkoholgehalt: 5 Vol.-%
Serviertemperatur: 8 °C
Passt gut zu: scharf gewürzten Gerichten wie Thai Currys

Brick Premium Lager

Seit der Gründung 1984 hat sich Jim Brickmans Brauerei Brick zu einer der größten in ganz Kanada entwickelt. Alles begann mit einer Kleinbrauerei. Erst nach fünf Jahren Marktforschung in 29 Ländern und 68 Brauereien zog man mit den Produktionsstätten in eine ehemalige Möbelfabrik aus der Mitte des 19. Jahrhunderts und beliefert den Markt seither mit einer breiten Auswahl von Bieren.

Brick Premium Lager, das erste Bier der Brauerei und noch immer ihr „Flaggschiff", wird aus kanadischem Malz und zwei aus Europa importierten Hopfensorten gebraut. Das Aroma wird von einem süßen Malzprofil dominiert, mit Anklängen an eine zitronige Hopfenwürze im Hintergrund. Der Hopfen wird auf dem Gaumen stärker und harmonisiert gut mit dem weichen, butterigen Malzaroma.

Mit seinem mittleren Körper und der spritzigen Kohlensäure ist dieses Bier spritzig und erfrischend. Seine Qualität lässt sich auch daran ermessen, dass es fünf Mal die Goldmedaille der Monde Selection gewonnen hat.

Brick verfügt gegenwärtig über eines der größten Biersortimente aller Brauereien in Nordamerika: darunter ein mild gehopftes Lager, das leichter im Geschmack ist, sowie unter der Marke Laker eine Reihe von Lagerbieren „zu konkurrenzfähigen Preisen". Brick besitzt eine zweite Brauerei in dem kleinen Ort Formosa (wo das Quellwasser herstammt, das für das Premium Lager verwendet wird). Hier befindet sich auch eine der ältesten kanadischen Brauereien. Unter der Marke Formosa produziert Brick dort das Cold Filtered Draft. Die meisten Biere von Brick sind Lagerbiere. Eine Ausnahme ist das Conners Best Bitter, ein bernsteinfarbenes Ale in englischer Tradition mit einem robusten Hopfenaroma und einer bitteren Schlussnote. Die Produktpalette umfasst auch das Andechs Special Hell Lager, das nach der Rezeptur der Mönche des Klosters Andechs in Bayern gebraut wird.

WISSENSWERTES

Brauerei: Brick Brewing Company
Standort: Waterloo, Ontario
Sorte: Lager
Farbe: helles Strohgelb
Alkoholgehalt: 5 Vol.-%
Serviertemperatur: 8 °C
Passt gut zu: Fisch und Meeresfrüchten, gegrillt oder geräuchert

Creemore Springs Premium Lager

Erhältlich als Flaschen- oder Fassbier, hat das Creemore Springs Premium Lager ein ausgewogenes Hopfenaroma mit einem Hauch Honig im Malz.

Mit seiner gefälligen Qualität und einem frischen, prickelnden, zitronigen Geschmack ähnelt es einem guten Pilsener. Es ist leicht süßlich und zeigt beim Ausschenken eine goldorangene Farbe mit einer kleinen Krone, die bald verschwindet und dann eine Art Spitzenmuster hinterlässt. Die Brauerei mit Sitz in Creemore hat direkten Zugang zu reinem Quellwasser, das durch ein Kalksteinbett gefiltert wird. Creemore Springs betont in der Werbung: „Unser einzigartiges Lager wird in kleinen Chargen mit Feuer gebraut und wöchentlich frisch ausgeliefert.“ Creemore-Fans können dem offiziellen Fanclub der Brauerei beitreten, der sich „Frothquaffers“ (Schaumschlürfer) nennt.

WISSENSWERTES

Brauerei: Creemore Springs
Standort: Creemore, Ontario
Sorte: Premium Lager
Farbe: Goldorange
Alkoholgehalt: 5 Vol.-%
Serviertemperatur: 5 °C
Passt gut zu: Rind- oder Schweinefleisch

Labatt Blue

John Kinder Labatt war Ire und ließ sich in den 1830er-Jahren in London, Ontario nieder.

Nach einiger Überlegung gründete er 1847 mit seinem irischen Landsmann, Samuel Eccles, eine Brauerei. 1853 wurde er der alleinige Inhaber. Heute ist Labatt eine der zwei größten kanadischen Brauereien und Labatt Blue das meistverkaufte kanadische Bier der Welt. 1951 wurde es unter dem Namen Labatt Pilsner herausgebracht, von den Fans des Canadian-Football-Teams der Winnipeg Blue Bombers jedoch inoffiziell umbenannt. Mit importiertem deutschem Hopfen gebraut, ist es ein wohl ausgewogenes Bier, das zu einem weichen Körper und einem vollen, fruchtigen Aroma reift.

WISSENSWERTES

Brauerei: Labatt
Standort: Toronto, Ontario
Sorte: Lager im Pilsener-Stil
Farbe: klares Goldgelb
Alkoholgehalt: 5 Vol.-%
Serviertemperatur: 6–8 °C
Passt gut zu: gegrillten, leicht gewürzten Würsten

Labatt Ice

Als das Labatt Ice 1993 auf den Markt gebracht wurde, war es das erste Eisbier der Welt. In einem einzigartigen Verfahren wird das Bier auf etwa -4 °C abgekühlt: eine Temperatur, bei der sich Eiskristalle bilden.

Die Eiskristalle werden dann entfernt, und das Bier wird weicher und leichter; da Wasser bei einer höheren Temperatur gefriert als Alkohol, steigt auch der Alkoholgehalt. Besondere Milde entsteht durch eine verlängerte Reifezeit. Durch die Verwendung ausgewählter nordamerikanischer und europäischer Hopfensorten bildet sich ein volles, dennoch delikates Aroma. Heute braut Labatt viele verschiedene Biersorten.

WISSENSWERTES

Brauerei: Labatt
Standort: Toronto, Ontario
Sorte: Eisbier
Farbe: Helles Goldgelb
Alkoholgehalt: 5,6 Vol.-%
Serviertemperatur: 6 °C
Passt gut zu: scharf gewürzten Hühnergerichten

McAuslan Griffon Extra Pale Ale

Im Jahr 1989 gründete Peter McAuslan aus Toronto die McAuslan-Brauerei – davon überzeugt, er könne besseres Bier brauen als die Brauereien in seiner Heimat.

Die Produkte der Brauerei firmieren unter zwei Marken: St-Ambroise und Griffon. Die beiden Griffon-Biere sind: ein Rotbier im irischen Stil, das mit gerösteter Gerste und Kristallmalz gebraut ist und einen nussigen Malzgeschmack entfaltet, sowie ein Extra Pale Ale, ein goldenes Ale mit einem ausgewogenen Hopfen- und Malzaroma. Beide Biere haben zahlreiche Auszeichnungen gewonnen, darunter 1996 eine Goldmedaille beim World Beer Cup für Extra Pale Ale. Die Brauerei McAuslan betont, dass ihre Biere zum Kochen geeignet sind, und empfiehlt seine Griffon-Biere für Sodabrot, Karotten und süße Kartoffelsuppe, Hühnchen-Aprikosen-Pilaf mit Mandeln und Schokoladen-Mousse mit dunklem Bier.

WISSENSWERTES

Brauerei: McAuslan Brewing
Standort: Montreal, Quebec
Sorte: Pale Ale
Farbe: helles, klares Goldgelb
Alkoholgehalt: 5 Vol.-%
Serviertemperatur: 8–10 °C
Passt gut zu: herzhafter Gemüsesuppe

McAuslan St-Ambroise Oatmeal Stout

Unter den vielen Auszeichnungen, die die Brauerei McAuslan in Toronto erhalten hat, befindet sich eine Platin-Medaille für das St-Ambroise Oatmeal Stout vom World Beer Championship 1994.

Ein hoher Anteil dunkler Malze und Röstgerste geben diesem vollen, schwarzen Bier ein kräftiges Aroma mit Kaffee- und Schokoladenduft, während der Hafer eine bemerkenswert weiche, vollmundige Textur verleiht. Durch eine leichte Hopfenbittere mit einem Hauch Gras und einen prickelnden, trockenen Abgang ist dieses Bier schön abgerundet und überraschend leicht und angenehm zu trinken.

WISSENSWERTES

Brauerei: McAuslan Brewing
Standort: Montreal, Quebec
Sorte: Oatmeal Stout
Farbe: tiefdunkles Schwarz
Alkoholgehalt: 5 Vol.-%
Serviertemperatur: 12 °C
Passt gut zu: schwerem Schokoladenkuchen

McAuslan St-Ambroise Pale Ale

Die Brauerei McAuslan nahm 1989 im Stadtviertel St. Henri in Montreal die Produktion auf und ist heute Marktführer unter den Kleinbrauereien in Quebec.

St-Ambroise Pale Ale, benannt nach der Straße, in der sich die Brauerei befindet, war das erste Bier, das dort produziert wurde, und es ist nach wie vor eines der beliebtesten. Bei diesem Bier dominiert der Hopfen. Dem spritzigen, blumigen, apfelähnlichen Aroma folgt auf dem Gaumen eine erste zitronige Hopfenbittere, die sich abklärt in einen karamellsüßen, fruchtigen Malzkörper, bevor der Hopfen in einem trocken-bitteren Abgang wieder überwiegt. Zum 15. Jahrestag der Brauereigründung 2001 brachte McAuslan das Vintage Ale auf den Markt. Dieses Bier, das mit der Lagerung immer besser wird, ist ein voller, starker und malziger Gerstenwein, der mit Weizen und Münchner Malz hergestellt wird.

WISSENSWERTES

Brauerei: McAuslan Brewing
Standort: Montreal, Quebec
Sorte: Pale Ale
Farbe: Bernsteinrot
Alkoholgehalt: 5 Vol.-%
Serviertemperatur: 10 °C
Passt gut zu: Brot mit kräftigem Käse

Molson Canadian Lager

Molson, Nordamerikas älteste Brauerei, produziert dieses klassische Lager unter Verwendung des feinsten Hopfens, kristallklarem Wasser und gemalzter Gerste.

Seit John Molson im Jahre 1786 am St.-Lawrence-Strom bei Montreal seine Brauerei gründete, hat Molson eine große Anzahl beliebter Biere hergestellt. Das Lager ist weich, mit einem Hauch Bittere. Es ist ein „leichter" Drink, sehr beliebt auf Partys, und sollte immer kühl serviert werden. Dann hat es einen spritzigen, modernen und besonders erfrischenden Geschmack.

WISSENSWERTES

Brauerei: Molson Breweries of Canada
Standort: Toronto, Ontario
Sorte: Lager
Farbe: Goldgelb
Alkoholgehalt: 5 Vol.-%
Serviertemperatur: 5–7 °C
Passt gut zu: kaltem Hühnchensalat

Molson Rickard's Red

Rickard's Red, ebenfalls aus dem Hause Molson, ist seit über zehn Jahren Kanadas meist verkauftes Rotbier.

Erstmals in Vancouver im Hauptsitz der Capilano-Brauerei Anfang der 1980er-Jahre gebraut, wird Rickard's Red mit einer einzigartigen Mischung aus drei unterschiedlichen Gerstenmalzen hergestellt. Das Ergebnis ist ein unglaublich weiches und köstliches Rotbier mit einer außergewöhnlichen Trinkqualität. Sehr ausgewogen, cremig und malzig, mit genau dem richtigen Maß an Aroma und Kohlensäuregehalt, um bis zum Schluss anzuhalten. Was den Alkoholgehalt betrifft, belegt Rickard's Red mit 5,2 Vol.-% den mittleren Platz unter den Molson-Bieren. Am unteren Ende der Skala sind Biere wie A Marca Bavaria (4,5 Vol.-%) und Molson Ultra (4,5 Vol.-%), während Molson Dry (5,5 Vol.-%) und das kräftige Alcomalt Tornade (6,1 Vol.-%), das in mehreren Geschmacksrichtungen erhältlich ist, stärker sind als Rickard's Red.

WISSENSWERTES

Brauerei: Molson Breweries of Canada
Standort: Toronto, Ontario
Sorte: Dark Ale
Farbe: Rötlich braun
Alkoholgehalt: 5,2 Vol.-%
Serviertemperatur: 5,6 °C
Passt gut zu: Roastbeef oder Wurstsalat

Moosehead Lager

Die Geschichte der Moosehead-Brauereien, deren Sitz jetzt Saint John in New Brunswick ist, begann 1867, als Susannah Oland in ihrem Hinterhof im benachbarten Nova Scotia einen Kessel braunes Oktoberbier braute.

Ermutigt durch Freunde und Familie, begannen Susannah und ihr Mann John James Dunn Oland, das Bier zu verkaufen. Seitdem hat das Unternehmen viele Katastrophen überstanden, einschließlich der Explosion, die Halifax 1917 in Trümmer legte. Heute stellt es eines der besten Premium Lager Nordamerikas her. Das Moosehead Lager ist weich, klar und gut ausgewogen zwischen Malzsüße und Hopfen. Es wird aus einer kanadischen Gerstenmalzmischung und zwei Hopfensorten zum Ausgleich von Aroma und Bittere gebraut. Das Wasser stammt aus dem nahen Spruce Lake. Das Lager wird 28 Tage abgelagert.

WISSENSWERTES

Brauerei: Moosehead Breweries Ltd.
Standort: St. John, New Brunswick
Sorte: Klassisches American Lager
Farbe: Goldgelb
Alkoholgehalt: 5 Vol.-%
Serviertemperatur: 5 °C
Passt gut zu: Currys

Sleeman Cream Ale

Sleeman Cream Ale war das erste Bier, das die beiden Guelph-Brauereien Ende des 19. Jahrhunderts unter George Sleeman produzierten. Dessen Ehrgeiz war es, die Qualitäten eines deutschen Lagers mit dem individuellen Geschmack eines englischen Ale zu verbinden, ohne die beiden einfach nur zu kombinieren.

Dieses Flaschenbier hat für ein derart aromareiches Bier eine bemerkenswert weiche Textur. Leicht gekühlt schmeckt es am besten. Sein deutlich cremiger Biss kann durch die Zugabe von etwas frischer Limette noch verstärkt werden.

WISSENSWERTES

Brauerei: Sleeman Brewing & Malting Company
Standort: Guelph, Ontario
Sorte: Strong Ale
Farbe: klares Gelb
Alkoholgehalt: 5 Vol.-%
Serviertemperatur: 5 °C
Passt gut zu: kalten Fleischpasteten, Sandwich

Unibroue Eau Bénite

Würziges Aroma und ein weicher, fruchtiger Geschmack charakterisieren das goldene Triple Ale im belgischen Stil, das trotz seiner ursprünglichen Schwere zu einem relativ niedrigen Alkoholgehalt gebraut wird.

Ein ganz anderes Bier von Unibroue ist Quelque Chose (zu Deutsch: Etwas), das stark mit Wildkirschen aromatisiert ist. Die Kirschen ziehen mehrere Monate lang in Bitterbier, bevor sie mit dem Grundbier vermischt werden – einem dunklen Bier aus geröstetem Whiskymalz. Es schmeckt besonders, wenn es mit Früchten und Gewürzen leicht erwärmt wird.

WISSENSWERTES

Brauerei: Unibroue
Standort: Chambly, Quebec
Sorte: Belgisches Triple Ale
Farbe: Goldgelb
Alkoholgehalt: 7,7 Vol.-%
Serviertemperatur: 10–12 °C
Passt gut zu: Schweinefleisch mit Bohnen oder Fleischpasteten

Unibroue Blanche de Chambly

Blanche de Chambly ist ein naturtrübes, ungefiltertes goldenes Weizenbier nach belgischer Art.

Aroma und Geschmack erinnern stark an Orangen- und Zitronenschale und leichtes, fruchtiges Malz, unterlegt von Anklängen an Koriander, Ingwer und andere Gewürze. Ein hoher Kohlensäuregehalt verleiht diesem Bier eine champagnerähnliche Spritzigkeit. Durch eine leichte Hopfennote erhält es einen erfrischend trockenen Abgang. Hergestellt wird es von Unibroue in der Stadt Chambly in Quebec. Es ist kein Zufall, dass die Biere dieser Brauerei einen frankobelgischen Charakter haben, da das Unternehmen 1991 durch André Dion gegründet wurde, der für belgische Biere schwärmt. Unterstützt wurde er in seinen Anfängen durch die renommierten belgischen Brauereien Liefmans und Riva. Heute ist Unibroue die erfolgreichste Kleinbrauerei der Provinz. Sie stellt eine große Auswahl charakterstarker, in der Flasche vergorener Biere her und hat Niederlassungen in den USA und in Frankreich. Einige ihrer Biere kann man in Belgien kaufen – dank der belgischen Mentoren von Unibroue.

WISSENSWERTES

Brauerei: Unibroue
Standort: Chambly, Quebec
Sorte: Witbier/Belgisches Weizenbier
Farbe: Hellgold
Alkoholgehalt: 5 Vol.-%
Serviertemperatur: 8–10 °C
Passt gut zu: Geflügel, Fisch und Schalentieren

Unibroue La Fin du Monde

La Fin du Monde (zu Deutsch: Das Ende der Welt) von Unibroue ist inspiriert von den belgischen Triple Ales, die die Trappistenmönche brauen.

Ursprünglich wurden diese vollen, würzigen Biere für besondere Gelegenheiten gebraut. Dieses Beispiel – hergestellt aus hellem Pilsener-Malz und deutschem und belgischem Hopfen – besitzt ein typisch kräftig-würziges Hopfenaroma, ausgeglichen durch volle, fruchtige Malz- und Zitrusnoten. Auf dem Gaumen wetteifern Hopfen und Malz, aber der Geschmack ist ausgewogen und überraschend subtil und mit Wildkräutern verstärkt. La Fin du Monde hat einen weichen, cremigen Körper und einen langen Abgang, der zunehmend trocken und bitter wird.

WISSENSWERTES

Brauerei: Unibroue
Standort: Chambly, Quebec
Sorte: Belgisches Triple Ale
Farbe: tiefes Goldgelb
Alkoholgehalt: 9 Vol.-%
Serviertemperatur: 14 °C
Passt gut zu: feinen Käsesorten und Desserts

Unibroue Raftman

Raftman, das unter Verwendung von mit Torf geräuchertem Whiskymalz gebraut wird, hat einen kräftigen und doch weichen Geschmack mit einer subtilen, anhaltenden Rauchigkeit und einem Vanillehauch vor einem von fruchtigem Röstmalz und trockenem Hopfen geprägten Hintergrund.

Es wird im Gedenken an den „legendären Mut der Waldarbeiter gebraut" und ist eine von mehreren Bierspezialitäten von Unibroue. Dazu gehört auch Ephémère, ein grünlich-strohfarbenes Bier mit einer Mischung aus Gerstenmalz, Weizen und Granny-Smith-Äpfeln, die ihm ein frisches Aroma von grünem Apfel verleihen.

WISSENSWERTES

Brauerei: Unibroue
Standort: Chambly, Quebec
Sorte: Rauchbier
Farbe: Rotbraun mit Korallenschimmer
Alkoholgehalt: 5,5 Vol.-%
Serviertemperatur: 10–12 °C
Passt gut zu: geräuchertem Fisch und Fleisch und leicht scharfen Gerichten

Upper Canada Lager

Die Upper Canada Brewing Company, gegründet 1984, war die erste Kleinbrauerei in Toronto.

Das leichte Upper Canada Lager, mit dem vollen Aroma eines deutschen Pilsener, kam 1985 auf den Markt. Es wird noch heute nach jahrhundertealter Tradition gebraut. Das Ergebnis ist ein ausgewogenes Bier mit außergewöhnlichem Aroma: leicht scharf auf dem Gaumen, aber mit subtil-weichem Abgang. Das Upper Canada Lager wird mit Hallertauer Northern-Brewer-Hopfen und Hersbrucker Hopfen gebraut. Nur feinstes kanadisches zweireihiges helles Malz wird für den Sud ausgewählt.

WISSENSWERTES

Brauerei: Upper Canada Brewing Company
Standort: Guelph, Ontario
Sorte: Lager
Farbe: klares Gelb
Alkoholgehalt: 4 Vol.-%
Serviertemperatur: 5 °C
Passt gut zu: Brot und reifem Käse mit Pickles

Wellington Iron Duke Strong Ale

Wellington Iron Duke ist ein starkes Ale in englischem Stil aus dem Hause Wellington County.

WISSENSWERTES

Brauerei: Wellington County
Standort: Guelph, Ontario
Sorte: Englisches Strong Ale
Farbe: dunkles Rubinrot
Alkoholgehalt: 6,5 Vol.-%
Serviertemperatur: 6 °C
Passt gut zu: Roastbeef, Steak und reifem Cheddar-Käse

Mit seiner rubinroten Farbe und einer schnell verschwindenden zischenden Schaumkrone besitzt dieses Bier ein Aroma aus dunkler Frucht, Karamell und Kirsche und ein Bukett aus dunkler Frucht, Pflaume, Rosine, Karamell und Alkohol. Das Bier mit vollem Körper ist im Mund trocken und leicht sprudelig. Die kleine Krone ist fein nussig, der Nachgeschmack malzig und reif. Von Beginn an verwendete Wellington County Zutaten aus Nordamerika, aber auch britische Malze und Hopfensorten wie Fuggles und Goldings. Die Brauerei nannte ihr Strong Ale nach dem Herzog von Wellington, der Napoleon bei Waterloo besiegt hat.

OBEN

Eine neue Generation von Bierbrauern hat auch den traditionellen Pubs wieder Aufschwung gegeben. Lokale wie dieses in Seattle, Washington, bieten eine große Vielfalt schmackhafter und ungewöhnlicher Biersorten an – sowohl aus den USA als auch Importbiere. Zu den bemerkenswerten US-amerikanischen Kleinbrauereien, die auf den folgenden Seiten beschrieben werden, gehören Hale's aus Seattle und Saint Arnold mit Sitz in Houston, Texas.

Amerikanisches Bier

Die USA sind heute der größte Bierproduzent der Welt. Die erste Brauerei wurde 1612 urkundlich erwähnt. Mit den Einwanderern aus Großbritannien, Irland, den Niederlanden und Deutschland kamen Menschen ins Land, in deren Heimat Bier eine große Rolle spielte, und so wurden zahlreiche Brauereien gegründet. Ende des 19. Jahrhunderts war ihre Zahl auf über 4000 angestiegen.

Oben

MacTarnahan's ist einer der Pioniere des neu belebten Bierhandwerks in den Vereinigten Staaten.

Bier hat in der amerikanischen Geschichte immer eine große Rolle gespielt. Sowohl George Washington als auch Thomas Jefferson waren Bierbrauer, und die britische Besteuerung der Brauereien in den Kolonien war einer der Auslöser für die Amerikanische Revolution.

In den 1850er-Jahren setzte die Abstinenzbewegung in mehreren Bundesstaaten die Prohibition durch. Diese endete mit dem amerikanischen Bürgerkrieg (1861–1865). Im Ersten Weltkrieg forderten die Anhänger der Prohibition erneut ein Verbot der Alkoholproduktion, um Getreide zu sparen. Bis 1919 hatte sich die Prohibition im ganzen Land durchgesetzt – und viele Brauereien gingen Bankrott. Wer noch alkoholische Getränke produzierte, tat dies im Untergrund. Erst 1933, nachdem Franklin Roosevelt zum Präsidenten gewählt worden war, endete die Prohibition.

Nun wurde der Biermarkt von einer Hand voll etablierter Brauereien beherrscht. Namen wie Anheuser-Busch (Budweiser) und Miller eroberten eine marktbeherrschende Stellung, die sie bis heute innehaben. Ihre Biere, die meisten wenig charakteristische Lager, machen 80 % des US-amerikanischen Biermarktes aus. Seit dem Ende der 1970er-Jahre hat jedoch eine neue Generation von Bierliebhabern die handwerkliche Brautradition wieder neu belebt. Manche ihrer Erzeugnisse stehen in der Tradition alter europäischer Bierstile. Andere dagegen – vollmundige, moderne Biere, die auf spannende Weise neue Hopfensorten verwenden – sind das Ergebnis eines innovativeren Ansatzes. Verglichen mit 1980, als es weniger als 100 Brauereien in den USA gab, blüht die Industrie jetzt mit gut über 1000 Kleinbrauereien. Das Spektrum reicht von kleinen Gasthausbrauereien, die nur für den Ausschank im eigenen Lokal produzieren, bis zu größeren Konzernen, die ihre Biere landesweit verkaufen. Manche wie Anchor und Sierra-Nevada in Kalifornien und Sam Adams in New York schaffen es sogar, auf dem Exportmarkt Fuß zu fassen.

RUND UMS BIER

Produktionsmenge: 232 216 000 Hektoliter pro Jahr

Pro-Kopf-Verbrauch: 82 Liter pro Jahr

Berühmte Brauereien: Anheuser-Busch; August Schell Brewing Company; Boston Beer Company; Brooklyn Brewery; Coors Brewing Company; Latrobe Brewing Company; SAB Miller; Stoudt's Brewing Company

Berühmte Marken: Budweiser; Coors Original; Miller Genuine Draft; Michelob; Milwaukee's Best; Pabst Old Style; Rolling Rock; Samuel Adams Boston Lager

Anchor Steam Beer

Die Brauerei Anchor, gegründet 1896, ging in den 1960er-Jahren fast Konkurs. Es war eine schwere Zeit, denn nach alter Handwerkstradition gebraute Biere aus Kleinbrauereien waren aus der Mode gekommen.

Zum Glück sprang ein betuchter Student namens Fritz Maytag ein, um sein Lieblingsbier zu retten. Bald danach verlegte er die Brauerei auf ihr heutiges Betriebsgelände in einem eleganten Kaffeelagerhaus aus den 1930er-Jahren und ließ traditionell handgefertigte Braukessel aus Kupfer einbauen. Das Flaggschiff der Brauerei ist das Rauchbier, im unverwechselbar lokalen Stil, das erstmals 1896 gebraut und durch die kalifornischen Goldschürfer Ende des 19. Jahrhunderts berühmt wurde. Die ersten Rauchbiere wurden mit Lager-Hefen gebraut, jedoch aufgrund fehlender Kühlmöglichkeiten in Kaliforniens warmem Klima bei höheren Temperaturen zur Gärung gebracht. Das Kühlen wurde erstmals durch den Gebrauch breiter, flacher Gärgefäße möglich. Das darin gebraute Bier war sehr spritzig: Wenn die Fässer angestochen wurden, „qualmten" sie vor Kohlendioxid. Fast das ganze 20. Jahrhundert hindurch blieb Anchor die einzige Brauerei, die Rauchbier braute (der Begriff ist heute eine Schutzmarke von Anchor), doch heute trägt eine Anzahl weiterer Brauereien dazu bei, diesen Stil neu zu beleben. Ein erdiger Malzcharakter dominiert das Aroma, während beim Antrunk auf dem Gaumen ein Feuerwerk scharfer, zitroniger Hopfenbittere den ausgewogenen, leicht fruchtigen Karamellmalz-Aromen im Hintergrund weicht, die in einen trockenen, bitteren Abgang übergehen. Sein klares, spritziges Aroma und die leichte, erfrischende Fruchtigkeit machen es zu einem wunderbar süffigen Bier.

WISSENSWERTES

Brauerei: Anchor Brewing Company
Standort: San Francisco, Kalifornien
Sorte: kalifornisches Rauchbier
Farbe: hell, gold- und bernsteinfarben
Alkoholgehalt: 4,9 Vol.-%
Serviertemperatur: 8–10 °C
Passt gut zu: gegrillten Fischgerichten

Anchor Liberty Ale

Anchor Brewing mit Sitz in San Francisco produziert sieben reguläre Biere und Saisonbier. Zu den beliebtesten Vertretern gehört Liberty Ale, das 1975 auf den Markt kam – im Gedenken an den 200. Jahrestag des berühmten Rittes von Paul Revere 1775, der den Beginn des Amerikanischen Unabhängigkeitskrieges markiert.

Das Liberty Ale gehört seit 1983 ins Sortiment von Anchor. Amerikanische Pale Ales sind vom klassisch britischen Bitter inspiriert; typisch ist ihr klarer Bronze- oder Kupferton und das kräftige Hopfenaroma, das ihnen den trockenen Geschmack verleiht. Das Liberty Ale verfügt über ein komplexes Aroma, dessen Hopfen nach Blume, Rosine und Zitrone duftet und mit süßem Biskuitmalz kombiniert ist. Der dominante, etwas adstringierende Hopfen wird durch eine leichte, fruchtige Malznote ausgewogen. Der Abgang ist mit einem Hauch Zitronenschale trocken und erfrischend. Weitere Biere von Anchor sind ein Christmas Ale, das jedes Jahr nach einer anderen Rezeptur gebraut wird; ein stark gehopfter Barley Wine namens Old Foghorn und das Anchor Small, bei dem die Maische unter Zugabe von warmem Wasser gefiltert wird, nachdem sie von der Stammwürze geläutert wurde, um für einen zweiten Sud genutzt zu werden.

WISSENSWERTES

Brauerei: Anchor Brewing Company
Standort: San Francisco, Kalifornien
Sorte: American Pale Ale
Farbe: klare Bernsteinfarbe
Alkoholgehalt: 6,1 Vol.-%
Serviertemperatur: 10 °C
Passt gut zu: Steak und Ale Pie

Alaskan Smoked Porter

1881 kamen die ersten Goldschürfer nach Juneau in Alaska, und bald entstanden in der Stadt Brauereien. Von 1899 bis 1907 braute die Douglas City Brewing Company das Alaskan Amber, das sich großer Beliebtheit erfreute.

Die Brauerei musste schließen, als die Goldschürfer weiterzogen, und das Bier geriet in Vergessenheit. Die 1986 gegründete Chinook Alaskan Brewing Company braute dann ihr erstes Bier nach der Originalrezeptur des Alaskan Amber, ein trockenes, malziges Altbier. Heute stellt die Brauerei reguläres Bier und auch Saisonbier her, darunter dieses ungewöhnliche Smoked Porter. Das Malz wird in einer nahe gelegenen Lachsräucherei über Erlenholz geröstet. Dadurch erhält das Bier ein rauchiges Aroma, das ihm große Tiefe und Komplexität verleiht. Ergänzt wird es durch einen Hauch dunkle Frucht und Karamell sowie etwas salzige Fettigkeit. Auf dem Gaumen ist es voll und cremig, und der Röstmalzcharakter erinnert an Bitterschokolade, Kaffee und gebrannte Früchte. Das Alaskan Smoked Porter wird jeden Herbst in kleinen Mengen gebraut.

WISSENSWERTES

Brauerei: Chinook Alaskan Brewing Company
Standort: Juneau, Alaska
Sorte: Rauchbier
Farbe: opak, dunkles Mahagonibraun, fast Schwarz
Alkoholgehalt: 5,9 Vol.-%
Serviertemperatur: 12 °C
Passt gut zu: geräuchertem Fisch

Budweiser

Der „König der Biere“, wie Budweiser sich in der Werbung nennt, ist die meistverkaufte Biermarke der Welt – und das seit 1957.

Budweiser ist der Inbegriff des milden, süffigen amerikanischen Lager. Mit Reis und Malz gebraut und nur leicht gehopft, hat das Bier einen prickelnden, reinen, erfrischenden Geschmack. Eine besondere Milde erhält es durch eine vierwöchige Reifezeit über Buchenholz. Für ein Bier mit einem so leichten Geschmack ist es überraschend stark, mit einem Alkoholgehalt von knapp unter 5 Vol.-%. Budweiser kam 1876 auf den Markt und trägt den Namen der tschechischen Kleinstadt Budweis, was in den letzten Jahren zu einem Kampf um die Rechte an der Namensführung mit dem kleinen, unabhängigen tschechischen Brauer Budvar geführt hat, dessen Biere ebenfalls Budweiser heißen. Zufällig trägt das tschechische Budweiser auch noch den Untertitel „Bier der Könige“.

WISSENSWERTES

Brauerei: Anheuser-Busch
Standort: St. Louis, Missouri
Sorte: Lager
Farbe: helles Strohgelb
Alkoholgehalt: 4,9 Vol.-%
Serviertemperatur: 6–8 °C
Passt gut zu: Burger und Pommes frites

August Schell Doppel Bock

Die Mehrheit der Bevölkerung der Stadt New Ulm in Minnesota hat deutsche Wurzeln. Deshalb überrascht es kaum, dass hier ein Bier in typisch deutschem Stil gebraut wird.

Das August Schell Doppel Bock ist an seinem ausgefallenen Etikett zu erkennen, auf dem zwei Ziegenböcke aus einem Glas trinken. Dieses Saisonbier ist nur von Januar bis März erhältlich. Der starke Doppelbock mit seiner dunklen Bernsteinfarbe wird mit einer Mischung aus fünf verschiedenen Malzen und drei Hopfensorten hergestellt und volle zwölf Wochen zum Reifen kühl gelagert. Das Ergebnis ist ein weiches, volles malziges Bier mit einem langen malzigen Abgang, der durch eine trockene, zitronige Hopfigkeit ausgewogen wird. Mit einem Alkoholgehalt von 6,8 Vol.-% ist es ein besonders starkes Bier.

WISSENSWERTES

Brauerei: August Schell Brewing Company
Standort: New Ulm, Minnesota
Sorte: Doppelbock
Farbe: dunkle Bernsteinfarbe
Alkoholgehalt: 6,8 Vol.-%
Serviertemperatur: 9 °C
Passt gut zu: Pommes frites

August Schell FireBrick

Die August Schell Brauerei, gegründet 1860, ist die zweitälteste Brauerei der Vereinigten Staaten. Bis heute ist sie im Besitz der Familie Schell.

Die Schell-Biere werden nach traditionellen Methoden in mehr als 100 Jahre alten Kesseln von Hand gebraut. Schell's Original ist ein helles Lager, das seit über 140 Jahren nach derselben Rezeptur gebraut wird. Schell FireBrick ist ein jüngeres Produkt: Es kam 1999 auf den Markt und ist nach den Backsteinen benannt, die die alten Siedekessel der Brauerei säumen. Dieses bernsteinrote Lager im Wiener Stil ist sehr süffig mit einem gefälligen milden, süßen Malzaroma und einem leicht hopfigen Abgang. Es wird aus einer Mischung von vier Spezialitätenmalzen und Hopfen der Sorten Vanguard, Chinook und Hallertauer gebraut.

WISSENSWERTES

Brauerei: August Schell Brewing Company
Standort: New Ulm, Minnesota
Sorte: Lager im Wiener Stil
Farbe: Bernsteinrot
Alkoholgehalt: 5 Vol.-%
Serviertemperatur: 8–10 °C
Passt gut zu: mild geräuchertem Käse

Bear Republic Hop Rod Rye

Bear Republic wurde von Richard Norgrove und seiner Frau Tami als kleine Heimbrauerei gegründet. Die ersten Biere entstanden in ihrem Haus im kalifornischen Healdsburg.

Bald mussten sie ihre Produktion vergrößern, um die Biersorten zu entwickeln, für die sie sich interessierten. Mit Unterstützung von Richard Norgroves Eltern eröffneten sie die Brauereigaststätte Bear Republic Brew Pub and Restaurant. All ihre Biere sind in traditionellen Brauverfahren von Hand gebraut und verwenden Zutaten, die Richard Norgrove selbst sorgfältig ausgesucht hat. Hop Rod Rye ist ein starkes India Pale Ale in amerikanischem Stil, produziert mit 20 % Roggenmalz. Aufgrund seines extrem hohen Hopfengehalts hat das Bier über 90 IBE (Internationale Bittereeinheiten). Es ist somit etwa zweimal so bitter wie ein IPA im englischen Stil. Aber während der Hopfen mit seiner Zitrus- und Kiefernharznote ohne Zweifel Aroma und Geschmack dominiert, ist er nicht zu stark, sodass dieses Bier durch eine Spur Karamell und köstliche Beerenfrüchte gut ausgewogen ist, während der Roggen ein würziges Element hineinbringt.

Auch bei anderen Bieren von Bear Republic spielt Hopfen eine große Rolle. Das Red Rocket Ale, ein vollmundiges schottisches Red Ale, das mit belgischen Malzen gebraut wird, erhält Aroma und Bittere durch Centennial- und Cascade-Hopfen. Dieses Bier hat 1999 beim Great American Beer Festival eine Silbermedaille gewonnen – nur eine der vielen Auszeichnungen, auf die Bear Republic stolz sein kann.

WISSENSWERTES

Brauerei: Bear Republic Brewing Company
Standort: Healdsburg, Kalifornien
Sorte: American IPA
Farbe: tiefes Mahagoni-Rotbraun
Alkoholgehalt: 7,5 Vol.-%
Serviertemperatur: 12 °C
Passt gut zu: deftigen, pikanten Gerichten

Bert Grant's Fresh Hop Ale

Grant's Brewery Pub, von dem in Schottland geborenen Bert Grant gegründet, war die erste Brauereikneipe, die in den USA nach der Prohibition eröffnete. Sie gilt vielen als die Heimat des modernen amerikanischen Brauhandwerks, die vergessene klassische Biersorten wieder auf den Markt bringt.

Sein berühmtes Imperial Stout ist ein komplexes Ale mit Röstkaffee- und Schokoladennote, die durch Hopfen und einen Hauch Süße ausgewogen wird. Sitz der Brauerei ist Yakima, die größte Hopfenregion der USA, in der 80 % des Hopfens für die US-amerikanische Bierproduktion angebaut wird. Bert Grant selbst ist einer der führenden Experten auf dem Gebiet des Hopfens. Sein umfangreiches Wissen ist bei der Entwicklung dieses Fresh Hop Ale eingeflossen, das, wie der Name schon sagt, mit frischem Hopfen gebraut wird. Cascade-Hopfen wird nur 20 Minuten nach der Ernte in den Braukessel gegeben. Dies verleiht dem Bier ein sehr frisches, blumiges Aroma und einen leicht „grünen" Geschmack, der an Gras, Blätter und sogar an Minze erinnert.

WISSENSWERTES

Brauerei: Bert Grant's Ales/ Yakima Brewing Company
Standort: Yakima, Washington
Sorte: Pale Ale
Farbe: Kupfer
Alkoholgehalt: 5,2 Vol.-%
Serviertemperatur: 10–12°C
Passt gut zu: Irish Stew

Bert Grant's Lazy Days

Lazy Days, ein weiteres preisgekröntes Saisonbier von Bert Grant, ist ein leichtes, erfrischendes Ale. Wie die sonnige Strandszene auf dem Etikett der Bierflasche bereits andeutet, wird es als Sommergetränk produziert.

Das Aroma ist durch buttermildes Malz und eine Hopfennote geprägt, während am Gaumen eine Prise leichter, körniger Malze durch die sanfte Bittere und den Zitronencharakter von Amarillohopfen ausgeglichen wird. Das Pendant für den Winter ist Grant's Deep Powder, ein volles, robustes und wärmendes Dunkel mit einem tiefen, schokoladigen Aroma und einem Hauch von Würze.

WISSENSWERTES

Brauerei: Bert Grant's Ales/ Yakima Brewing Company
Standort: Yakima, Washington
Sorte: American Pale Ale
Farbe: goldene Bernsteinfarbe
Alkoholgehalt: 5 Vol.-%
Serviertemperatur: 8 °C
Passt gut zu: Schinken- oder Hühnchensalat

Breckenridge Trademark Pale

Die urwüchsige Breckenridge-Brauerei wurde in den 1990er-Jahren im gleichnamigen Skiort in den Rocky Mountains, Colorado, gegründet.

Die Biere von Breckenridge werden heute an drei Standorten gebraut. Der Hauptstandort ist der Brauereipub von Breckenridge im Zentrum von Denver, der 1996 eröffnet wurde. Die Brauerei befindet sich mitten im Pub, sodass jeder Gast den Braubetrieb verfolgen kann. Trademark Pale wird nach einer originalen Rezeptur des Brauereigründers Richard Squire gebraut. Mit drei Malzsorten und fünf Hopfensorten produziert, ist dieses Bier wohl ausgewogen und angenehm zu trinken, mit einer weichen Mälze und einer süßen, blumigen Hopfennote.

WISSENSWERTES

Brauerei: Breckenridge Brewery
Standort: Denver, Colorado
Sorte: American Pale Ale
Farbe: Tiefgold
Alkoholgehalt: 5 Vol.-%
Serviertemperatur: 10–12 °C
Passt gut zu: Shepherd's Pie

Brooklyn Black Chocolate Stout

Im 19. Jahrhundert gab es in Brooklyn zahlreiche Brauereien. Viele davon waren von deutschen Einwanderern gegründet worden, die die Brautraditionen aus ihrer Heimat mitgebracht hatten. Die Prohibition in den 1920er-Jahren hatte eine verheerende Auswirkung auf die gesamte Brauindustrie, von der sie sich bis heute nicht ganz erholt hat. Im Jahr 1976 wurde die letzte Brauerei in Brooklyn geschlossen.

Dann gründeten der Auslandskorrespondent Steve Hindy und der Banker Tom Potter 1987 die Brooklyn-Brauerei. 1996 bezog sie ihren jetzigen Standort, eine alte Stahlgießerei im Künstlerviertel Williamsburg. Seitdem hat sie bei der Renaissance der New Yorker Brauindustrie eine treibende Rolle gespielt. Dieses unglaublich kräftige schwarze Stout, das Winterbier der Brauerei, ist so schwarz und lichtundurchlässig wie Öl. Den Aromen von geröstetem Mokka, Bitterschokolade und Röstmalz folgt auf dem Gaumen ein weicher, voller, würziger Malzcharakter mit einem Hauch von Karamellsüße und ein trockener, subtil bitterer Hopfenabgang. Ein Alkoholgehalt von 8,3 Vol.-% wärmt gegen die Winterkälte. Trotzdem ist dies ein sehr süffiges Bier. Das erste Bier der Brauerei hieß Brooklyner Weisse, ein ungefiltertes, fruchtiges Weißbier im bayrischen Stil. Heute wird eine große Auswahl regulärer Biersorten und Saisonbier gebraut, etwa das preisgekrönte East India Pale Ale, dessen intensiv trockenes Hopfenaroma bemerkenswert ist.

WISSENSWERTES

Brauerei: Brooklyn Brewery
Standort: Brooklyn, New York
Sorte: Russian Imperial Stout
Farbe: Schwarz
Alkoholgehalt: 8,3 Vol.-%
Serviertemperatur: 13 °C
Passt gut zu: Desserts auf Schokoladenbasis

BridgePort India Pale Ale

Gegründet 1984 als Columbia River Brewing, ist BridgePort die älteste traditionelle Brauerei in Portland, einem Zentrum amerikanischer Kleinbrauereien.

Fünf Hopfensorten werden für dieses preisgekrönte India Pale Ale verwendet – Cascade, Chinook, Golding, Crystal und Northwest Ultra. Das cremige, vollmundige Bier wird natürlich in der Flasche gegoren. Dadurch erhält es ein harziges Hopfenaroma mit Grapefruitnote, einen robusten hopfigen Gaumen mit Vanille- und Orangennoten und einen intensiv bitteren Hopfenabgang.

WISSENSWERTES

Brauerei: BridgePort Brewing Company
Standort: Portland, Oregon
Sorte: India Pale Ale
Farbe: hellgoldene Bernsteinfarbe
Alkoholgehalt: 5,5 Vol.-%
Serviertemperatur: 12 °C
Passt gut zu: Ente in Orangensauce

BridgePort Old Knucklehead

Da Bier kein Wein ist, schreiben die US-Behörden vor, dass die traditionelle Bezeichnung „Barley Wine" durch „Barley Wine Style Ale" ersetzt werden muss, um Bier wie das Old Knucklehead von BridgePort zu bezeichnen.

Es wird seit 1989 mit dem doppelten der üblichen Malzmenge und vier Hopfensorten gebraut und ist ein starkes, komplexes, wärmendes Ale mit deutlich fruchtigem Malzcharakter, der durch würzige Hopfenaromen ausgewogen wird. Der jährliche Knucklehead-Jahrgang kommt im November auf den Markt. Auf dem Flaschenetikett wird die Person, die gerade den Ehrentitel Knucklehead (auf Deutsch: Schwachkopf) trägt, abgebildet. Der elfte Jahrgang zeigt Braupionier Fred Eckhardt.

WISSENSWERTES

Brauerei: BridgePort Brewing Company
Standort: Portland, Oregon
Sorte: Barley Wine
Farbe: tiefes Rotbraun
Alkoholgehalt: 9,1 Vol.-%
Serviertemperatur: 13 °C
Passt gut zu: Auflauf mit Würstchen

Celis White

Nur wenige Brauer können von sich behaupten, in zwei Ländern einen maßgeblichen Einfluss auf die Braukunst ausgeübt zu haben, und schon gar nicht in zwei so bedeutenden Bierländern wie Belgien und den USA – aber genau dies trifft auf Pierre Celis zu. Celis, der neben der Brauerei Tomsin aufwuchs und das Bierbrauen bereits als Kind lernte, brachte 1966 in der belgischen Stadt Hoegaarden das berühmte gleichnamige trübe Weißbier heraus, das durch Kräuter und Gewürze sein Aroma gewinnt.

Nachdem er die Brauerei Hoegaarden an Interbrew (heute InBev) verkauft hatte, ging Celis in die USA, um an der Braurevolution teilzuhaben, die dem Land, das mit faden Lagerbieren groß geworden war, charaktervollere Biere bringen sollte. Celis White ähnelt dem originalen Hoegaarden und erhält seinen leichten, erfrischenden Geschmack durch Koriander und Orangenschale. Wie es sich für ein echtes belgisches Bier gehört, zeigt es beim Ausschenken eine natürliche Trübe und eine hohe Schaumkrone. Celis White wurde mehrere Jahre nicht produziert, bis die Michigan Brewing Company mit Celis' Einverständnis das Bier wieder auf den Markt brachte. Es gewann 2003 prompt eine Goldmedaille beim Great American Beer Festival. Auch die handgebrauten Biere der 1995 in Webberville gegründeten Michigan Brewing Company werden sehr geschätzt, wie etwa das ausgewogene Mackinac Pale Ale, ein erfrischendes Bitter im klassisch englischen Stil.

WISSENSWERTES

Brauerei: Michigan Brewing Company
Standort: Webberville, Michigan
Sorte: Belgisches Weißbier
Farbe: trübes Kupferorange
Alkoholgehalt: 4,9 Vol.-%
Serviertemperatur: 8–10° C
Passt gut zu: scharfer amerikanischer Pizza

Climax Extra Special Bitter Ale

Das original ESB hatte die Londoner Brauerei Fuller's herausgebracht. Der in den USA beliebte Stil wurde jedoch von vielen Brauereien der neuen Generation imitiert.

Diese köstlich weiche, fruchtige Version stammt von der Climax-Brauerei, einer der ersten Kleinbrauereien New Jerseys, die 1996 in Roselle Park südlich von Newark entstand. All ihre Biere werden in kleinen Chargen von Hand gebraut, mit einer Mischung aus heimischen und belgischen Malzen. Außerdem braut sie ein mildes, malziges Nut Brown Ale und ein intensiv gehopftes IPA.

WISSENSWERTES

Brauerei: Climax Brewing Company
Standort: Roselle Park, New Jersey
Sorte: Extra Special Bitter
Farbe: Kupferorange
Alkoholgehalt: 5,5 Vol.-%
Serviertemperatur: 10–12 °C
Passt gut zu: roter Grütze

Coors Original

Die Brauerei Coors in Golden, Colorado, ist die größte Brauereistätte der Welt. Sie wurde 1873 von dem damals 26-jährigen deutschen Einwanderer und Brauer Adolph Coors gegründet. Er wählte den Standort Golden wegen des kühlen, klaren Quellwasser aus den Rocky Mountains, das in der Nähe vorbeifließt.

Coors Original hat ein süß-malziges Aroma und einen weichen, körnigen Geschmack. 1996 und 2004 wurde das Bier beim Great American Beer Festival mit Goldmedaillen ausgezeichnet. Coors Extra Gold ist ein vollmundiges Lager, das mit leicht gerösteten Malzen gebraut wird. Das neueste Produkt im Sortiment von Coors ist Aspen Edge, ein spritziges, geschmacklich leichtes Bier mit wenig Kohlensäure. Das Blue Moon von Coors beschreibt die Brauerei als „ungefiltertes Weizenbier mit einem ungewöhnlich weichen Geschmack, das in der belgischen Tradition gewürzt ist". Im Jahre 2002 erwarb Coors einen Großteil von Bass von Interbrew und wurde damit die zweitgrößte Brauerei in Großbritannien und eine der zehn größten Brauereien der Welt.

WISSENSWERTES

Brauerei: Coors Brewing Company
Standort: Golden, Colorado
Sorte: Lager
Farbe: Hellgold
Alkoholgehalt: 5 Vol.-%
Serviertemperatur: 8 °C
Passt gut zu: Risotto und Pasta

Killian's Irish Red

George Killian Lett braute sein berühmtes irisches Rotbier erstmals 1864 in seiner Heimatstadt Enniscorthy, Irland.

Letts Brauerei wurde in den 1950er-Jahren geschlossen, aber der Name lebt mit diesem Bier weiter, das 1981 von Coors herausgebracht wurde. Anders als das originale Killian's, ein obergäriges Ale, das mit rubinroten Malzen gebraut wurde, handelt es sich hier um ein untergäriges Lager mit einem fruchtigen, leicht süßen Malzaroma. Killian's gehört zu den Premium-Spezialitätenbieren von Coors. Ein weiteres ist Blue Moon, ein ungefiltertes, trübes Weizenbier im belgischen Stil mit einem erfrischend fruchtigen, würzigen Geschmack. Der Alkoholgehalt wird bei sehr respektablen 4,9 Vol.-% gehalten. Viele Kritiker geben dem Irish Red eine bessere Bewertung und heben hervor, dass das Bier hervorragend zu scharfen indischen, thailändischen oder chinesischen Speisen passt. Die charakteristische Flasche des Irish Red hat seine Vorläuferin in der Flasche, die Lett für sein originales, bernsteinfarbenes Lager verwendete, und sie ist ein begehrtes Sammlerstück.

WISSENSWERTES

Brauerei: Coors Brewing Company
Standort: Golden, Colorado
Sorte: dunkles Lager
Farbe: tiefgoldene Bernsteinfarbe
Alkoholgehalt: 4,9 Vol.-%
Serviertemperatur: 8–10 °C
Passt gut zu: scharfen indischen, thailändischen und chinesischen Gerichten

Full Sail Ale

Das Full Sail Ale, ein siebenmaliger Goldmedaillengewinner bei den World Beer Championships, ist ein großartig ausgewogenes, bernsteinfarbenes Pale Ale.

Auf volle Malzaromen mit einer Hopfennote im Hintergrund folgt auf dem Gaumen ein mittlerer Malzkörper. Der lange, trockene, würzig-blumige Hopfenabgang wird durch eine unterlegte Malzsüße ausgewogen. Das Bier entstammt einer der führenden traditionellen Brauereien der USA, die seit 1987 Bier produziert – in der malerischen Schlucht des Columbia River, an der Stelle, wo Hood und Columbia River zusammenfließen. Aus einer kleinen Brauerei in der ehemaligen Obstkonservenfabrik Diamond ist eines der größten Unternehmen der Region geworden. Außer den drei regulären Bieren – die anderen beiden sind Pale Ale und Rip Curl – braut Full Sail vier Saisonbiere, darunter Wassail Ale. Seit 2003 braut Full Sail auch einige Henry-Weinhard-Marken von Miller in Lizenz.

WISSENSWERTES

Brauerei: Full Sail Brewing Company
Standort: Hood River, Oregon
Sorte: American Amber Ale
Farbe: rötliche Bernsteinfarbe
Alkoholgehalt: 5,5 Vol.-%
Serviertemperatur: 10 °C
Passt gut zu: Pasteten und Pommes frites

Great Lakes Dortmunder Gold

Dieses weiche, ausgewogene Lager mit vollmundigem Körper ist typisch für die starken Exportbiere, die Mitte des 19. Jahrhunderts in Dortmund populär wurden, als sieben Brauereien gleichzeitig in diesem Stil zu brauen begannen.

Ein Dortmunder ist in der Regel weniger trocken als ein Pilsener, aber hopfiger als ein Münchener Helles, jedoch stärker als diese beiden. Diese mehrfach ausgezeichnete Export, das über einen vollmundigen Körper und eine tiefgoldene Farbe mit körnigem, trockenem Malzgeschmack verfügt, stammt aus der Gasthausbrauerei Great Lakes, die 1988 in Cleveland gegründet wurde. Das Gasthaus soll sich unter einem früheren Besitzer bei Clevelands berühmtestem Einwohner, dem „unberührbaren" Eliot Ness, großer Beliebtheit erfreut haben. Ihm zu Ehren hat die Brauerei ein duftendes, malziges, bernsteinfarbenes Lager mit vollem Körper im Wiener Stil entwickelt. Mehrere Biere von Great Lakes sind in nationalen und internationalen Wettbewerben prämiert worden. Das Edmund Fitzgerald Porter, benannt nach einem Schiff, das 1975 mit vielen Clevelandern an Bord gesunken ist, gewann beim Great American Beer Festival zweimal eine Goldmedaille. Es hat ein komplexes Röstmalzaroma mit einer trockenen, bittersüßen Schokoladen- und Kaffeenote. Unter den Saisonbieren der Brauerei ist das Weihnachtsbier Great Lakes Christmas Ale besonders beliebt. Durch Zimt und Ingwer erhält es einen festlich-würzigen Geschmack, und Honig verleiht ihm eine besondere Stärke und Komplexität.

WISSENSWERTES

Brauerei: Great Lakes Brewing Company
Standort: Cleveland, Ohio
Sorte: Dortmunder Export
Farbe: goldene Bernsteinfarbe
Alkoholgehalt: 5,6 Vol.-%
Serviertemperatur: 9 °C
Passt gut zu: Salat, Fisch und Huhn

Geary's Pale Ale

David Geary, einer der Pioniere der traditionellen Braukunst in den USA, erlernte sein Handwerk in verschiedenen britischen Brauereien, darunter Ringwood im südenglischen Hampshire, bevor er selbst in seiner Heimatstadt Portland eine Brauerei gründete.

Er braut ganzjährig drei Sorten – Pale Ale, London Porter und American Ale – sowie zwei Saisonbiere: Hampshire Special Ale und Summer Ale. Geary's Pale Ale ist ein klassisches, weiches Bier mit rundem Körper voller kräftiger Malzaromen mit Orangennote und einem erfrischend trockenen, bitteren Hopfenabgang.

WISSENSWERTES

Brauerei: Geary's Brewing Company
Standort: Portland, Maine
Sorte: English Pale Ale
Farbe: helles, klares Kupfer
Alkoholgehalt: 4,5 Vol.-%
Serviertemperatur: 12 °C
Passt gut zu: Salat und kaltem Braten

Hale's O'Brien's Harvest Ale

Mike Hales Gasthausbrauerei war 20 Jahre lang führend bei der Einführung klassischer britischer Bierstile in den Nordwesten der USA. Die Idee dazu kam ihm auf einer Radreise durch Südengland 1981, bei der er die britischen Biere gekostet hat.

Nach seiner Rückkehr in die USA gründete er eine Brauerei. Am Unabhängigkeitstag 1983 kam sein erstes Bier auf den Markt: Hale's Pale Ale. Außer den ganzjährigen Bieren produziert Hale vier Saisonbiere. Im Herbst erscheint O'Brien's Harvest Ale, das mit der Verwendung von frischem Hopfen aus dem benachbarten Zentral-Washington die Hopfenernte zelebriert. Es ist ein außergewöhnlich rundes und geschmackvolles Bier mit einem süßen, fruchtigen Aroma und einem trockenen, blumigen Hopfengeschmack. Mike Hale, der alles Englische liebt, hat einen roten Londoner Bus restauriert, mit dem er für sein Bier wirbt.

WISSENSWERTES

Brauerei: Hale's Ales Brewery & Pub
Standort: Seattle, Washington
Sorte: Strong Ale
Farbe: Kupferrot
Alkoholgehalt: 4,5 Vol.-%
Serviertemperatur: 12 °C
Passt gut zu: Eintöpfen und Schmorfleisch

Hair of the Dog Adam

Die winzige Brauerei Hair of the Dog wurde 1993 gegründet, inspiriert durch einen Vortrag des Brauhistorikers Fred Eckhardt über vergessene Biersorten.

Ihr erstes Bier war eine Neuauflage einer lange vergessenen Biersorte namens Adambier, ein starkes, obergäriges Bier, das Mitte des 19. Jahrhunderts in Dortmund gebraut wurde. König Friedrich Wilhelm IV. von Preußen ist bei einem Besuch in Dortmund ein Humpen dieses sehr starken Biers angeboten worden, worauf er es in einem Zug getrunken und das Bewusstsein verloren haben soll. Der Legende nach war das Bier so stark, dass er 24 Stunden lang bewusstlos blieb. Wie die originalen Adambiere geschmeckt haben, ist nicht genau überliefert. Hair of the Dogs Interpretation ist ein vollmundiges, pfeffriges, fast sirupartiges Bier mit vollem Körper und einer komplexen Röstkaffee- und Schokoladennote. Dem Bier wird eine ausgedehnte Reifezeit gewährt, und es bleibt ungefiltert, damit es natürlich in der Flasche gären kann. Weitere Biere aus dem kleinen Sortiment der Brauerei tragen ebenfalls Namen, die eher an Menschen als an Bier denken lassen. Fred, benannt nach Fred Eckhardt, ist ein aromatisches, kräftig goldenes Lager, das mit Roggenmalz und zehn verschiedenen Hopfensorten gebraut wird. Ruth, ein leichtes, erfrischendes Ale, trägt den Namen der Großmutter des Brauereigründers Alan Sprints, und Rose, ein fruchtiges Bier im belgischen Stil, ist nach dem Sitz der Brauerei Portland in Oregon, der „Rosenstadt“, benannt.

WISSENSWERTES

Brauerei: Hair of the Dog Brewing Company
Standort: Portland, Oregon
Sorte: Adambier/Old Ale
Farbe: dunkles Schokoladenbraun, fast Schwarz
Alkoholgehalt: 10 Vol.-%
Serviertemperatur: 12–14 °C
Passt gut zu: Desserts auf Schokoladenbasis

Left Hand Black Jack Porter

Die Brauereien Left Hand und Tabernash wurden 1993 in der Stadt Longmont, Colorado, 48 km nördlich von Denver gegründet. Sie schlossen sich 1993 zusammen, behielten jedoch zwei Marken mit unterschiedlichen Identitäten bei.

Während die Tabernash-Biere einen traditionell deutschen Charakter haben, folgen die Left Hand Ales dem englischen Stil. Dieses vielfach preisgekrönte Black Jack Porter ist ein robustes Bier mit vollem Körper, vollem Röstmalzgeschmack und Schokoladennote. Eine anfängliche Süße auf dem Gaumen wird durch sorgfältig dosierten Kent-Goldings-Hopfen ausgewogen, der für einen weichen, trockenen Abgang sorgt. Viele Porter sind starke Biere, die man nur in kleinen Mengen trinken kann. Dieses Black Jack Porter ist mit einem Alkoholgehalt von 6,8 Vol.-% zwar auch nicht gerade schwach, aber es ist süffig und kann durchaus als Nachttrunk vor dem Kamin genossen werden.

WISSENSWERTES

Brauerei: Left Hand & Tabernash Brewing Company
Standort: Longmont, Colorado
Sorte: English Porter
Farbe: Dunkelbraun, fast Schwarz
Alkoholgehalt: 5,8 Vol.-%
Serviertemperatur: 13 °C
Passt gut zu: festem Karamellpudding

Left Hand Sawtooth Ale

Das Sawtooth Ale ist ein starkes Bitter im englischen Stil. Mit hartem Wasser gebraut, soll es den besonderen mineralischen Charakter der berühmten Pale Ales aus Burton-upon-Trent in den englischen Midlands neu beleben.

Das Bier ist ausgewogen mit einem mittleren Körper und leicht süßem Malzaroma, das mit einer deutlichen Hopfenschärfe auf dem Gaumen vor dem abmildernden fruchtig-nussigen Malzhintergrund kontrastiert. Der Abgang ist erfrischend spritzig, zitronig und leicht bitter. Die malzige Textur des Biers kommt stärker heraus, wenn das Bier Zimmertemperatur hat. Ein weiteres Bier von Left Hand ist ein seltenes Milk Stout im englischen Stil, das durch die Milchsäure (Laktose) einen besonders süßen, cremigen und milden Geschmack erhält.

WISSENSWERTES

Brauerei: Left Hand & Tabernash Brewing Company
Standort: Longmont, Colorado
Sorte: Strong Bitter/Extra Special Bitter
Farbe: dunkle Bernsteinfarbe
Alkoholgehalt: 4,75 Vol.-%
Serviertemperatur: 10–12 °C
Passt gut zu: Erdnüssen und Chips

Leinenkugel's Red Lager

„Leinie's" gibt es seit 1867, als Jacob Leinenkugel, der Sohn eines aus Deutschland eingewanderten Brauers, die Spring Brewery gründete, um die Holzfäller in Chippewa Falls mit Bier zu versorgen.

Obwohl die Brauerei heute zu Miller gehört, ist ihr die Familie Leinenkugel noch verbunden. Ihr Flaggschiff ist dieses traditionelle Dunkle mit vollem Körper im Münchener Stil, das durch Karamellröstmalz einen milden und doch malzigen Geschmack erhält, der durch die subtile trockene Bittere zweier Hopfensorten ausgewogen wird.

WISSENSWERTES

Brauerei: Jacob Leinenkugel Brewing Company
Standort: Chippewa Falls, Wisconsin
Sorte: Münchener Dunkel
Farbe: tiefes Rubinrot
Alkoholgehalt: 4,9 Vol.-%
Serviertemperatur: 6–8 °C
Passt gut zu: Pfannkuchen

MacTarnahan's Mac's Amber Ale

Gegründet 1986, ist MacTarnahan's einer der Pioniere der handwerklichen Braukunst in den USA. Benannt wurde es nach dem Patriarchen der Brauerei „Mac" MacTarnahan, der 2004 im Alter von 89 Jahren starb und bis zuletzt im Brauereigeschäft aktiv war.

Sein preisgekröntes Ale ist ein volles, weiches, bernsteinfarbenes Ale mit vollem Körper und einem süßen Karamellröstmalzgeschmack, der durch zitronig-blumigen Cascade-Hopfen abgemildert wird. Die Brauerei gibt an, dass eine geheime Zutat diesem Bier seinen spezifisch schottischen Charakter verleiht – könnte dies vielleicht der Single Malt Scotch aus hauseigener Produktion sein?

WISSENSWERTES

Brauerei: MacTarnahan's Brewing Company/Portland Brewing Company
Standort: Portland, Oregon
Sorte: Scottish Amber Ale
Farbe: tiefes Bernsteinrot
Alkoholgehalt: 4,2 Vol.-%
Serviertemperatur: 10–13 °C
Passt gut zu: gegrilltem und geräuchertem Fleisch wie Rind, Lamm oder Wild

MacTarnahan's Uncle Otto's Oktoberfest

MacTarnahan's unterstreicht sein schottisches Erbe gern, mit einer Verpackung im Schottenmuster und Bieren namens Black Watch Porter und Highlander Pale Ale, dem ein Hauch schottisches Heidekraut eine leicht süßliche Kräuternote verleiht.

Dieses Saisonbier, Gewinner der Goldmedaille bei dem Great American Beer Festival 2001, ist von deutschen Bieren inspiriert und erneuert die Tradition der starken Dunkelbiere, die traditionell beim Münchener Oktoberfest getrunken werden. Es hat ein süßes, malziges Aroma und auf dem Gaumen einen vollen Malzkörper mit Nuss-Karamell-Trauben-Geschmack und einem sanften Hopfenabgang.

WISSENSWERTES

Brauerei: MacTarnahan's Brewing Company/Portland Brewing Company
Standort: Portland, Oregon
Sorte: Märzen/Oktoberfest
Farbe: Kupferrot
Alkoholgehalt: 6 Vol.-%
Serviertemperatur: 10–12 °C
Passt gut zu: Hot Dogs

Magic Hat Blind Faith IPA

Während sich in den USA viele der neuen Handwerksbrauereien ein traditionelles Image geben wollen, bevorzugt Magic Hat eindeutig den alternativen New-Age-Stil. Bereits die Etiketten deuten auf ihre mystische Philosophie und Spiritualität hin.

Das Blind Faith ist ein schönes Beispiel für ein India Pale Ale mit einer kräftigen Malznote und durchdringend scharfen Hopfenaromen, die auf dem Gaumen den weichen Karamellmalzkörper dominieren. Das Bier wird mit Cascade-Hopfen trocken gehopft und hat einen erfrischend bitteren „Biss" im Abgang. Magic Hat braut ungewöhnlich viele verschiedene reguläre Biere und Saisonbiere. Beispiele sind das Mother Lager, ein echtes Pilsener im deutschen Stil, das ungewöhnliche, erfrischend fruchtige „9", auf dem Etikett einfach als „nicht ganz Pale Ale" bezeichnet, sowie das mit Roggenmalz gebraute und mit Koriander und Orangenschale gewürzte Miss Bliss.

WISSENSWERTES

Brauerei: Magic Hat Brewing Company
Standort: South Burlington, Vermont
Sorte: India Pale Ale
Farbe: goldene Bernsteinfarbe
Alkoholgehalt: 5,6 Vol.-%
Serviertemperatur: 10–13 °C
Passt gut zu: Karamellpudding

Michelob

Michelob wurde von Anheuser-Busch 1896 als „Fassbier für Kenner“ auf den Markt gebracht, ein „Premium“-Bier als Alternative zum Budweiser aus demselben Haus, das für den Massenmarkt bestimmt ist.

Wie das Budweiser ist das Michelob nach einer berühmten alten böhmischen Brauereistadt benannt, die heute in der Tschechischen Republik liegt. Durch einen höheren Anteil an zweireihigem Gerstenmalz und importiertem Hopfen erhält das Bier einen volleren Körper und eine vollmundige Komplexität. Es besitzt ein leichtes, süßes Malzaroma, außerdem dominiert der milde, körnig süße Malzgeschmack auf dem Gaumen, abgerundet durch einen sanft adstringierenden Hopfen ohne jede Bittere im Hintergrund. Der Abgang ist knackig und erfrischend.

WISSENSWERTES

Brauerei: Anheuser-Busch
Standort: St. Louis, Missouri
Sorte: Lager
Farbe: helles Strohgelb
Alkoholgehalt: 5 Vol.-%
Serviertemperatur: 6–9 °C
Passt gut zu: gekochtem Fleisch, Würsten

Michelob Ultra

Das Michelob Ultra ist eine direkte Antwort auf die Mode, Lebensmittel mit geringem Kohlenhydratanteil zu produzieren. Das Etikett behauptet stolz, eine Flasche enthalte nur 95 Kilokalorien und 2,6 Gramm Kohlenhydrate.

Der niedrige Kaloriengehalt des Michelob Ultra bezeugt, dass die Brauereien inzwischen nicht nur die traditionellen Biertrinker im Auge haben, sondern auch Frauen, die häufig ein leichteres Getränk bevorzugen. Der geringere Kohlenhydratgehalt wird erreicht durch Verwendung einer sorgfältigen Mischung aus Getreiden in der Maische, einschließlich eines Anteils Münchener Malz sowie einen besonderen Hefestamm. Das Ergebnis ist ein weiches, geschmacklich leichtes Lager. Auch der Alkoholgehalt ist mit 4,2 Vol.-% recht gering. Dem Michelob Ultra verwandt ist das Michelob Honey Lager, ein blumig duftendes Lager mit vollem Körper, das mit etwas Honig gewürzt wird, sowie das Michelob Amber Bock, ein volles, herzhaftes, malziges dunkles Bockbier.

WISSENSWERTES

Brauerei: Anheuser-Busch
Standort: St. Louis, Missouri
Sorte: kalorienreduziertes Lager
Farbe: helles Goldgelb
Alkoholgehalt: 4,2 Vol.-%
Serviertemperatur: 6–9 °C
Passt gut zu: gegrilltem Steak

Miller Genuine Draft

Frederick John Miller braute seit 1849 in Deutschland Bier. Nachdem er in die USA ausgewandert war, erwarb er 1855 die Plank Road Brauerei in Milwaukee und erzeugte Bier aus Hefe, die er aus Deutschland mitgebracht hatte.

Miller ist heute der zweitgrößte Brauer der USA. Miller Genuine Draft wird in Millers ultramoderner Brauerei in Eden, North Carolina produziert, unter Einsatz eines exklusiven Kaltfilterungsverfahrens. Es hat ein leichtes, körniges Malzaroma, einen leicht süß-scharfen Geschmack und einen weichen, trockenen, leicht gehopften Abgang.

WISSENSWERTES

Brauerei: SAB Miller	**Alkoholgehalt:** 4,6 Vol.-%
Standort: Milwaukee, Wisconsin	**Serviertemperatur:** 6–8 °C
Sorte: Lager	**Passt gut zu:** Grillfleisch
Farbe: helles, klares Goldgelb	

Miller High Life

Das Miller High Life, das sich auch „Champagner der Biere“ nennt, wurde erstmals 1903 auf den Markt gebracht.

Das Bier war sofort ein Renner, was wesentlich zum schnellen Wachstum des Unternehmens Anfang des 20. Jahrhunderts beitrug. So überlebte Miller, im Gegensatz zu vielen anderen Brauereien, die Prohibition. Noch 100 Jahre später ist das Miller High Life die Premiummarke der Brauerei. Es handelt sich noch um dasselbe erfrischende, süffige Bier mit mittlerem Körper. Auf weiche, süße Malzaromen in der Nase folgt ein weicher, süßer Malzgeschmack und eine leicht cremige Textur auf dem Gaumen, die mit einer moderaten Hopfenbittere ausgewogen wird.

WISSENSWERTES

Brauerei: SAB Miller	**Alkoholgehalt:** 5 Vol.-%
Standort: Milwaukee, Wisconsin	**Serviertemperatur:** 6–8 °C
Sorte: Lager	**Passt gut zu:** Schinkensandwich
Farbe: helles Goldgelb	

Milwaukee's Best

Neben seinen drei Hauptmarken Miller Lite, High Life und Genuine Draft führt Miller weitere Biermarken. Darunter „Leinie's" deutsche Spezialitätenbiere und Henry Weinhard aus Oregon, dessen Biere gegenwärtig unter Lizenz von der Full Sail Brewing Company gebraut werden.

Milwaukee's Best wurde erstmals 1895 von der A. Gettelman Brewing Company in Milwaukee gebraut, die Miller 1956 aufkaufte. Dieses Bier besitzt ein fruchtiges Malzaroma mit einem leichten, reinen, erfrischenden Geschmack. Viele Kritiker weisen auch auf den niedrigen Preis des Biers hin, der vielleicht durch den geringen Alkoholgehalt von 4,3 Vol.-% begründet ist. Tatsächlich beschreibt die Website der Brauerei das Bier als „führende Marke der Miller Brewing Company im Niedrigpreissegment". Dennoch hat Milwaukee's Best viele Anhänger gewonnen, nicht zuletzt weil es wegen seines günstigen Preises bei festlichen Anlässen aller Art, von der Studentenparty bis zum Grillabend im Familienkreis, gern ausgeschenkt wird.

WISSENSWERTES

Brauerei: SAB Miller
Standort: Milwaukee, Wisconsin
Sorte: Lager
Farbe: hellgoldene Strohfarbe
Alkoholgehalt: 4,3 Vol.-%
Serviertemperatur: 6–8 °C
Passt gut zu: scharfen Reisgerichten

North Coast Ruedrich's Red Seal Ale

Mark Ruedrich, der Braumeister der North Coast Brewing Company, ist der Mann, der die Rezepturen für die meisten Biere der Brauerei entwickelt.

Das vollmundige kupferrote Ale, das Ruedrichs Namen trägt, zeugt auf angemessene Weise von Handwerkskunst. Fruchtige Malzaromen und Hopfenbittere sind auf dem Gaumen schön ausgewogen, während das großzügige Hopfen für einen langen, trockenen, würzigen Abgang sorgt. Die Beliebtheit dieses besonderen Biers ist einer der Gründe, warum das Beverage Testing Institute in Chicago die North Coast Brewing Company zu einer der zehn besten Brauereien der Welt erklärt hat.

WISSENSWERTES

Brauerei: North Coast Brewing Company
Standort: Fort Bragg, Kalifornien
Sorte: Pale Ale
Farbe: Kupferrot
Alkoholgehalt: 5,5 Vol.-%
Serviertemperatur: 10 °C
Passt gut zu: Fischpastete

New Belgium Fat Tire Amber Ale

Nachdem Jeff Lebesch von einer Fahrradtour durch Belgien nach Colorado zurückgekehrt war, wollte er die belgischen Biere nachbrauen – so sehr hatten sie ihn beeindruckt. Deshalb entstand 1991 die New Belgium Brauerei, die zunächst nichts weiter als eine kleine Brauanlage im Keller von Jeffs Haus war. Seine Frau Kathy übernahm das Marketing, ein künstlerisch begabter Nachbar entwarf die Etiketten für die Flaschen. Das Label des Fat Tire Amber Ale, das erste Bier der Brauerei, erinnert an die Fahrradtour, die den Anstoß für das Unternehmen gab.

Dieses vollmundige, komplexe bernsteinfarbene Ale entwickelt Röstmalzaromen, die gegen eine knackige, zitronige Hopfigkeit ausgewogen werden, und hat eine weiche, gut abgerundete Textur. Weitere Produkte der Brauerei sind das 1554, ein seltenes Black Ale im Brüsseler Stil, schwarz wie ein Stout, das tatsächlich aber erfrischend schwungvoll ist, sowie das außergewöhnliche Transatlantique Kriek, ein gemischtes Ale, das mit echtem, importiertem belgischem Lambic (mit wilder Hefe gegorenes Bier) hergestellt und mit polnischen Kirschen aromatisiert wird. Kein Wunder, dass die Brauerei mit diesen bahnbrechenden Bierstilen bald so erfolgreich war, dass Jeff Lebeschs Keller 1995 nicht mehr genug Kapazitäten bot. Die neue Brauerei sollte umweltfreundlich produzieren, und so wurde New Belgium 1998 die erste mit Windkraft betriebene Brauerei der USA.

WISSENSWERTES

Brauerei: New Belgium Brewing Company Inc.
Standort: Fort Collins, Colorado
Sorte: Amber Ale
Farbe: helles Kupferbraun
Alkoholgehalt: 5,3 Vol.-%
Serviertemperatur: 12 °C
Passt gut zu: würzig gegrillten Fisch- oder Fleischgerichten

New Glarus Wisconsin Belgian Red

Anders als viele Fruchtbiere, die mit konserviertem Obst oder Fruchtsirup aromatisiert sind, werden diesem Weißbier im belgischen Stil während des Brauens ganze Montmorency-Kirschen aus heimischem Anbau zugefügt. So erhält es die Farbe und den Geschmack von Kirschen.

Dies ist kaum verwunderlich, denn das New Glarus darf reifen. Nach dem Brauen wird das Belgian Red längere Zeit in Eichenfässern belassen, und reifer Hallertauer Hopfen verleiht ihm zusätzliches Aroma. Die Brauerei empfiehlt, dieses Bier mit seinem hohen Kohlensäuregehalt und dem komplexen, intensiven Fruchtaroma als Aperitif in Champagnergläsern zu servieren, als Alternative zu Sekt. Belgian Red ist eines von sieben regulären, ganzjährig gebrauten Getränken. Weitere sind Edel-Pils, ein weiches Pilsener mit vollem Körper; Fat Squirrel, ein braunes Ale mit Nussnote; und ein India Pale Ale mit intensivem Aroma namens Hop Hearty Ale. Außerdem werden acht saisonale Biere gebraut, angefangen bei dem vollmundigen Winterbier Coffee Stout, einem vollen Dunkel, dessen stark geröstete Malze für ein weiches, bitteres Kaffeearoma sorgen, bis zum Sommerbier Solstice Weiss ist ein authentisches bayrisches Weißbier mit einer trüb goldenen Farbe und einem weichen, fruchtigen Geschmack. Die Biere von New Glarus haben schon viele Auszeichnungen bei allen großen nationalen und internationalen Bierfestivals gewonnen.

WISSENSWERTES

Brauerei: New Glarus Brewing Company
Standort: New Glarus, Wisconsin
Sorte: Fruchtbier
Farbe: Rubinrot
Alkoholgehalt: 5,1 Vol.-%
Serviertemperatur: 10–12 °C
Passt gut zu: Erdbeeren

North Coast Old Rasputin Russian Imperial Stout

Trotz seines Namens ist das Russian Imperial Stout ein Bier im englischen Stil. Erstmals im 19. Jahrhundert gebraut, erfreute es sich schnell großer Beliebtheit bei den russischen Zaren, die es in großen Mengen importierten. Der berüchtigte „verrückte Mönch" Rasputin galt als einer seiner Anhänger, und so benannte North Coast seine Version dieses Biers nach ihm.

Mit 75 IBE (Internationale Bittereeinheiten) gehört dieses Bier zu den hopfigsten Stouts. Im Aroma dominieren Röstkaffee, Schokolade und Karamell, während sich auf dem Gaumen ein weicher Körper und eine komplexe Mischung aus Röstkaramell und zitronigen, harzigen Hopfenaromen mit einem recht süßen Abgang bildet. Das Bier gehört zu den beliebtesten dieser vielfach preisgekrönten Brauerei. 1988 wurde sie in Fort Bragg an der rauen kalifornischen Küste von Mendocino gegründet, inklusive Schankraum und Grill-Restaurant. Weiter produziert sie das PranQster, ein Golden Ale im belgischen Stil, das mit traditionellen Techniken und einem alten, aus Belgien importierten Hefestamm gebraut wird, das ihm ein kopfig blumiges Aroma und eine erfrischend fruchtige Note verleiht. Das Old Stock Ale dagegen ist ein dunkles, walnussbraunes Ale, das mit hellem Maris-Otter-Malz gebraut und mit importiertem englischen Fuggles-Hopfen gewürzt wird. Es kann wie ein guter Wein reifen.

WISSENSWERTES

Brauerei: North Coast Brewing Company
Standort: Fort Bragg, Kalifornien
Sorte: Russian Imperial Stout
Farbe: sehr dunkles Rotbraun, fast Schwarz
Alkoholgehalt: 8,9 Vol.-%
Serviertemperatur: 13 °C
Passt gut zu: schwerem Schokoladenkuchen

Odell's 90 Shilling

Doug Odell, ein Amerikaner mit Vorfahren aus Wales, braut sein Bier mit Malz und Hopfen, die er aus Großbritannien einführt.

Doug Odell ließ sich häufig auf seinen Schottlandreisen zu seinen Bieren inspirieren, wo man im 19. Jahrhundert die Biere nach der Höhe der Steuer benannte, die pro Barrel zu entrichten war. Auf die Biere mit dem geringsten Alkoholgehalt wurden 60 Shilling erhoben, auf stärkere Ales bis zu 90 Shilling. Odells Flaggschiff, das erstmals 1989 als saisonales (Winter-)Bier hergestellt wurde, ist ein authentisch vollmundiges Amber Ale mit vollem Malzaroma und einer Mischung aus Nuss-, Frucht- und Karamellgeschmack auf dem Gaumen, das mit einem spritzig-trockenen Hopfenabgang überrascht. Für dieses Bier werden Malz aus zweireihiger Gerste, Wiener Malz, Kristallmalz und Schokoladenmalz verwendet, und für den Abgang sorgen Hopfen der Sorten Northern Brewer und Cascade. 2004 war 90 Shilling eines von Odells beliebtesten Bieren und machte ganze 40 Vol.-% des Gesamtumsatzes aus.

WISSENSWERTES

Brauerei: Odell Brewing Company
Standort: Fort Collins, Colorado
Sorte: Amber Ale
Farbe: tiefes Kupferrot
Alkoholgehalt: 5,3 Vol.-%
Serviertemperatur: 10–13 °C
Passt gut zu: Steak

Odell's Cutthroat Porter

Cutthroat Porter wurde als Hausbier für die Mountain Tap Tavern in Fort Collins herausgebracht. Der Erfolg war so überwältigend, dass es seit 1997 als Flaschenbier für einen größeren Markt produziert wird.

Obwohl Porter genannt, ist es eher eine Mischung aus Porter und Stout. Ein höherer Anteil von geröstetem Gerstenmalz und dunklem Malz als beim typischen Porter verleiht ihm eine starke Röstnote, die durch die trockene Bittere von zwei Hopfensorten ausgewogen wird. Der Name Cutthroat wird auch für ein zitronig-blumiges, würziges Pale Ale verwendet. Mit der Entwicklung des Cutthroat Pale zollt die Brauerei „den unabhängigen Brauern in England Tribut, die es heute nicht mehr gibt". Mit einem Alkoholgehalt von 5,3 Vol.-% ist das Cutthroat Pale auch stärker als ein Porter.

WISSENSWERTES

Brauerei: Odell Brewing Company
Standort: Fort Collins, Colorado
Sorte: English Porter
Farbe: Schwarz
Alkoholgehalt: 4,5 Vol.-%
Serviertemperatur: 10–12 °C
Passt gut zu: Lamm aus dem Schmortopf

Tupper's Hop Pocket Ale

Der Name Hop Pocket (zu Deutsch: Hopfensack) verweist auf die langen Säcke, in die der Hopfen nach dem Trocknen gefüllt wird. Der Name passt zu diesem hopfenbetonten Ale und seinem Gegenpart, dem Pilsener. Das Ale hat ein kräftig blumiges Hopfenaroma, das gegen einen soliden Malzhintergrund ausgewogen wird, während das Pilsener ein intensiv fruchtiger Hopfencharakter auszeichnet.

Beide Biere sind nach Bob Tupper benannt, dem Mann, der die Rezepturen entwickelt hat. Als Geschichtslehrer hält er auch Vorträge und veranstaltet Bierverkostungen in der berühmten Brickskeller Bar in Washington, D.C. Gebraut werden die Biere von der Old Dominion Brewing Company, die seit 1989 ein großes Sortiment an handgebrauten Lagerbieren, Ales und Stouts produziert, einschließlich vieler traditioneller Saisonbiere. Alle Biere sind nach dem deutschen Reinheitsgebot gebraut und verwenden das weiche Wasser der Region. Dominion Lager, das Flaggschiff der Brauerei, hat einen weichen, milden Geschmack, während das Dominion Oak Barrel Stout in Eichenfässern gärt, in denen zuvor Bourbon gereift ist. So erhält es einen kräftigen Vanilleduft mit einem trockenen, gerösteten Bittergeschmack und einer seidenweichen Textur. Ebenfalls im Sortiment der Brauerei ist ein reguläres trockenes Stout mit einem reifen, süßen Röstmalzgeschmack sowie das Old Dubliner Amber im Stil eines traditionellen Irish Red Ale mit einem ausgewogenen Malzgeschmack.

WISSENSWERTES

Brauerei: Old Dominion Brewing Company
Standort: Ashburn, Virginia
Sorte: Pale Ale
Farbe: goldene Bernsteinfarbe
Alkoholgehalt: 6,0 Vol.-%
Serviertemperatur: 10 °C
Passt gut zu: Geflügelsalat

Ommegang Abbey Ale

Der Ommegang ist eine farbenfrohe Prozession, die jedes Jahr im Juli auf der Grand-Place, dem Hauptplatz der belgischen Hauptstadt Brüssel, abgehalten wird. Die Tradition reicht bis ins 14. Jahrhundert zurück.

Die gleichnamige Brauerei Ommegang wurde 1997 von Don Feinberg und Wendy Littlefield gegründet. Nach einer Belgienreise 1980 begannen sie zunächst, belgisches Bier zu importieren. Schon bald wollten sie jedoch eigene Sorten brauen. Das Unternehmen ist inzwischen an die belgische Brauerei Moortgat, Hersteller des berühmten Duvel, verkauft worden. Man kann also davon ausgehen, dass Ommegang weiterhin Biere im belgischen Stil herstellen wird. Sein Flaggschiff ist das Belgian Dubbel Ale, das im Stil der Biere aus den berühmten belgischen Trappistenklöstern gebraut ist. Übrigens erinnert das Brauereigebäude selbst an ein belgisches Kloster. Das Ommegang Abbey Ale besitzt reiche, komplexe Frucht- und Würzaromen aus Gewürznelken, Zimt, Lakritz und Feigen, denen auf dem Gaumen ein voller Körper aus Honig, Karamell, Schokolade, Rosine und Pflaume folgt. Der Abgang ist lang anhaltend, süß und nur leicht hopfig. Ommegangs zwei andere reguläre Marken sind das würzig-hopfige, kräftig goldfarbene Hennepin sowie Rare Vos, ein Amber Ale mit einer würzigen, fruchtigen Orangenschalennote, das den Namen einer berühmten Brüsseler Bar trägt.

WISSENSWERTES

Brauerei: Brewery Ommegang
Standort: Cooperstown, New York
Sorte: Belgian Dubbel
Farbe: dunkles Walnussbraun
Alkoholgehalt: 8,5 Vol.-%
Serviertemperatur: 16 °C
Passt gut zu: langsam gekochten Eintöpfen mit Fleisch oder Wild

Pabst (Heileman's) Old Style

Old Style ist die Chicagoer Version des Pabst Biers, eines erfrischenden Lagers mit einer leichten Malznote.

Das Originalbier kam 1902 auf den Markt und wurde von dem deutschen Einwanderer Gottlieb Heileman in seiner kleinen Brauerei in La Crosse in Wisconsin gebraut. Das Bier war schnell über die Staatsgrenze hinaus bekannt, sodass die Einwohner von Chicago das Old Style als ihre eigene Marke betrachteten. So wurde die Brauerei Sponsor des Baseball-Teams der Chicago Cubs, eine Verbindung, die bis heute besteht. Im Jahr 2000 wurde die Heileman Brewery von Pabst übernommen. Nach diesem Bier ist auch die Schrift Old Style benannt, die der amerikanische Typograf Frederic Goudy eigens für die Brauerei Pabst entwickelt hat.

WISSENSWERTES

Brauerei: Pabst Brewing Company
Standort: San Antonio, Texas
Sorte: Lager
Farbe: Tiefgold
Alkoholgehalt: 4,5 Vol.-%
Serviertemperatur: 6–8 °C
Passt gut zu: Pizza im Chicago-Stil

Pabst Old Milwaukee

Pabst existiert seit 1844, als der deutsche Einwanderer Jacob Best mit seinen vier Söhnen in Milwaukee eine Brauerei gründete.

Einer seiner Söhne, Philipp, heiratete die Tochter des Dampfschiffkapitäns Frederick Pabst, der 1864 die Hälfte des Unternehmens kaufte und später dessen Präsident wurde. Heute braut Pabst ein umfangreiches Sortiment an Bieren und einige regionale Stile für den lokalen Markt. Die Brauerei steht inzwischen in Texas, aber das Old Milwaukee, ein leichtes, unkompliziertes, süffiges Lager, das erstmals 1955 als Bier für den Massenmarkt herauskam, ist noch eine Reverenz an die Vergangenheit.

WISSENSWERTES

Brauerei: Pabst Brewing Company
Standort: San Antonio, Texas
Sorte: Lager
Farbe: Blassgold
Alkoholgehalt: 3,6 Vol.-%
Serviertemperatur: 7 °C
Passt gut zu: Spaghetti Carbonara

Penn Gold Lager

Die seit 1986 bestehende Pennsylvania Brewing Company ist stolz darauf, authentisch deutsche Biere herzustellen.

Die Brauerei ist im deutschen Viertel von Pittsburgh, in den historischen Gebäuden der Brauerei Eberhard und Ober aus den 1880er-Jahren untergebracht. Ausstattung und Zutaten, die von der Brauerei verwendet werden, sind aus Deutschland importiert, und natürlich werden alle Biere nach dem deutschen Reinheitsgebot gebraut. Die deutschen Verbindungen reichen noch weiter: Der Braumeister Tom Pastorius ist ein direkter Nachfahre des deutschen Gelehrten Francis Daniel Pastorius, Zeitgenosse von William Penn, nach dem der Staat Pennsylvania benannt wurde. Penn Gold ist ein Lager im Münchener Stil mit mittlerem Körper, voller Malznote und einem delikaten Hopfenaroma. Es gibt auch eine dunkle Version dieses Biers, ebenfalls in typisch Münchener Stil gebraut, mit ausgewogenen weichen, fruchtigen und dunklen, leicht gebrannten Malznoten, sowie einer subtilen Hopfennote. Die Brauerei produziert außerdem zwei Pilsener. Das eine heißt schlicht Pilsner und basiert auf Tom Pastorius' Lieblingsbier, einem weichen, bernsteinfarbenen Lager im Wiener Stil mit vollem Körper; das andere namens Kaiser Pils ist ein spritziges, klarendes Lager nach norddeutscher Art, mit deutlicher Hopfenbittere und in einem dreifachen Sudvorgang gebraut. Zu den Saisonbieren zählen das dunkle, malzige und köstlich starke Weihnachtsbier St Niklaus Bock Bier und das weiche, reife, goldfarbene Oktoberfest mit nussig-fruchtigem Malzcharakter.

WISSENSWERTES

Brauerei: Pennsylvania Brewing Company
Standort: Pittsburgh, Pennsylvania
Sorte: Münchener Hell
Farbe: Blassgold
Alkoholgehalt: 5,0 Vol.-%
Serviertemperatur: 8–10 °C
Passt gut zu: frittiertem Fisch mit Zitrone

Pete's Wicked Ale

Pete Slosberg begann 1979 als Hobbybrauer. Er zog das Bier dem Wein vor, weil er die Früchte seiner Arbeit schneller genießen wollte. Bald war aus Slosberg ein leidenschaftlicher Brauer geworden. 1986 gründete er Pete's Brewing Company, die heute zu den führenden Handwerksbrauereien der USA gehört. Sein Wicked Ale ist ein reifes, malziges, nussbraunes Bier mit einem Röstmalzaroma und einer blumigen Hopfennote. Ein leicht süßlicher Malzgeschmack auf dem Gaumen wird gemäßigt durch eine sanft trockene Hopfigkeit.

Dieses Bier, das durch Hopfen der Sorte Brewers Gold ein blumiges Aroma erhält, verfügt nur über eine leichte Bittere. Pete's produziert noch drei andere Biere: Strawberry Blond, Rally Cap und Wanderlust Cream Ale. Strawberry Blond ist ein goldfarbenes, untergäriges Weizen mit leichtem Körper, das auf natürliche Weise mit Erdbeeren aromatisiert ist. Yakima Cluster und Tettnanger Hopfen sorgen für ein klares, ausgewogenes Bier mit einer leichten Erdbeersüße. Wicked Ale und Strawberry Blonde sind ganzjährig erhältlich, während Rally Cap und Wanderlust Cream Ale Saisonbiere sind. Rally Cap ist ein eher einfaches, erfrischendes Weizenbier für den Sommer mit einem Hauch Zitrone, während das Winterbier Wanderlust ein samtweiches Amber Ale ist, das mit Münchener und hellem Malz sowie etwas Weizenmalz hergestellt wird.

WISSENSWERTES

Brauerei: Pete's Brewing Company
Standort: San Antonio, Texas
Sorte: Brown Ale
Farbe: Rubinfarben-Rotbraun
Alkoholgehalt: 5,3 Vol.-%
Serviertemperatur: 12–14 °C
Passt gut zu: Wildpastete

Pike Pale Ale

Das äußerst süffige Pale Ale besticht durch einen ausgewogenen Geschmack von weicher, fruchtiger Malznote, die mit einer frischen, blumigen Hopfenherbe kontrastiert.

Das Pale Ale ist das Flaggschiff der Pike Brauerei, die 1989 in den Lagerräumen des LaSalle Hotels am Pike Place Markt von Seattle gegründet wurde. 1996 errichtete Pike nur zwei Straßen weiter eine neue und größere Braustätte, die der hohen Nachfrage Rechnung trug. Die Produktpalette konnte daraufhin erheblich erweitert werden. Zu den neuen Bieren zählen das Naughty Nellie's Ale, ein weiches, angenehm trinkbares Bier im milden englischen Stil, und KiltLifter, ein „Wee Heavy" im schottischen Stil mit vollen Röstmalzaromen.

WISSENSWERTES

Brauerei: Pike Pub and Brewery
Standort: Seattle, Washington
Sorte: Pale Ale
Farbe: dunkle Bernsteinfarbe
Alkoholgehalt: 5,3 Vol.-%
Serviertemperatur: 13 °C
Passt gut zu: gegrilltem Lachs oder Eintopf mit Miesmuscheln

Portland Oregon Honey Beer

Das Oregon Honey Beer stammt aus derselben Brauerei, die auch die MacTarnahan's Biere im schottischen Stil braut. Aroma und Geschmack des Biers besitzen jedoch einen ursprünglicheren, typisch amerikanischen Charakter.

Das Oregon Honey Beer ist ein knackiges, erfrischendes Ale, dem die Zugabe von Kleehonig einen Hauch Süße verleiht. Ein weicher, reifer Malzcharakter wird durch die gut dosierte Verwendung von Willamette-Hopfen ausgewogen. Es ist ein ideales leichtes, süffiges Sommerbier – ganz im Gegensatz zum MacFrost aus derselben Brauerei. Dieses starke, volle Winterbier wird mit fünf Malzsorten gebraut und erhält durch drei Hopfensorten ein bitteres Aroma. Und mit dem MacTarnahan's Black Watch Cream Porter, das mit Gerstenmalz, ungemalzten Körnern und Haferschrot gebraut wird, wurde ein ganz neuer charakteristischer Porter-Stil geschaffen.

WISSENSWERTES

Brauerei: MacTarnahan's Brewing Company/Portland Brewing Company
Standort: Portland, Oregon
Sorte: American Pale Ale
Farbe: blassgoldenes Strohgelb
Alkoholgehalt: 4,2 Vol.-%
Serviertemperatur: 8–10 °C
Passt gut zu: Meeresfrüchten

Post Road Pumpkin Ale

Dieses Herbstbier aus der Brooklyn Brauerei ist die Neuauflage einer Biersorte, die von den ersten Einwanderern gebraut wurde.

In dieser Gegend waren Kürbisse im Herbst eine exzellente und reichlich vorhandene Nahrungsquelle. Jedes Gebräu wird mit mehreren hundert Kürbissen gemischt – deutlich zu erkennen an der orangenen Farbe des Biers und dem wärmenden, beruhigenden Aroma, in dem Zimt und Muskatnuss dominieren. Im Herzen des Biers ist eine leichte, biskuitartige Malznote, und der Abgang ist knackig und rein. Es heißt, das „Post Road Pumpkin Ale ist die Neuauflage eines Biers, das von den ersten europäischen Siedlern in Amerika gebraut wurde. Kürbisse gab es reichlich, und sie waren geschmacksintensiv und nährstoffreich. Auch ergaben sie eine schöne Mischung mit Gerstenmalz."

WISSENSWERTES

Brauerei: Brooklyn Brewery
Standort: Brooklyn, New York
Sorte: Pumpkin Ale
Farbe: Bernstein-Orange
Alkoholgehalt: 5 Vol.-%
Serviertemperatur: 8–10 °C
Passt gut zu: Kürbiskuchen

Redhook ESB

Im Nordwesten liegen die größten Hopfenanbaugebiete der USA sowie viele der besten traditionellen Brauereien. Redhook gehört zu den ältesten. 1981 gegründet, hat sie das Ziel, den qualitativ hochwertigen europäischen Importbieren eine heimische Alternative entgegenzusetzen.

Das erste Redhook Ale wurde nach dem Vorbild der dunklen, würzigen belgischen Klosterbiere gebraut. Es hatte nur mäßigen Erfolg. Als Nächstes kam das Ballard Bitter heraus (benannt nach dem Stadtteil, in dem die Brauerei ansässig war), das mehr Anklang fand. Aber das bis heute weitaus erfolgreichste Bier von Redhook ist sein ESB, das erste amerikanische Bier mit dieser Bezeichnung, die von Fuller's in London für dieses starke, komplexe und ausgewogene Bitter übernommen wurde. Hopfen dominiert das Aroma, während am Gaumen auf den Röstmalzgeschmack ein weicher, süßer, anhaltender Abgang folgt, der durch blumige Hopfenbittere abgemildert wird. Redhook braut sein Bier jetzt an drei Standorten im Nordwesten. Seit 1994 wird ESB landesweit durch Anheuser-Busch vertrieben.

WISSENSWERTES

Brauerei: Redhook Ale Brewery
Standort: Woodinville, Washington
Sorte: Strong Bitter/Extra Special Bitter
Farbe: Kupfer
Alkoholgehalt: 5,8 Vol.-%
Serviertemperatur: 10–13 °C
Passt gut zu: gebratenem Fasan oder anderem Wild

Rogue Dead Guy Ale

Die Rogue Brauerei wurde 1988 von drei Freunden und Bierliebhabern gegründet – Jack Joyce, Rob Strasser und Bob Woodell. Sie gaben ihre Jobs auf, wurden Brauer und eröffneten ihren ersten Brauerei-Pub in Ashland, Oregon.

Die Brauerei nannten sie nach dem Fluss, der durch Newport in Oregon fließt. Der Name Rogue steht aber auch für die revolutionäre Philosophie der Brauerei – den Willen, alles ein wenig anders zu machen. Das wird an ihren Bieren deutlich, die alle sorgfältig von Hand und in kleinen Mengen gebraut werden. Das Dead Guy Ale, früher bekannt als Maierbock, ist ein Maibock-Bier: ein helles Starkbier, das in Deutschland gewöhnlich getrunken wird, um die Ankunft des Frühlings zu feiern. Das Rogue Dead Guy Ale ist aber ganzjährig erhältlich. Mit vier Malzsorten und zwei Hopfensorten hergestellt, hat es ein fruchtiges Malzaroma, einen vollen, herzhaften Geschmack und einen ausgewogenen Abgang. Als das Maierbock einmal zu Allerheiligen (1. November) unter dem Namen Dead Guy Ale als Fassbier für einen Pub vor Ort gebraut wurde, war der Name so erfolgreich, dass er haften blieb.

WISSENSWERTES

Brauerei: Rogue Ales
Standort: Newport, Oregon
Sorte: Maibock
Farbe: tiefgolden honigfarben
Alkoholgehalt: 6,5 Vol.-%
Serviertemperatur: 13 °C
Passt gut zu: Hühner- oder Schweinefleisch mit reichhaltigen Saucen

Rogue HazelNut Brown Nectar

Das HazelNut Brown Nectar von Rogue Ales ist eine Variation des klassischen englischen Brown Ale.

Dieses Bier wird aus sieben Malzsorten und zwei Hopfensorten gebraut. Durch die Zugabe von Haselnussextrakt erhält es einen vollen, süß-scharfen Nussgeschmack und ein Nussaroma. Das Haselnussextrakt sorgt auch für eine leichte Trübung des Biers. Auf dem Gaumen dominieren die Malze; reiche Schokoladen-, Karamell- und geröstete Haselnussnoten bilden den Hintergrund, während der subtile Hopfen – Perle und Saaz sind die verwendeten Sorten – zu einer bitteren Trockenheit ausgleichen. HazelNut Brown Nectar gibt es in normalen Flaschen sowie in besonderen, Drei-Liter-Andenken-Flaschen mit einem Bügelverschluss aus Keramik. Rogue ist stolz auf die Qualität der verwendeten Zutaten, und so heißt es denn auch in der Werbung: „Konservierungsstoffe, Zusätze, Chemikalien: Niemals! Rogue pasteurisiert seine Produkte nicht."

WISSENSWERTES

Brauerei: Rogue Ales
Standort: Newport, Oregon
Sorte: Brown Ale
Farbe: dunkles Mahagonibraun
Alkoholgehalt: 6,2 Vol.-%
Serviertemperatur: 12 °C
Passt gut zu: Kaffeetorte

Rogue Shakespeare Stout

Anders als das trocken-bittere Irish Stout hat das Oatmeal Stout einen viel süßeren Geschmack.

Rogues preisgekröntes Stout wird aus sieben verschiedenen Malzsorten hergestellt, darunter Kristall- und Schokoladenmalz, geröstete Gerste und Haferflocken. Dadurch erhält es eine undurchsichtig schwarze Färbung und eine volle, cremige Krone beim Ausschenken. Das Aroma wird vor allem von reifer, dunkler Frucht wie Pflaume oder Feige dominiert, mit einer Schokoladennote im Hintergrund. Die Malzsüße setzt sich auf dem Gaumen mit dunkel geröstetem Kaffee fort. Gegen den Abschluss hin kommt eine trockene Hopfenbittere hinzu. Das Shakespeare Stout erhielt 1994 mit einer Bewertung von 99 Punkten beim World Beer Championship die denkbar wertvollsten Lorbeeren mit auf den Weg. Dies war die beste Bewertung unter 309 Bieren in 44 Kategorien. Das *Men's Journal* (Ausgabe Juni/Juli 1998) platzierte das Stout ebenfalls in der Kategorie der „100 besten Nahrungsmittel in Amerika".

WISSENSWERTES

Brauerei: Rogue Ales
Standort: Newport, Oregon
Sorte: Oatmeal Stout
Farbe: schwarzes Ebenholz
Alkoholgehalt: 6 Vol.-%
Serviertemperatur: 13 °C
Passt gut zu: Pizza oder frischem grünem Salat

Rolling Rock

Seit das Bier 1939 auf den Markt kam, wurde es mit der Zahl 33 in Verbindung gebracht. Die Gründe dafür liegen im Dunkeln. Es gibt verschiedene Erklärungsversuche, aber keine befriedigende Antwort – so kann man sich den Kopf zerbrechen, während man dieses spritzige, süße und erfrischende Bier genießt.

Die Latrobe Brewing Company wurde 1893 in der kleinen Stadt Latrobe zu Füßen der Allegheny Mountains in Pennsylvania gegründet. Ihre ersten Biere waren echte Pilsener im deutschen Stil. Die Brauerei war während der Prohibition mehrere Jahre lang geschlossen, öffnete aber erneut, nachdem die fünf Tito-Brüder Frank, Joseph, Robert, Ralph und Anthony sie erworben hatten. Sie entwickelten eine neue Rezeptur, die dem veränderten Biergeschmack Rechnung tragen sollte. Heraus kam das Rolling Rock, benannt nach dem reißenden Strom, der durch ein Kiesbett fließt und die Brauerei mit Wasser versorgt.

WISSENSWERTES

Brauerei: Latrobe Brewing Company
Standort: Latrobe, Pennsylvania
Sorte: Lager
Farbe: helles, klares Goldgelb
Alkoholgehalt: 4,6 Vol.-%
Serviertemperatur: 6–8 °C
Passt gut zu: Pasteten mit Schweinefleisch

Saint Arnold Brown Ale

Saint Arnold ist die älteste Kleinbrauerei in Texas. 1994 wurde sie von Brock Wagner und Kevin Bartol gegründet. Beide Familien stammen ursprünglich aus Deutschland, was sicher ihre Begeisterung für Bier erklärt. Brock hatte bereits Erfahrung als eifriger Hobby-Brauer.

Als die beiden Bierfreunde feststellten, dass es in der Stadt keine einzige Mikrobrauerei gab, beschlossen sie, etwas dagegen zu unternehmen. Ihre Brauerei wurde ein Hit. Trotz ihres Erfolgs bleibt Saint Arnold ihrer Tradition als Mikrobrauerei treu: Acht Brauer betreuen jede Stufe der Bierproduktion. Die Brauerei produziert neun verschiedene Biere. Vier davon sind reguläre, die anderen fünf Saisonbiere. Zu ihren erfolgreichsten Bieren gehört das mehrfach preisgekrönte Brown Ale, ein cremiges, vollmundiges Bier mit einem komplexen Röstmalzgeschmack mit vollen Schokoladen-, Frucht- und Nussnoten. Durch eine Mischung aus fünf verschiedenen Malzen in der Maische wird das Bier ausgesprochen komplex. Drei verschiedene Hopfensorten verleihen dem Bier zudem eine erfreulich leichte Hopfenbittere und ein subtil blumiges Hopfenaroma.

WISSENSWERTES

Brauerei: Saint Arnold Brewing Company
Standort: Houston, Texas
Sorte: Brown Ale
Farbe: tiefes Kupferbraun
Alkoholgehalt: 5,3 Vol.-%
Serviertemperatur: 8–10 °C
Passt gut zu: Lamm mit Kräuterkruste

Samuel Adams Boston Lager

Jim Koch gründete 1984 die Boston Beer Company und belebte damit eine Familientradition neu: Er gehörte einer Familie an, die in der fünften Generation Bier braute, nur unterbrochen durch seinen Vater, der das Brauen einige Jahre zuvor aufgegeben hatte, weil ihn die klassischen Vollbiere nicht interessierten.

Als qualitativ gute, von Hand gebraute Biere Anfang der 1980er-Jahre in den USA ein Comeback erlebten, beschloss Jim Koch, Brauer zu werden. Nach einer Rezeptur, die sein Ururgroßvater Louis Koch 1870 erstmals verwendet hatte, braute er das Samuel Adams Boston Lager, benannt nach dem berühmten Bostoner Revolutionsführer, Mitorganisator der Boston Tea Party und Mitunterzeichner der amerikanischen Unabhängigkeitserklärung von 1776. Da Adams zufällig ebenfalls aus einer Familie von Bierbrauern stammte, war der Name doppelt passend. Koch hatte keine Schwierigkeiten, das Bier an den Mann zu bringen – es wurde sofort ein Hit und gewann bald nationale und internationale Auszeichnungen. Sein voller, komplexer Geschmack, der durch die Verwendung mehrerer Malze und das zeitaufwändige traditionelle Sudkochen erreicht wird, machen es so beliebt. Es hat einen leicht süßlichen Geschmack mit Karamell- und Röstmalznoten im Hintergrund, und Tettnanger und Hallertauer Hopfen verleihen ihm vom Aroma bis zum Abgang einen blumig-pinienhaften Zitruscharakter.

WISSENSWERTES

Brauerei: Boston Beer Company
Standort: Boston, Massachusetts
Sorte: Lager
Farbe: goldene Bernsteinfarbe
Alkoholgehalt: 4,9 Vol.-%
Serviertemperatur: 8–10 °C
Passt gut zu: Ente oder Kaninchen

Samuel Adams Boston Ale

Wie das Boston Lager wird auch das Samuel Adams Boston Ale nach einem alten Rezept der Familie Koch gebraut.

Dieses Bier ist ein Beispiel für einen Stil, der unter der Bezeichnung Stock Ale bekannt ist, einer der wenigen klassischen Bierstile, die in den Vereinigten Staaten erfunden wurden. Der Name stammt von den kühlen Kellern, in denen das Bier zum Gären gelagert wurde. So entsteht ein weicheres Bier mit einem volleren Körper und einem vollen, komplexen Malzcharakter mit Karamellsüße. Durch die Verwendung von Goldings- und Fuggles-Hopfen entsteht ein ausgleichendes scharfes, zitroniges Hopfenaroma und eine trockene, tanninartige Bittere im Abgang. Die Brauerei hebt hervor, dass bei der Herstellung des Boston Ale „die Maische in einem zeitaufwändigen traditionellen Brauverfahren, das heute nur noch selten praktiziert wird, in vier verschiedenen Kesseln gekocht wird".

WISSENSWERTES

Brauerei: Boston Beer Company
Standort: Boston, Massachusetts
Sorte: Stock Ale
Farbe: dunkle Bernsteinfarbe
Alkoholgehalt: 5,1 Vol.-%
Serviertemperatur: 10–12 °C
Passt gut zu: Schmorfleisch

Samuel Adams Triple Bock

Die Boston Beer Company stellt 17 verschiedene Biere unter der Marke Samuel Adams her. Dazu zählt traditionelles Bier, Saisonbier wie das mit zehn verschiedenen Gewürzen aromatisierte Weißbier White Ale im belgischen Stil sowie so genannte „Extreme Beers".

Unter „Extreme Beers" versteht man Biere mit den ungewöhnlichsten Geschmacksnoten. Das Triple Bock etwa hat den tiefen, komplexen Geschmack eines reifen Sherry mit Vanille-, Pflaumen-, Eichen- und Karamellnoten. Es verfügt über einen vollen Körper, ist fast dick und sirupartig, und zeigt eine deutliche Sirupschwärze. Mit 18 Vol.-% Alkohol ist es außerdem sehr stark. In dieser Hinsicht wird es nur vom Samuel Adams Utopia übertroffen. Die Produktion aus dem Jahre 2003 erreichte unvorstellbare 25 Vol.-% Alkohol.

WISSENSWERTES

Brauerei: Boston Beer Company
Standort: Boston, Massachusetts
Sorte: Triple Bock
Farbe: sehr dunkles Braun, fast Schwarz
Alkoholgehalt: 18 Vol.-%
Serviertemperatur: 13–16 °C
Passt gut zu: Karamellpudding

Sierra Nevada Bigfoot

Sierra Nevada ist heute die vielleicht berühmteste Handwerksbrauerei neuer Generation in den USA.

Das Bier der 1979 von Ken Grosman gegründeten Brauerei war sofort ein Riesenerfolg. Schon bald hatte diese kleine Brauerei Mühe, die Nachfrage zu decken. 1989 wurde eine neue Braustätte eröffnet. Die ganze Brauanlage einschließlich der traditionellen Sudkessel aus Kupfer wurde aus Deutschland importiert. Ken Grosmans Bier ist mit Recht berühmt für seine großzügige Hopfung. Das preisgekrönte Bigfoot Ale, darin keine Ausnahme, ist ein schöner, traditioneller Barley Wine mit einem intensiv fruchtigen Aroma, einem dichten, den Mund ausfüllenden Körper und einem reichen, komplexen Geschmack, der großartig zwischen deutlicher Malzigkeit mit Pflaumen-, Schokoladen-, Nuss- und Röstnoten und einem intensiv harzig-bitteren, zitronigen Hopfencharakter ausgewogen ist. Barley Wine ist ein Festbier, das zur Weihnachtszeit getrunken wird. Ein weiteres Winterbier ist das Celebration Ale, ein klassischer Winterwärmer, trocken gehopft und mit einem lebhaft-würzigen Aroma. Im Sommer braut Sierra Nevada ein erfrischend fruchtiges Pilsener namens Summerfest, das nach einer langen Lagerzeit einen besonders weichen Charakter erhält.

WISSENSWERTES

Brauerei: Sierra Nevada Brewing Company
Standort: Chico, Kalifornien
Sorte: Barley Wine
Farbe: tiefes Rotbraun
Alkoholgehalt: 9,6 Vol.-%
Serviertemperatur: 14–16 °C
Passt gut zu: Truthahn und Weihnachtspudding

Sierra Nevada Pale Ale

Dieses Pale Ale kam 1980 heraus und war das erste Bier der Sierra Nevada Brauerei.

Es ist nach wie vor das beliebteste reguläre Bier der Brauerei (die anderen regulären Biere sind ein Porter, ein Stout und ein Weißbier) und gilt vielen als eines der besten Pale Ales, die man heute in den Vereinigten Staaten bekommen kann. Hopfen dominiert das Aroma mit einem duftend-würzigen, blumigen Charakter, während auf dem Gaumen ein bemerkenswert voller Körper mit einer lebhaften, komplexen Malzigkeit sowie mit Orangenfrucht- und Karamellnoten vor einer zitronigen Hopfenbittere perfekt ausgewogen sind. Das Pale Ale ist auch optisch ansprechend, mit einer tief goldenen Farbe, die den komplexen Geschmack getreu widerspiegelt.

WISSENSWERTES

Brauerei: Sierra Nevada Brewing Company
Standort: Chico, Kalifornien
Sorte: American Pale Ale
Farbe: intensive Bernsteinfarbe
Alkoholgehalt: 5,6 Vol.-%
Serviertemperatur: 10–12 °C
Passt gut zu: pikanten Hähnchengerichten

Stone Ruination IPA

„A liquid poem to the glory of hops" (zu Deutsch: Ein flüssiges Gedicht auf den Ruhm des Hopfens) steht auf dem Etikett des Ruination IPA von Stone, während die Teufelsgestalt auf den starken Geschmack hinweist, der in diesem Getränk steckt.

Selbst für eine Brauerei, die für ihre Vorliebe zum Hopfen bekannt ist, ist dies ein ziemlich stark gehopftes Bier mit einem intensiv bitteren Geschmack (über 100 IBE/Internationale Bittereeinheiten), der eine „ruinöse" Wirkung auf den Gaumen haben soll – daher der Name. Das Stone Ruination hat mit 7,7 Vol.-% einen erwartet hohen Alkoholgehalt. Damit liegt das Bier weit über den für die IPAs üblichere Stärke von 5–5,5 Vol.-% Alkohol. Etwas gemäßigter als das Stone Ruination ist das Stone Smoked Porter, ein weiches, seidiges Dunkelbier mit robustem, an Schokolade und Kaffee erinnerndem Geschmack und einem Hauch von rauchigem Whiskyaroma, das durch die Verwendung ausgewählter, über Torf gerösteter Malze entsteht.

WISSENSWERTES

Brauerei: Stone Brewing Company
Standort: San Marcos, Kalifornien
Sorte: India Pale Ale
Farbe: helles, blasses Bernsteinorange
Alkoholgehalt: 7,7 Vol.-%
Serviertemperatur: 10–12 °C
Passt gut zu: gegrillten Meeresfrüchten

Stone Double Bastard Ale

Die Brauerei Stone wurde 1996 von dem Brauer Steve Wagner und dem Unternehmer Greg Koch gegründet. Die beiden sind nicht nur große Bierliebhaber, sondern auch Idealisten, was das Brauen angeht.

Das Emblem der Brauerei ist ein Wasserspeier, der böse Geister wie chemische Konservierungsstoffe und Zusätze fern halten und die Reinheit und Natürlichkeit der Biere bewahren soll. Double Bastard Ale ist ein Saisonbier, das jeden November in limitierter Auflage auf den Markt kommt. Es ist mit Bedacht übertrieben, stärker und komplexer als das Arrogant Bastard Ale derselben Brauerei, das aggressiv gewürzt ist. Als solches ist es kein Bier, das man einen ganzen Abend hindurch trinken kann, sondern mit Vorsicht genossen werden sollte. Das Aroma im Antrunk ist süß und sehr malzig. Auf dem Gaumen werden die vollen, fruchtigen Malzaromen durch eine intensiv harzige Hopfenbittere ausgewogen.

WISSENSWERTES

Brauerei: Stone Brewing Company
Standort: San Marcos, Kalifornien
Sorte: Barley Wine
Farbe: dunkles Mahagonibraun
Alkoholgehalt: 10 Vol.-%
Serviertemperatur: 13 °C
Passt gut zu: Zartbitterschokolade

Stoudt's Fest

Stoudt's Fest ist ein dunkel bernsteinfarbenes Lager mit einem mittleren Körper und einem süß-fruchtigen Malzaroma sowie einem Hauch Karamell, Rosine und Apfel. Ein ebenso süßer Karamellmalzcharakter auf dem Gaumen wird durch eine subtile trockene Hopfenbittere abgemildert.

Fest ist im Stil der Oktoberfestbiere gebraut. Diese werden im März gebraut und den Sommer über gelagert. (Wegen der Hitze war das Bierbrauen im Sommer früher kaum möglich.) Auf dem Münchener Oktoberfest wird allerings nur Märzen ausgeschenkt, das in München selbst gebraut wurde. Diese Version von Stoudt wird ganzjährig produziert, von August bis Oktober tragen die Flaschen jedoch ein Etikett mit bayerischem Rautenmotiv. Stoudt's Saisonbier wird nach traditionellen deutschen Rezepturen gebraut – so auch ein leichtes, erfrischendes Sommerweißbier und ein heller, vollmundiger Doppelbock, der im Frühling angeboten wird. In der Weihnachtszeit gibt es das Holiday Reserve.

WISSENSWERTES

Brauerei: Stoudt's Brewing Company
Standort: Adamstown, Pennsylvania
Sorte: Märzen/Oktoberfest
Farbe: reines Bernsteinrot
Alkoholgehalt: 5 Vol.-%
Serviertemperatur: 10–12 °C
Passt gut zu: Bratwurst

Stoudt's Pils

Carol und Ed Stoudts Brauerei produziert kleine Mengen Bier in Handarbeit. Obwohl ihre preisgekrönten Biere sehr beliebt sind, widerstehen sie der Versuchung zu expandieren und stellen sicher, dass sie in ihrem Unternehmen jeden Schritt des Brauvorgangs aktiv begleiten können.

Durch den Erwerb einer Abfüllanlage sind sie sogar in der Lage, ihre Biere selbst in Flaschen zu füllen. Mittelpunkt des Sortiments ist ein authentisches Pilsener im europäischen Stil mit einem knackig, erfrischend trockenen Hopfenprofil in Aroma und Geschmack, das durch ein nussig-körniges Malzbukett im Hintergrund perfekt ausgewogen wird. Zum Sortiment gehören außerdem das Gold Lager, ein cremig-fruchtiges Lager im Münchener Stil sowie mehrere Bier, die in der Flasche reifen. Darunter das würzige Abbey Double und das Abbey Triple im belgischen Stil; ein Ale im schottischen Stil mit einem vollmundigen Bukett aus gerösteten und über Torf geräucherten Malzen; ein komplexer Doppelbock im deutschen Stil, der alljährlich zur Jahresfeier der Brauerei produziert wird; und ein volles, schokoladiges Imperial Stout mit dem Namen Fat Dog.

WISSENSWERTES

Brauerei: Stoudt's Brewing Company
Standort: Adamstown, Pennsylvania
Sorte: Pilsener
Farbe: blasses Strohgelb
Alkoholgehalt: 4,8 Vol.-%
Serviertemperatur: 8 °C
Wird gereicht als: Aperitif

Sudwerk Helles

Sudwerk Restaurant and Brewery braut alle Biere nach alten deutschen Rezepturen und folgt dem Reinheitsgebot aus dem Jahre 1516, das in Deutschland heute noch befolgt wird. Die Hefe stammt von der Brauerei Weihenstephan bei München, der ältesten Brauerei der Welt. Auch der Hallertauer und Tettnanger Hopfen werden aus Deutschland importiert. Sudwerk braut hauptsächlich untergäriges Lager, bei dem auf einen langsamen, kühlen Gärprozess eine lange Reifezeit folgt.

Das Helle ist ein goldenes Lager mit einem vollen Körper und einer cremigen Textur mit vollem, komplexem Malzgeschmack, der ins Süße tendiert. Die Süße wird jedoch durch eine feine Hopfenbittere ausgeglichen. Dieser in ganz Bayern beliebte Stil wird als Gegensatz zu dem dunklen Münchener Lagerbier „Helles" genannt, auch um es von dem trockenen, hopfigeren Pilsener zu unterscheiden. Sudwerk Helles ist die duftig-hopfige Version von Sudwerk. Die Brauerei hat für ihre Biere viele nationale und internationale Auszeichnungen gewonnen.

WISSENSWERTES

Brauerei: Privatbrauerei Sudwerk Hubsch
Standort: Davis, Kalifornien
Sorte: Münchener Hell
Farbe: blasses Goldgelb
Alkoholgehalt: 5 Vol.-%
Serviertemperatur: 8 °C
Passt gut zu: mexikanischen Gerichten wie Fajitas oder Burritos

Victory Hopdevil Ale

Die Brauerei Victory wurde 1996 gegründet. Doch alles begann bereits 1976, als aus den damals zehnjährigen Firmeneigentümern Ron und Bill Freunde wurden. Der zündende Funke zur Gründung der Brauerei war eine Belgienreise im Jahre 1987, während der die Freunde Klöster mit Braueribetrieb besuchten. Als sie anschließend die Biere der neuen amerikanischen Handwerksbrauereien testeten, die damals wie Pilze aus dem Boden schossen, beschlossen sie begeistert, selbst Brauer zu werden. Heute stellen sie über 20 verschiedene Biere her, darunter mehrere Saisonbiere und Biere in limitierter Auflage.

Hopdevil Ale gehört zu den ganzjährigen Bieren von Victory. Es ist ein kräftig würziges India Pale Ale mit einem kühnen, würzigen Hopfengeschmack und einer cremig-weichen Textur mit vollem Körper. Es ist typisch für die stark gehopften Biere der Brauerei. Man produziert aber auch einige voll malzige Ales und Lager wie das St Victorious, ein authentischer nussiger, fruchtiger Doppelbock, der mit sieben deutschen Malzsorten und vier Hopfensorten gewürzt wird. Victory braut auch eine Reihe von sehr schweren Jahrgangsbieren, die mit der Lagerung immer besser werden: V Grand Cru ist ein aromatisches Amber Ale, das mit einer großen Menge ganzer Hopfenblüten unter anderem der Sorten East Kent, Styrians Goldung und Tettnanger gebraut wird, die ein würziges Kräuteraroma verleihen.

WISSENSWERTES

Brauerei: Victory Brewing Company
Standort: Downington, Pennsylvania
Sorte: India Pale Ale
Farbe: helles, klares Kupfer
Alkoholgehalt: 6,7 Vol.-%
Serviertemperatur: 10–12°C
Passt gut zu: knusprigem Sandwich

OBEN

Die Liebe zum Bier ist bei den Menschen in Lateinamerika und der Karibik genauso ausgeprägt wie die Liebe zum Leben. Die Region, die qualitativ hochwertige, charakteristische Lager und Biere für den heimischen Markt braut, gehört auch zu den größten Bierexporteuren der Welt. Marken wie Sol, Corona Extra und Red Stripe genießen internationale Popularität.

Lateinamerikanisches & karibisches Bier

Vor der Ankunft der Europäer im 16. Jahrhundert war Bier in Lateinamerika unbekannt. Die Azteken, Inkas und Mayas tranken jedoch schon ein Gebräu, das aus Getreide gegoren wurde, während die karibischen Völker Getränke aus Mais brauten, die von Insel zu Insel unterschiedlich waren.

Oben

In Lateinamerika stehen einige der modernsten Brauereien der Welt. Gleichzeitig wird in den vielen kleineren Brauereien weiterhin nach traditionellen Verfahren Bier gebraut.

DIE AZTEKEN stellten bereits Getränke aus der Agave her, zum Beispiel ein einfaches Gebräu namens Pulque, das zu medizinischen Zwecken und bei religiösen Zeremonien getrunken wurde. Die europäischen Eroberer brachten die Technik des Destillierens mit. So konnte der Mezcal produziert werden, der schon bald das beliebteste Getränk Lateinamerikas und eine wertvolle Handelsware wurde.

Die Eroberer errichteten viele kleine Brauereien, aber erst als Ende des 19. Jahrhunderts die Kühlung erfunden wurde und Brauer aus Bayern, Österreich und der Schweiz die goldenen Lager einführten, wurde Bier wirklich beliebt. Zur Zeit der Prohibition in den USA wurde die mexikanische Grenzstadt Tijuana ein beliebtes Reiseziel für Amerikaner, die in den Genuss eines alkoholischen Getränkes kommen wollten. Dies hinterließ der mexikanischen Brauindustrie ein bleibendes Erbe, denn Mexiko wurde dadurch der größte Bierproduzent Lateinamerikas.

Platz zwei unter den Bierproduzenten Lateinamerikas nimmt Brasilien ein. Zu den typischen leichten, goldenen Lagerbieren im bayrischen Stil kommt hier ein unverwechselbares Schwarzbier hinzu, das unter Verwendung gerösteter Gerste und einer Mischung dunkler einheimischer Getreidesorten gebraut und mit Lupinen gewürzt wird (Lupinen sind mit Hopfen verwandt und besitzen eine ähnliche Bittere). Diese schwarzen Biere wurden erstmals ganz früh in der Kolonialzeit entwickelt, aber sie werden noch heute getrunken. Heutige Schwarzbier-Marken sind beispielsweise Xingu von der Brauerei Cervejaria Cacador.

Starke, süße Lager werden auch in der Karibik mit Vorliebe getrunken. Das Stout ist in der Region ebenfalls sehr beliebt, und Guinness wird seit rund 150 Jahren in Jamaika gebraut.

RUND UMS BIER

Produktionsmenge: 223 990 000 Hektoliter pro Jahr
Pro-Kopf-Verbrauch: 55 Liter pro Jahr
Berühmte Brauereien: Bucanero Cervecería; Cervecería Cuauhtémoc; Cervecería Modelo; Cervecería y Maltería Quilme; Desnoes & Geddes; Especialidad Cerveceras
Berühmte Marken: Corona Extra; Dos Equis; Igúazu; Mayabe Calidad Extra; Quilmes; Red Stripe; Sol

Casta Bruna

Ein weiches und ausgewogenes Pale Ale im englischen Stil mit delikat-blumigem Aroma, durch das ein Hauch Karamellsüße scheint.

Vier Sorten von hellen Röstmalzen und englischem Hopfen verleihen Casta Bruna einen mittleren Körper und ein komplexes Bukett, unter anderem mit einer Schokoladen- und Pfirsichnote und einer Hopfenkrautbittere. Zu dem ausgezeichneten Sortiment qualitätsvoller Ales der Brauerei Especialidad Cerveceras gehört das kräftig-würzige Casta Dorada, das im Stil der starken belgischen goldenen Biere gebraut wird und eine duftend-würzige Bittere hat. Das Casta Milenia hingegen ist ein Jahrgangsbier in limitierter Auflage in der Tradition der starken belgischen Klosterbiere, die mit nicht fermentierter Stammwürze in Flaschen abgefüllt werden und mit längerer Kellerlagerung zu immer besserer Qualität heranreifen.

WISSENSWERTES

Brauerei: Especialidad Cerveceras
Standort: Apodaca, Mexiko
Sorte: English Pale Ale
Farbe: Kupfer/Rotbraun
Alkoholgehalt: 5,4 Vol.-%
Serviertemperatur: 10–12 °C
Passt gut zu: Pasta mit Tomatensauce

Casta Morena

Casta, das spanische Wort für „Reinheit", steht für die Philosophie der Brauerei Especialidad Cerveceras: das deutsche Reinheitsgebot von 1516, dem zufolge Bier nur mit Malz, Wasser, Hopfen und Hefe gebraut werden darf. Eine spätere Ergänzung erlaubt auch die Verwendung von Weizen.

Especialidad Cerverceras ist die erste Brauerei in Mexiko, die nur obergärige Biere braut. Die verwendeten Malze und Hopfensorten werden aus England, den USA und der Tschechischen Republik importiert. Für jede Biersorte wird ein anderer Hefestamm verwendet. Casta Morena ist ein komplexes, feines Bier, das mit sechs verschiedenen Malzsorten, darunter Karamell- und Schokoladenmalz, gebraut wird, wodurch ein dunkles, vollmundiges Bier entsteht, das den starken Bieren in schottischer Tradition ähnelt. Zwei Hopfensorten verleihen einen feinen Hauch von Bittere.

WISSENSWERTES

Brauerei: Especialidad Cerveceras
Standort: Apodaca, Mexiko
Sorte: Scottish Ale
Farbe: dunkles Rotbraun
Alkoholgehalt: 6 Vol.-%
Serviertemperatur: 9 °C
Passt gut zu: Fleisch und Wild mit reichhaltigen Saucen

Dos Equis

Der Name Dos Equis (zu Deutsch: zwei Kreuze) wird auf dem Etikett grafisch dargestellt. Es gibt zwei Sorten dieses Biers, von denen das einfache helle Lager die beliebtere ist.

Die andere Sorte ist ein volles, tief bernsteinfarbenes Lager im Wiener Stil mit süß-fruchtigem Malzgeschmack und Schokoladennote. Dos Equis ist eine der führenden Marken von Mexikos größter Brauerei, der Cervecería Cuauhtémoc, die 1890 von den Spaniern Isaac Heron und Jose Calderón gegründet wurde. Das erste Bier der Brauerei war Carta Blanca, ein kohlesäurereiches Bier, das in Flaschen mit Korkverschluss abgefüllt wurde.

WISSENSWERTES

Brauerei: Cervecería Cuauhtémoc Moctezuma (Femsa)
Standort: Monterrey, Mexiko
Sorte: Lager im Wiener Stil
Farbe: goldenes Bernsteingelb
Alkoholgehalt: 4,8 Vol.-%
Serviertemperatur: 6–8 °C
Passt gut zu: gegrilltem Weißfisch

Sol

Sol, eines der bekanntesten mexikanischen Biere, ist ein helles, erfrischendes Lager, das zu einem weichen, vollen Körper gebraut wird.

Sol hat ein fruchtiges Malzaroma und Hopfenbittere auf dem Gaumen, die ihm eine belebende Trockenheit verleiht. Es wird in klaren Flaschen verkauft, durch die seine goldgelbe Farbe schimmert, daher auch der Name Sol (Spanisch für: Sonne). In den 1980er-Jahren wurde Sol das beliebteste mexikanische Bier. Inzwischen hat es auch in Europa und den USA viele Anhänger gefunden.

Weitere Marken der Gruppe sind Tecate, das seit 1944 in der gleichnamigen Stadt gebraut wird. Es ist ein helles Bier mit recht niedrigem Alkoholgehalt, ideal als Durstlöscher in der Hitze des mexikanischen Klimas. Die Rezeptur stammt von Alberto Aldrete, einem ehrgeizigen Farmer, der stolz war auf seine mexikanischen Wurzeln. Ursprünglich wurde es mit Salz und frischer Zitrone serviert – daher rührt die Tradition, Sol und andere mexikanische Biere mit einem Stück Zitrone oder Limette im Flaschenhals zu reichen.

WISSENSWERTES

Brauerei: Cervecería Cuauhtémoc Moctezuma (Femsa)
Standort: Monterrey, Mexiko
Sorte: Lager
Farbe: helles, klares Goldgelb
Alkoholgehalt: 4,6 Vol.-%
Serviertemperatur: 5–7 °C
Passt gut zu: Steak und Bratkartoffeln

Bohemia

Nur drei Jahre (1864–1867) wurde Mexiko vom österreichischen Kaiser Maximilian regiert. Das reichte, um dem Land etwas Wunderbares zu hinterlassen: das Lager im Wiener Stil, das in Mexiko vielleicht beliebter ist als in Österreich.

Die originalen Lager im Wiener Stil zeichneten sich durch eine bernsteinrote Farbe aus, die durch ein spezielles Verfahren beim Darren des Malzes entstand. Die meisten mexikanischen Versionen haben jedoch eine eher goldgelbe Farbe. Bohemia, ein starkes und vollmundiges Bier, ist eines der besseren Beispiele für den Stil mit einem fruchtigen Malzprofil, unterlegt durch die duftige Hopfenbittere des importierten Saaz-Hopfen.

WISSENSWERTES

Brauerei: Cervecería Cuauhtémoc Moctezuma (Femsa)
Standort: Monterrey, Mexiko
Sorte: Lager im Wiener Stil
Farbe: Goldgelb
Alkoholgehalt: 5,4 Vol.-%
Serviertemperatur: 8 °C
Passt gut zu: mit Kräutern gewürztem, gebratenem Fleisch

Corona Pacifico Clara

Pacifico Clara stammt aus dem umfangreichen Sortiment der Brauerei Modelo, die in Mexiko-Stadt ansässig ist. Es wird jedoch hauptsächlich von dem Tochterunternehmen, der Pacific Brewery mit Sitz in Mazatlán, Sinaloa, im Norden Mexikos gebraut.

Hier handelt es sich um ein subtiles, feines Bier mit kräftiger Kohlensäure und einem leichten, ausgewogenen Geschmack. Außer den berühmten Corona- und Modelo-Biersorten produziert die Brauerei zahlreiche weitere Marken, wie zum Beispiel das Victoria. Dies ist ein malziges Lager im Wiener Stil, das ursprünglich von der Brauerei Toluca, einer der ältesten Brauereien Mexikos, gebraut wurde, die 1865 gegründet und 1935 von Modelo übernommen wurde.

WISSENSWERTES

Brauerei: Cervecería Modelo
Standort: Mexico City, Mexiko
Sorte: Pilsener
Farbe: Goldgelb
Alkoholgehalt: 4,5 Vol.-%
Serviertemperatur: 7 °C
Passt gut zu: scharfen, würzigen Gerichten

Corona Extra

Corona Extra ist das meistverkaufte Bier Mexikos und die führende Exportmarke des Landes. Weltweit ist dieses Bier heute in über 150 Ländern erhältlich.

Es wurde erstmals 1925 von der Brauerei Cervecería Modelo in Mexiko-Stadt gebraut. Das erste Bier der Brauerei hieß einfach Modelo. Das Corona wurde einen Monat später herausgebracht. Im Jahr 1936 feierte Modelo sein zehnjähriges Bestehen mit der Einführung eines dunklen Lagerbiers. Aktuell produziert die Brauerei zehn Biere, einschließlich einer leichten Version des Corona Extra, das etwa 30 % weniger Kalorien hat. Das originale Modelo-Bier gibt es jetzt in drei Versionen: Modelo Especial, ein einfaches Pilsener mit deutlichem Hopfenprofil; Modelo Light und Negro Modelo, ein bernsteinfarbenes, weiches, malziges Lager mit Schokoladennote und einem Hauch von dunkler Frucht und einem erfrischend bitteren Hopfenabgang.

WISSENSWERTES

Brauerei: Cervecería Modelo
Standort: Mexico City, Mexiko
Sorte: Lager
Farbe: blasses Goldgelb
Alkoholgehalt: 4,6 Vol.-%
Serviertemperatur: 5–7 °C
Passt gut zu: gebratenem Schinken und Salat

Mayabe Calidad Extra

Holguin, eine der größten Städte Kubas, liegt in der Nähe des Küstenabschnitts, an dem Christopher Kolumbus 1492 erstmals den amerikanischen Kontinent betrat. Hier befindet sich auch der Sitz der Brauerei Bucanero, die die meistverkaufte Biermarke Kubas produziert: das Lager Cerveza Cristal.

Bucanero ist auf die Produktion von süffigen Lagerbieren spezialisiert. Mayabe Calidad Extra ist die Premiummarke der Brauerei. Es ist etwas stärker gebraut und hat einen weicheren Körper mit einem leichten, unkomplizierten, leicht süßen, körnigen Aroma. Eine weitere, stärkere Version ist das Fuerte. Außerdem gehört ein klares, goldenes Pilsner namens Palma Cristal zum Sortiment.

WISSENSWERTES

Brauerei: Bucanero Cervecería
Standort: Holguin, Kuba
Sorte: Lager
Farbe: blasses Strohgelb
Alkoholgehalt: 5 Vol.-%
Serviertemperatur: 5–7 °C
Passt gut zu: gegrilltem Fisch und Meeresfrüchten

Red Stripe

Dieses blassgoldene, starke Lager mit vollmundigem Malzgeschmack, der durch ein leichtes Hopfenaroma und einen erfrischend trocken-bitteren Abgang ausgewogen wird, wird von Desnoes & Geddes gebraut, gegründet 1918 in Kingston, Jamaika. Die Gründer, Eugene Desnoes und Thomas Hargreaves Geddes, gaben ihr den Namen.

Zunächst produzierte das Unternehmen nur alkoholfreie Getränke, doch dann begann man 1927 mit dem Brauen von Bier. Das erste Red Stripe war ein vollmundiges, geschmackvolles Ale, seit 1938 ist es aber das goldene Lager, das wir heute kennen. Seit mehreren Jahren hat Desnoes & Geddes eine geschäftliche Vereinbarung mit der Brauerei Heineken, die ihre Biere exportiert und in einigen Fällen auch in Europa braut. Damit ist Desnoes & Geddes als eine der wenigen karibischen Brauereien weltweit vertreten. Außerhalb Jamaikas wurde sie vor allem in Großbritannien durch die westindischen Einwanderer bekannt, und das Red Stripe wird heute in England in Lizenz gebraut.

Auch bei den kanadischen und US-amerikanischen Soldaten, die während des Zweiten Weltkriegs in der Karibik stationiert waren, war das Red Stripe beliebt. Inzwischen gehört es in den USA zu den sich am schnellsten verbreitenden Biermarken. Die Brauerei war in Familienbesitz, bis sie 1993 von Guinness übernommen wurde. Weitere Marken der Brauerei sind Dragon Stout, ein dunkles, süßes, volles, malziges Stout mit einem Hauch Lakritz und einem kräftigen Alkoholgehalt von 7,5 Vol.-%. Desnoes & Geddes braut auch die karibische Version des Guinness.

WISSENSWERTES

Brauerei: Desnoes & Geddes
Standort: Kingston, Jamaika
Sorte: Lager
Farbe: blasses Goldgelb
Alkoholgehalt: 4,7 Vol.-%
Serviertemperatur: 6–7 °C
Passt gut zu: gebackenen Meeresfrüchten und Safranreis

Igúazu

Igúazu gehört zu dem sehr umfangreichen Sortiment der Brauerei Quilmes in Buenos Aires.

Seinen Namen erhielt das Bier von einem spektakulären hufeisenförmigen Wasserfall, der 80 Meter hoch und fast drei Kilometer breit ist. Außerhalb Argentiniens wurde er vor allem durch den Kinofilm „The Mission" mit Robert de Niro berühmt. In lokalem Dialekt bedeutet der Name denn auch „großes Wasser". Igúazu ist ein untergäriges goldenes Lager mit leicht körnigem Geschmack und einem subtilen Hopfenaroma. Zu den Bieren von Quilmes gehören das alkoholfreie Liberty und zwei weitere, die an die deutschen Ursprünge der Brauerei erinnern: ein Bock und ein Weißbier namens Andes.

WISSENSWERTES

Brauerei: Cervecería y Maltería Quilmes
Standort: Buenos Aires, Argentinien
Sorte: Lager
Farbe: Goldgelb
Alkoholgehalt: 4,9 Vol.-%
Serviertemperatur: 6–8 °C
Passt gut zu: Salat und Käse

Quilmes

Die Brauerei und Mälzerei Quilmes wurde 1888 im gleichnamigen Stadtviertel von Buenos Aires durch den deutschen Einwanderer Otto Bemberg gegründet. Seitdem ist der Name Quilmes in Argentinien gleichbedeutend mit Bier.

In den ersten Jahrzehnten des 20. Jahrhunderts entwickelte sich die Brauerei zu einem der größten Unternehmen in Buenos Aires. Ihre Erzeugnisse wurden in zahlreiche Länder, auch nach Europa, exportiert. Quilmes wurde sogar zum offiziellen Sponsor der argentinischen Fußball-Nationalmannschaft. Das wichtigste Produkt der Brauerei ist dieses klare, goldene Lager mit einem leicht malzigen Geschmack.

WISSENSWERTES

Brauerei: Cervecería y Maltería Quilmes
Standort: Buenos Aires, Argentinien
Sorte: Lager
Farbe: blasses Goldgelb
Alkoholgehalt: 4,9 Vol.-%
Serviertemperatur: 6–8 °C
Passt gut zu: Kartoffelchips

OBEN

Viking ist das meistverkaufte Bier Islands. Die Isländer sind stolz auf das reine Wasser, das für dieses Bier verwendet wird. Viking, das in Akureyri im Norden des Landes hergestellt wird, konnte seinen Marktanteil schnell ausbauen. In Island werden jedoch hohe Steuern auf alkoholische Getränke erhoben, und daher ist es ein teures Vergnügen, einen Abend in Reykjavík damit zu verbringen, isländische Biere zu kosten.

Skandinavisches Bier

Von allen skandinavischen Ländern hat Island – zumindest offiziell – die jüngste Brautradition. Bis vor etwa zehn Jahren, als das entsprechende Gesetz abgeschafft wurde, durfte in Island nur Bier mit 2,2 Vol-% Alkohol produziert werden. Die zwei wichtigsten Biersorten sind Viking und Thule. Viking ist ein Premium-Lager in der Tradition der europäischen Pilsener. Das reine isländische Wasser und die einzigartige Verbindung von Malz, Hopfen, Mais und Zucker verleihen dem Bier einen charakteristisch bitteren Geschmack.

IN NORWEGEN IST BIERBRAUEN eine regionale Angelegenheit. Die Norweger sind stolz darauf, in Tromsø nördlich des Polarkreises die nördlichste Brauerei der Welt zu besitzen. Die norwegische Brauindustrie leidet unter hohen Steuern und vielen gesetzlichen Vorschriften. Diese sind der Anti-Alkohol-Lobby zu verdanken, die einen starken Einfluss auf die Regierung hat.

Vom Mittelalter bis ins 17. Jahrhundert war Bier Schwedens Nationalgetränk. Ab etwa 1700 liefen ihm die Spirituosen den Rang ab. Die Brauereien waren die einzigen, die destillieren durften, und weil sich mit Spirituosen sehr viel Geld machen ließ, kam die Bierindustrie fast zum Erliegen. Bis Mitte des 19. Jahrhunderts wurde Bier in vielen unterschiedlichen Stilen gebraut. Die drei verbreitetsten einheimischen obergärigen Stile (oder *svensk öl*) waren *dubbelt öl* (Doppelbier), *enkelt öl* (Einfachbier) und *svag öl* (Leichtbier).

Zum Aufschwung kam es, als im 18. Jahrhundert Porter aus Großbritannien importiert wurde und William Knox in Göteborg 1791 Schwedens erste Porter-Brauerei gründete. Auch in Norwegen und Schweden hatte das Brauwesen unter einer Anti-Alkohol-Bewegung gelitten. Bis vor kurzem noch war Bier mit über 5,6 Vol.-% Alkohol verboten.

In Finnland ist die traditionelle Kunst des Bierbrauens sehr alt, aber dieser ursprüngliche, finnische Braustil ist nur schwer zu finden. Nirgendwo in der Welt wird ein vergleichbares Bier kommerziell gebraut. Nur auf der schwedischen Insel Gotland und der estnischen Insel Saaremaa gibt es noch lokale Versionen davon: Gotlandsricka und Koduõlu. Brauereipubs und Kleinbrauereien sind noch eine relativ neue Erscheinung, und die Kleinbrauereien sind nur langsam ins Geschäft gekommen. Doch in vielen Städten gibt es inzwischen immer mehr Brauereipubs.

OBEN

Zwei Frauen genießen in einem Straßencafé Helsinkis ein Bier – vielleicht eines, das im einzigartigen finnischen Stil gebraut wurde.

RUND UMS BIER

Produktionsmenge: 10 723 000 Hektoliter pro Jahr
Pro-Kopf-Verbrauch: 62 Liter pro Jahr
Exportvolumen: 1 000 000 Liter
Berühmte Brauereien: Egil; Lapin Kulta; Spendrups Bryggeri
Berühmte Marken: Lapin Kulta; Norrlands Guld; Pilsner Egil; Spendrup's Old Gold

Egils Pilsner

Bis 1989 bestand in Island ein Alkoholverbot, das bereits im Jahre 1915 erlassen worden war.

Während dieser Zeit stellten die wenigen Brauereien des kleinen Landes, wie etwa Egil in Reykjavík, alkoholfreie Getränke her, die immer noch einen Großteil ihres Geschäfts ausmachen, sowie Leichtbiere wie Egils Malt, das nur 1 Vol.-% Alkohol hat. Das Egils Pilsner ist nicht viel stärker, doch das reine isländische Wasser verleiht ihm einen klaren, erfrischenden Geschmack. Der Name der Brauerei nimmt Bezug auf die Egils Saga, der Geschichte des isländischen Kriegers und Dichters Egil Skalla-Grimson.

WISSENSWERTES

Brauerei: Egil
Standort: Reykjavík, Island
Sorte: Lager
Farbe: Goldgelb
Alkoholgehalt: 2,2 Vol.-%
Serviertemperatur: 6–7 °C
Passt gut zu: Salat

Norrlands Guld Export

Als Schweden und Finnland 1809 getrennt wurden, wurde Norrland geteilt, deshalb liegt ein Teil der Region Norrland im Norden Schwedens, der andere in Finnland.

Die Norrländer sind für ihre direkte, gelassene Art bekannt. Dieses Image vermitteln auch die schwedischen TV-Werbespots, mit denen Spendrups das Norrlands Guld Bier vermarktet. Das Bier selbst ist ein schnörkelloses, süffiges helles Lager mit einem leichten, etwas süßen Malzgeschmack, der durch eine sanfte Hopfenbittere ausgewogen wird. Es gibt auch eine stärkere Version, Norrlands Guld Dynamit, mit einem Alkoholgehalt von 7 Vol.-%.

WISSENSWERTES

Brauerei: Spendrups Bryggeri
Standort: Grangesberg, Schweden
Sorte: Lager
Farbe: Goldgelb
Alkoholgehalt: 5,3 Vol.-%
Serviertemperatur: 6–8 °C
Passt gut zu: Hasen- oder Hähnchenbraten

Spendrups Old Gold

Bei seiner Einführung Mitte der 1980er-Jahre war das Old Gold eines der ersten schwedischen Biere im echten Pilsener Stil.

Es ist ein vollmalziges goldenes Bier mit einem mild-blumigen Hopfenaroma und einem ausgewogenen Geschmack. Es wird von Spendrups produziert, der zweitgrößten Brauerei Schwedens, die ursprünglich Grangesberg hieß, nach ihrer Gründungsstadt in Südschweden, etwa 240 km nordwestlich von Stockholm. Heute ist der Sitz der Zentrale des Unternehmens in der schwedischen Hauptstadt. Spendrups wurde 1949 von dem Unternehmer Gunnar Spokis Andersson gegründet, der einen Beitrag dazu leisten wollte, dass sich die schwedische Wirtschaft von den Auswirkungen der Nazi-Herrschaft während des Zweiten Weltkriegs erholte.

WISSENSWERTES

Brauerei: Spendrups Bryggeri
Standort: Grangesberg, Schweden
Sorte: Pilsener
Farbe: dunkles Goldgelb
Alkoholgehalt: 5 Vol.-%
Serviertemperatur: 6–8 °C
Passt gut zu: leichten Fisch- und Schalentier-Gerichten

Lapin Kulta

Beim finnischen Lapin Kulta handelt es sich um ein starkes, weiches Lager mit malzigem Geschmack.

Der Name bedeutet „Lapplands Gold" und ist eine Reminiszenz an die Geschichte, denn die Brauerei wurde 1873 in der finnischen Stadt Tornio im hohen Norden nahe der Grenze zu Schweden gegründet, wohin hunderte von Goldsucher kamen. Beide Unternehmungen wurden ein Erfolg – die Goldsucher fanden 130 kg Gold, und die Brauerei gedieh, obwohl Finnland von 1919 bis 1932 von einem Alkoholverbot schwer getroffen wurde. Eine Vereinbarung mit Hartwall in den 1960er-Jahren ermöglichte den Verkauf des Biers in ganz Finnland und sogar im Ausland. Ein weiteres Produkt der Brauerei ist das Lapin Kulta Talviolut – Lapin Kulta Winterbier –, ein stärkendes, dunkleres Bier, das von November bis Januar erhältlich ist.

WISSENSWERTES

Brauerei: Lapin Kulta
Location: Tornio, Finnland
Sorte: Lager
Farbe: Goldgelb
Alkoholgehalt: 7 Vol.-%
Serviertemperatur: 6–7 °C
Passt gut zu: gebratenem Fisch

Oben

Die Brauerei Carlsberg in der dänischen Hauptstadt Kopenhagen besteht seit 1847 und ist heute die siebtgrößte Brauerei der Welt. In den großen Kupferkesseln wird die Maische bei gleichbleibender Temperatur gekocht. Hier überprüft ein Brauer den Status einer Produktionscharge der berühmten dänischen Brauereispezialität.

Dänisches Bier

Die dänische Bierproduktion ist lange mit der Brauerei Carlsberg gleichgesetzt worden, die ihren Status als einer der weltgrößten Bierproduzenten mit zahlreichen starken Marken hält. In Dänemark gibt es jedoch über 450 Brauereien, die etwa 2000 Biersorten produzieren. Viele der kleineren Unternehmen haben sich auf traditionelle Brauverfahren spezialisiert.

DER DÄNISCHE Biermarkt wird von Carlsberg beherrscht. Die Ursprünge des Unternehmes gehen bis ins 18. Jahrhundert zurück, auf einen landwirtschaftlichen Betrieb in Familienbesitz, der, wie man annimmt, eine kleine Brauerei betrieb. Der Sohn der Familie suchte sein Glück in der Großstadt und erlernte dort das Brauereihandwerk. Er gehörte zu den ersten dänischen Brauern, die ein Thermometer verwendeten. Sein Sohn Jacob Christian Jacobsen ging nach München und lernte in der Spaten-Brauerei. Zu jener Zeit bekam das obergärige Bier (in Dänemark Weizenbier) erstmals Konkurrenz durch Lagerbier. Carlsberg war die erste Brauerei, die untergäriges Bier kommerziell braute. In dieser Hinsicht war sie nicht nur in Dänemark, sondern in ganz Nordeuropa ein Pionier.

Jacob Christian Jacobsens Sohn wurde ebenfalls Brauer. Die beiden Männer überwarfen sich jedoch, sodass jeder von ihnen für lange Zeit seine eigene Carlsberg-Brauerei betrieb. Diese historische Fehde endete kurz vor dem Tod des Vaters, und die zwei Brauereien schlossen sich wieder zusammen. Das Unternehmen produziert weltweit sehr beliebte Carlsberg- und Tuborg-Lager für den Massenmarkt. Ein weiteres Beispiel aus dem Sortiment ist das berühmte Lager Special Brew.

Wie in vielen Ländern hat der Niedergang der traditionellen Brauereibranche und das Aufkommen der Kleinbrauereien Unruhe im Berufsverband gestiftet. Viele neue Kleinbetriebe lehnen die Art und Weise ab, in der der etablierte Berufsverband Bryggeriforeningen für und durch Carlsberg und Bryggerigruppen betrieben wird. Daher gründeten sie am 21. Oktober 2003 das Danske Bryghuse, eine Organisation, die ihre Interessen besser vertritt.

OBEN

Arbeiter bei Carlsberg und Tivoli bei der Frühstückspause mit einem kühlen Morgenbier. Das Foto entstand um 9 Uhr morgens im Juli 1952.

RUND UMS BIER

Produktionsmenge: 8 351 000 Hektoliter pro Jahr
Pro-Kopf-Verbrauch: 99 Liter pro Jahr
Berühmte Brauereien: Carlsberg; Ceres; Faxe Bryggeri; Giraf Brewery Ltd.; Harboe; Tuborg
Berühmte Marken: Bjørnebryg; Carlsberg Elephant; Carlsberg Export; Ceres Red Erik; Ceres Royal Export; Faxe Premium; Giraf Classic; Tuborg Premium

Giraf Classic

Im Jahr 1962 wurden die Bewohner von Odense, Dänemark durch die Nachricht erschüttert, dass die Giraffe Kalle in ihrem Gehege des städtischen Zoos tot aufgefunden worden war.

Die im selben Ort ansässige Brauerei Albani hatte mit Bildern von Kalle geworben; nach ihrem Tod brachte sie ein neues Bier auf den Markt, um eine Ersatzgiraffe für den Zoo zu finanzieren. So entstand das Bier Giraf. 1997 wurde für die Produktion der Giraf-Biere sogar eine eigene Brauerei gegründet. Das Sortiment umfasst nun drei reguläre Biere: Gold, Strong und Classic.

Die Geschichte der Brauerei Albani reicht jedoch weiter zurück. Sie wurde 1859 in Odense gegründet und gehörte zu den ersten Industrieunternehmen der Stadt. Zu jener Zeit, als die meisten in Dänemark gebrauten Biere obergärige, mittelstarke Biere waren, spezialisierte sich Albani auf stärkere, untergärige Biere nach bayrischer Tradition. Die Brauerei fand schnell Anhänger unter vielen bekannten Persönlichkeiten der Stadt. Zu ihnen gehörte auch Hans Christian Andersen, der über das Bier von Albani schrieb: „Ich kann dieses Bier nicht genug loben. Es ist erfrischend, geschmackvoll und stark. Probieren Sie es!“ Seine Unterstützung half der Brauerei, schnell zu expandieren. Seit Beginn des 20. Jahrhunderts hat Albani mit dem Erwerb vieler kleinerer, ländlicher Brauereien das Fundament für das Unternehmen gelegt, das heute die zweitgrößte Brauerei Dänemarks ist. Diesen Status hat es inne, seitdem 1992 Faxe Bryggeri und Jyske Bryggerier (zu denen Ceres und Thor gehört) übernommen wurden und die Bryggerigruppen entstand.

WISSENSWERTES

Brauerei: Giraf Brewery Ltd.
Standort: Odense, Funen
Sorte: Lager
Farbe: helles Goldgelb
Alkoholgehalt: 4,6 Vol.-%
Serviertemperatur: 7–8 °C
Passt gut zu: milden Käsesorten und Fleischgerichten

Carlsberg Elephant

Der Elefant ist das Symbol der größten Brauerei in Dänemark, Carlsberg, die 1847 von Jacob Christian Jacobsen gegründet wurde.

Der Name Carlsberg entstand aus einer Kombination von Carl, dem Namen seines fünfjährigen Sohns, und dem Standort der Brauerei auf einem Berg. Anstelle der verbreiteten obergärigen Biere bevorzugte Jacobsen wie viele andere junge dänische Bierbrauer jener Zeit den untergärigen Bierstil, der in Bayern gebraut wurde. Er reiste sogar nach München, um bei Gabriel Sedlmayer in der Spaten-Brauerei zu lernen. Jacobson interessierte sich für die wissenschaftlichen Aspekte des Brauens, und so entstand 1883 in seinen Laboratorien die erste einzellige Hefe für Lagerbiere, die den Brauern bessere Kontrolle über den Gärprozess ermöglichte. Die Hefe erhielt die Zusatzbezeichnung Carlsbergiensis.

Nach Jacobsens Tod 1887 ging die Brauerei in die Hände der Carlsberg-Stiftung über. Sein Sohn Carl gründete eine Konkurrenzbrauerei mit vier großen Steinelefanten vor den Eingangstoren, die von einem Brunnen inspiriert waren, den er in Rom gesehen hatte. Auch diese Brauerei ging 1902 in die Carlsberg-Stiftung über, und Carl Jacobsen wurde Kunstmäzen in Kopenhagen. Die Brauerei, die heute zu Kronenbourg gehört, hat eine umfangreiche Produktpalette. Zu ihren bekanntesten Bieren gehört das goldfarbene Pilsener. Das Elephant Beer ist ein starkes Lager im Stil eines deutschen Bockbiers mit etwas dunklerer Farbe und leicht süßem Geschmack.

WISSENSWERTES

Brauerei: Carlsberg Danmark A/S

Standort: Kopenhagen

Sorte: Lager

Farbe: kräftiges Goldgelb

Alkoholgehalt: 7,2 Vol.-%

Serviertemperatur: 8–10 °C

Passt gut zu: gebratenem Fisch

Ceres Red Erik

Die Brauerei Ceres, die 1856 ihren Braubetrieb aufnahm, war nur eine von vielen Brauereien, die in Dänemark Mitte des 19. Jahrhunderts gegründet wurden.

Die Brauerei mit dem Namen der römischen Fruchtbarkeitsgöttin wurde von dem ortsansässigen Branntweinbrenner M. C. Lottrup und den beiden Chemikern N. S. Aagaard und Knud Redelien gegründet. Die beiden letztgenannten zogen sich jedoch nach einem Jahr aus dem Geschäft zurück. Das Red Erik, benannt nach dem Wikinger, der Grönland entdeckte und angeblich dort Bier gebraut haben soll, erhält seine einzigartige Farbe durch die Zugabe von Säften verschiedener Früchte und Beeren. Es ist ein vollmundiges, starkes Bier mit einem erfrischend scharfen und leicht süßlichen Geschmack.

WISSENSWERTES

Brauerei: Ceres Bryggerierne
Standort: Århus, Ostjütland
Sorte: Fruchtbier
Farbe: Rubinrot
Alkoholgehalt: 6,5 Vol.-%
Serviertemperatur: 7–8 °C
Passt gut zu: Nachspeisen auf Früchtebasis

Ceres Royal Export

Im selben Jahr, als das Ceres Royal Export auf den Markt kam, 1985, wurde es dänisches Bier des Jahres. Heute ist es eine der beliebtesten Premium-Biermarken Dänemarks.

Es wird aus Mais und Malz hergestellt und besitzt einen spritzigen, reinen und erfrischenden Charakter. Es hat einen weichen, vollen Körper, und sein mild-malziger Geschmack wird von einer leichten Hopfenbittere ausgewogen. Ceres Royal Export Classic ist eine stärkere, dunklere, ausschließlich mit Malz hergestellte Version desselben Biers, das aus einer Mischung aus Pilsener, Münchener und dunklem Röstmalz hergestellt wird, was ihm eine vollere Geschmacksnote und eine nussbraune Farbe verleiht.

WISSENSWERTES

Brauerei: Ceres Bryggerierne
Standort: Århus, Ostjütland
Sorte: Pilsner
Farbe: blasses Goldgelb
Alkoholgehalt: 5,8 Vol.-%
Serviertemperatur: 8 °C
Passt gut zu: Pasta mit einer reichhaltigen Sauce auf Tomatenbasis

Faxe Premium

Faxe gehört heute zu Bryggerigruppen. Die meisten Faxe-Biere werden exportiert – auch nach Deutschland. Alles begann 1901 in der Küche von Nikoline und Conrad Neilsen in der kleinen dänischen Stadt Faxe.

Ihre qualitativ hochwertigen Biere wurden bald weithin bekannt. Nach Conrads Tod 1914 führte seine Witwe Nikoline das Geschäft fort. Im Jahr 1928 wurde es in Faxe Bryggeri umbenannt. Zu diesem Zeitpunkt lieferte man Bier und alkoholfreie Getränke in die dänischen Regionen Sjælland, Lolland und Falster sowie nach Kopenhagen. Nachdem sich der Wasserbedarf erhöht hatte, wurde 1980 ein 80 Meter tiefer Brunnen gegraben, der die Brauerei noch heute versorgt. Das Wasser wird durch eine unterirdische Koralle gefiltert. Bis in die 1960er-Jahre blieb die Brauerei in Familienbesitz. 1963 wurde sie von Nikolines 23-jähriger Enkelin, Bent Bryde-Neilsen, übernommen, die Faxe zu einer der größten Brauereien Dänemarks machte und die deutschen und schwedischen Exportmärkte erschloss.

Außerhalb von Dänemark ist das Faxe Premium die bekannteste Marke von Faxe, ein vollmalziges Lager mit einem delikaten Hopfenaroma. Für den heimischen Markt produziert die Brauerei mehrere weitere Biere, zum Beispiel Faxe Amber, ein dunkles, volles Lager, das 2001 zur Feier des hundertjährigen Bestehens der Brauerei herauskam.

WISSENSWERTES

Brauerei: Faxe Bryggeri
Standort: Faxe, Sjælland
Sorte: Lager
Farbe: Goldgelb
Alkoholgehalt: 5,5 Vol.-%
Serviertemperatur: 8–10 °C
Passt gut zu: reichhaltigen Nudelgerichten

Bjørne Beer

Außerhalb Dänemarks ist das Bjørne Beer unter der wörtlichen Übersetzung des Namens bekannt: Bärenbier. Ein Eisbär ist auch auf dem Etikett zu sehen.

Es hat ein duftendes würziges Hopfenaroma mit einer an Brot erinnernden Malznote im Hintergrund, während der Geschmack auf dem Gaumen durch sanfte Hopfenbittere charakterisiert wird. 1974 herausgebracht, erhielt es den Namen wegen seines hohen Alkoholgehalts. Heute wird der Name für eine Reihe von Bieren unterschiedlicher Stärke verwendet, von denen jedes ein Etikett in einer anderen Farbe hat (die stärksten Biere haben ein schwarzes Etikett). Das Bjørne Beer wird von der Brauerei Harboe produziert, die 1883 von drei Unternehmern in Skælskør gegründet wurde. Mit 8,3 Vol.-% Alkohol ist es eines der stärksten Biere der Brauerei, einzig und allein übertroffen von seiner Marke Årgangsbryg, das 10 Vol.-% Alkohol hat. Daneben stellt die Brauerei ein niedrigprozentiges Lager mit nur 1,9 Vol.-% Alkohol her.

WISSENSWERTES

Brauerei: Harboes Bryggeri A/S
Standort: Skælskør, Sjælland
Sorte: goldenes Lager
Farbe: dunkles Goldgelb
Alkoholgehalt: 8,3 Vol.-%
Serviertemperatur: 8–10 °C
Passt gut zu: würzigen Pizza- und Pastagerichten

Tuborg Premium Beer

Während Carlsberg international die bekannteste dänische Biermarke ist, verkauft sich sein Hauptkonkurrent Tuborg im heimischen Markt weitaus besser. Zwar fusionierten die beiden Brauereien 1970, ließen aber die Produktion und das Marketing jeder Marke weiterhin getrennt. Tuborg ist 1875 im Norden von Kopenhagen in der Nähe des Hafens gegründet worden. Zunächst folgte es dem Beispiel von Carlsberg und braute Dunkelbiere im Münchener Stil. Das erste Bier hieß Rod (Dänisch für „Rot"), wie die Farbe des Etiketts.

1880 braute Tuborg als erste Brauerei in Dänemark ein goldenes Pilsener. Bekannt wurde es als Grøn, nach der Farbe seines grünen Etiketts. Bis heute ist es die führende Marke von Tuborg. Tuborg Guld (Gold) ist das Premium-Lager der Brauerei, ein leicht bitteres, hopfiges goldenes Lager mit einem scharfwürzigen Hopfenaroma. Tuborg hat nicht nur mit seinen Bieren Dänemark geprägt. Im Jahre 1888 ließ die Brauerei eine der berühmtesten Sehenswürdigkeiten Dänemarks errichten, eine riesige, 26 Meter hohe Bierflasche mit dem ersten hydraulischen Lift der Stadt. Sie wurde für die Industrieausstellung im berühmten Tivoli-Park errichtet. Heute steht sie im Stadtzentrum von Kopenhagen, in der Nähe des Rathauses.

WISSENSWERTES
Brauerei: Tuborg
Standort: Kopenhagen
Sorte: Pilsener
Farbe: Goldgelb
Alkoholgehalt: 5 Vol.-%
Serviertemperatur: 8–10 °C
Ideal als: Aperitif

Oben

Irland ist bekannt für seine traditionsreiche Kneipenkultur. Allerdings spielt Irland auch als Bierproduzent eine bedeutende Rolle auf dem Weltmarkt, insbesondere mit der berühmten irischen Marke Guinness. Ein Drittel der jährlichen Produktion von drei Millionen Litern Bier wird exportiert, und die Fangemeinde des irischen dunklen Ale und Porter wächst überall in der Welt beständig.

Irisches Bier

Viele Nicht-Iren kennen eine einzige irische Biersorte – Stout –, die sie darüber hinaus nur mit einem Namen verbinden: dem des Dubliner Brauers Arthur Guinness. Tatsächlich geht die Tradition des Bierbrauens in Irland mindestens bis ins 5. Jahrhundert zurück, als St. Patrick nach Irland kam – der Legende nach brachte er seinen eigenen Brauer mit.

Oben
Die Marke Guinness ist weltberühmt. Doch auch wenn Guinness den irischen Biermarkt beherrscht, gibt es eine Reihe weiterer irische Brauereien, die eine Vielfalt von Bieren mit Charakter produzieren.

WIE SO OFT WAREN ES auch in Irland die Mönche, die die Tradition des Bierbrauens einführten. Doch gab es bereits im 1. Jahrhundert *Courmi,* ein vergorenes Getränk auf Gerstenbasis in Irland, wie der griechische Militärarzt Dioscurides überlieferte, der in römischen Diensten stand. Heute ist Guinness der Name, der weltweit nahezu als Synonym für irisches Bier gilt. Das Unternehmen wurde 1759 gegründet und braute zunächst das traditionelle bernsteinfarbene Ale. Damals wurde in großen Mengen dunkles englisches Bier nach Irland importiert, das man „Porter“ nannte, weil die Träger (englisch „porters“), die auf dem Londoner Markt arbeiteten, ihren Durst mit diesem Getränk zu stillen pflegten. Es dauerte nicht lange, bis Arthur Guinness und andere Brauer wie Beamish & Crawford ihre eigene Version dieses Biers herausbrachten.

Das erste Guinness-Porter wurde in den 1770er-Jahren gebraut und stammte aus der Brauerei St. James's Gate. Doch ab 1799 braute Guinness nur noch Porter. 1820 erfand Arthur Guinness' Sohn, der ebenfalls Arthur mit Vornamen hieß, einen neuen Porter-Stil, das Extra Stout Porter, das man heute Stout nennt. Das Bier wurde ein Erfolg, und bald konnte Guinness sein Extra Stout in die ganze Welt exportieren. Um die steigende Nachfrage zu decken, wurde 1936 eine zweite Brauerei in Park Royal, London, errichtet. 1962 eröffnete Guinnes in Nigeria seine erste Brauerei außerhalb Großbritanniens – zahlreiche weitere in aller Welt folgten. Guinness gehört heute dem weltumspannenden internationalen Spirituosenhersteller Diageo.

Doch die Macht von Guinness in Irland ist nicht allumfassend. Die Brauerei hat heute ernst zu nehmende Rivalen, Heineken Ireland beispielsweise, dem Murphy's angehört, und dynamische junge Konkurrenten wie die Carlow Brewing Company brauen Biere, die echte und vor allem konkurrenzfähige Alternativen zu den klassischen Guinness-Marken sind.

RUND UMS BIER

Produktionsmenge: 8 023 000 Hektoliter pro Jahr
Pro-Kopf-Verbrauch: 125 Liter pro Jahr
Berühmte Brauereien: Beamish & Crawford; Carlow Brewing Company; Guinness Ltd.; Heineken Ireland; Murphy Brewery; Smithwick's
Berühmte Marken: Beamish Irish Stout; Guinness Draught; Guinness Extra Stout; Harp Lager; Kilkenny Irish Ale; Murphy's Irish Red; O'Hara's Celtic Stout

Beamish Irish Stout

Dieses Bier aus Cork beweist, dass die irische Brauindustrie außerhalb von Dublin äußerst lebendig ist. Es ist pechschwarz und hat beim Ausschenken die für das Stout typische dicke, cremige Krone.

Sanfte Karamell- und Kaffeearomen füllen die Nase, während auf dem Gaumen Röstmalze, bittersüße Schokolade und Espressokaffee dominieren. Ungewöhnlich ist der Anteil an Weizenmalz im Sud. Daher ist das Beamish Irish Stout etwas süßer als andere irische Stouts. Beamish & Crawford, einst Cork Porter Brewing Company, wurde 1792 gegründet. Im 20. Jahrhundert geriet das Unternehmen in Schwierigkeiten, und 1962 wurde es von dem kanadischen Brauer Carling O'Keefe übernommen. Schließlich kam die Brauerei in den Besitz des britischen Brauers Scottish & Newcastle, und seitdem erlebt das Beamish Irish Stout einen neuen Aufschwung.

WISSENSWERTES

Brauerei: Beamish & Crawford (Scottish & Newcastle)
Standort: Cork, Cork
Sorte: Irisches Dry Stout
Farbe: Schwarz
Alkoholgehalt: 4,5 Vol.-%
Serviertemperatur: 8 °C
Passt gut zu: Meeresfrüchten

Moling's Traditional Celtic Beer

Die Carlow Brewing Company wurde 1998 in der kleinen Stadt Carlow in der südirischen Region Barrow Valley gegründet.

Diese Gegend ist die traditionelle Malz- und Hopfenregion des Landes und war einst Heimat zahlreicher Brauereien. Alle Biere dieser Brauerei werden nach traditionellen keltischen Rezepturen gebraut und verwenden ausschließlich authentische Zutaten – Malz, Hopfen, Hefe und Wasser. Das Moling's Red Ale besitzt fruchtige Karamellmalzaromen. Es beginnt mit nussigen Karamellmalzen auf dem Gaumen und endet mit einer plötzlichen bitteren Hopfennote, gefolgt von einer anhaltenden Süße.

WISSENSWERTES

Brauerei: Carlow Brewing Company
Standort: Carlow, Carlow
Sorte: Irisches Red Ale
Farbe: tiefes Rotbraun
Alkoholgehalt: 4,3 Vol.-%
Serviertemperatur: 8 °C
Passt gut zu: gegrilltem Fisch wie Thunfischsteaks

O'Hara's Celtic Stout

O'Hara's ist bestrebt, eine echte Alternative zu den großen Drei – Guinness, Beamish und Murphy's – zu sein.

O'Hara's von der Carlow Brewing Company ist eines der wenigen irischen Stouts, die gegenwärtig als Flaschengärung auf den Markt kommen. So erhält dieses Stout einen typischen, lebhaft-frischen Charakter, den seine pasteurisierten, gefilterten Konkurrenten in der Regel nicht haben. Röstkaffee dominiert das Aroma über einem Hauch gebranntem Karamell. O'Hara's hat einen leichten Körper, der auf dem Gaumen weich und trocken ist. Auf den bitteren Geschmack von gerösteter Gerste, Espressokaffee und einem Hauch Schokolade folgt die Zitronenbittere des Hopfens, die zu einem weichen, bitteren Malzabgang führt. Die Carlow Brewing Company ist neu auf dem Biermarkt, hat sich mit seinem Qualitätsbier aber schon einen soliden Ruf erworben.

WISSENSWERTES

Brauerei: Carlow Brewing Company
Standort: Carlow, Carlow
Sorte: Irisches Dry Stout
Farbe: sehr dunkles Braun, fast Schwarz
Alkoholgehalt: 4,3 Vol.-%
Serviertemperatur: 9 °C
Passt gut zu: geräuchertem Lachs oder Meeresfrüchten

Guinness Extra Stout

Von den verschiedenen Guinness-Versionen, die gegenwärtig erhältlich sind, ähnelt diese am meisten dem originalen Irish Extra Stout Porter von Arthur Guinness.

Bier in klassischem Stil machte diese Brauerei weltberühmt. Der Slogan „Guinness ist gut für Sie" hat dieses Bier zum Inbegriff für irisches Stout gemacht. Röstmalze geben dem Bier das typisch trockene Eichenaroma mit Röstmalzbittere. In Großbritannien wird dieses klassische trockene Irish Stout als Guinness Original vermarktet, während Guinness Extra Stout in den USA eine stärkere „Export"-Version mit 8 Vol.-% Alkohol bezeichnet.

WISSENSWERTES

Brauerei: Guinness Ltd.
Standort: Dublin, Dublin
Sorte: Irisches Dry Stout
Farbe: sehr dunkles Rubinrot, fast Schwarz
Alkoholgehalt: 4,3 Vol.-%
Serviertemperatur: 12 °C
Passt gut zu: Austern

Guinness Draught

Guinness hat einen echten Kult daraus gemacht, wie eine perfekte Pinte eingeschenkt wird. Man geht ganz langsam vor, also mit viel Geduld. Moderne Schankmethoden machen das heute relativ einfach verglichen mit dem aus zwei Fässern bestehenden Schanksystem, das bis zum Erscheinen von Guinness Draught 1959 vorherrschte.

In einem Fass lagerte junges Stout, das sich noch in der zweiten Gärung befand, während das andere Fass ein älteres, reiferes Gebräu enthielt. Das Glas wurde zunächst mit dem jüngeren, spritzigeren Bier gefüllt, wodurch eine hohe Schaumkrone entstand. Sobald sich diese gelegt hatte, wurde das Glas mit dem älteren, flacheren Bier vollständig gefüllt. Mit dem Erscheinen von Guinness Draught wurden die Holzfässer durch unter Druck stehende Kleinfässer – *Kegs* – ersetzt, denen Stickstoff zugesetzt war. So erhält das Stout seine berühmte weiche, cremige Textur und die dicke Schaumkrone. Das Bier wird auch pasteurisiert und gefiltert, um ihm Konsistenz zu geben und es haltbarer zu machen. Im Jahr 1989 kam Guinness auf die Idee, diese beim Fassbier eingesetzte Technik auch für den Genuss zu Hause möglich zu machen. So wurde die kleine Plastikkartusche für die Dose erfunden, die beim Öffnen etwas Stickstoff freisetzt. Guinness Draught verfügt über einen dunklen, trockenen Röstmalzgeschmack mit einer erfrischenden Bittere von gebranntem Karamell und einem leicht sauren Abgang. Durch die Stickstoff-Kartusche ist die Textur des Biers so cremig und vollmundig wie bei dem Guinness, das man als Fassbier im Pub bekommt.

WISSENSWERTES

Brauerei: Guinness Ltd.
Standort: Dublin, Dublin
Sorte: Irisches Dry Stout
Farbe: Schwarz mit einer dicken, cremigen, lohfarbenen Schaumkrone
Alkoholgehalt: 5 Vol.-%
Serviertemperatur: 5 °C
Passt gut zu: Käse, insbesondere kräftigem Blauschimmelkäse

Guinness Foreign Extra Stout

Seit Beginn des 19. Jahrhunderts produziert Guinness außer seinem regulären Stout auch eine Starkbierversion für den Export nach Afrika, Asien und in die Karibik.

Wie das englische Pale Ale, das durch ein spezielles Verfahren für den Transport nach Indien haltbar gemacht wurde, wird auch das Guinness Foreign Extra Stout zu einem höheren Alkoholgehalt gebraut und enthält einen weit höheren Hopfenanteil, denn sowohl der Alkohol als auch der Hopfen wirken als Konservierungsstoffe. Sie verleihen dem Bier zusätzlich einen volleren Geschmack. Heute wird das Guinness in vielen Ländern gebraut, doch der Export-Stil hat wegen seiner anhaltenden Beliebtheit bei Guinness-Kennern überlebt.

WISSENSWERTES

Brauerei: Guinness Ltd.
Standort: Dublin, Dublin
Sorte: Irisches Dry Stout
Farbe: Schwarz
Alkoholgehalt: 7,5 Vol.-%
Serviertemperatur: 18 °C
Passt gut zu: Würstchen und Kartoffelpüree

Guinness Special Export

Seit der Anfrage eines belgischen Bier-Importeurs im Jahre 1912 produziert Guinness eine spezielle Version des berühmten Stout exklusiv für den belgischen Markt.

Das Ergebnis war dieses seidenweiche Stout mit 8 Vol.-% Alkohol. Es wird immer noch in der Brauerei St. James's Gate gebraut, dann in Flaschen abgefüllt und nach Belgien exportiert. Dieses Bier ist weitaus komplexer als manch anderes Stout. Beim Einschenken ist es opak Schwarz mit einer üppigen, dicken, milchkaffeefarbenen Krone. Röstmalzbittere und dunkle Frucht dominieren das Aroma, das auch einen hohen Fruchtanteil enthält, insbesondere Johannisbeere und Rosine, zusammen mit einem Hauch Lakritz. Im Abgang ist es rein, trocken und sehr bitter.

WISSENSWERTES

Brauerei: Guinness Ltd.
Standort: Dublin, Dublin
Sorte: Irisches Dry Stout
Farbe: Schwarz
Alkoholgehalt: 8 Vol.-%
Serviertemperatur: 18 °C
Passt gut zu: gebratenem Fleisch

Harp Lager

Kaum zu glauben, aber nicht jeder Ire trinkt Stout. Für diejenigen, die ein Lager im europäischen Stil bevorzugen, produziert Guinness dieses untergärige Vollmalzbier.

Es hat ein körnig-süßes Malzaroma und einen einfachen, reinen, leichten und erfrischenden Geschmack, der wieder von Malzsüße dominiert wird. Der Abgang ist leicht hopfig. Harp Lager kam 1960 heraus, nachdem Guinness die Great Northern Brewery in Dundalk gekauft hatte, die zuvor eine Ale-Brauerei gewesen war. Um seinen irischen Charakter zu betonen, wurde es nach der Brain-Boru-Harfe, dem Emblem der Guinness-Brauerei und auch des Landes Irland, benannt.

WISSENSWERTES

Brauerei: Guinness Ltd.
Standort: Dundalk, Louth
Sorte: Lager
Farbe: Blassgold
Alkoholgehalt: 5 Vol.-%
Serviertemperatur: 8 °C
Passt gut zu: gegrilltem Fisch

Kilkenny Irish Ale

Dieses traditionelle Irische Red Ale wurde ursprünglich 1985 von Smithwick's in der St. Francis Abbey Brewery in Kilkenny (die seit 1965 zu Guinness gehört) ausschließlich für den Export gebraut.

Ein süßes, vorherrschend malziges Aroma weicht einem weichen, trockenen, nussigen Geschmack auf dem Gaumen, mit einem kurzen, bitteren Hopfenabgang. Smithwick's ist einer der ältesten Namen im irischen Braugewerbe. Seit 1710 werden an diesem Standort Ales gebraut, aber auch die Franziskanermönche, die dieses Kloster Mitte des 13. Jahrhunderts gründeten, waren wohl schon Brauer.

WISSENSWERTES

Brauerei: Smithwick's (Guinness Ltd.)
Standort: Kilkenny, Kilkenny
Sorte: Irisches Red Ale
Farbe: Bernsteinrot
Alkoholgehalt: 5 Vol.-%
Serviertemperatur: 9–10 °C
Passt gut zu: gekochtem Schinken und Kohl

Murphy’s Irish Red

Murphy’s Irish Red basiert auf einer Originalrezeptur von 1856. Beim Ausschenken besitzt es eine tiefe Bronzefarbe mit einer schaumigen, elfenbeinfarbenen Krone und entwickelt ein feines Karamellröstmalzaroma.

Auf dem Gaumen macht es die leichte Kohlensäure lebhaft, während der Geschmack trocken ist, mit einer deutlichen Hopfenbittere, die gegen eine körnige Malzsüße ausgewogen wird. Durch einen erfrischend bitteren Zitrushopfenabgang ist dieses Bier sehr süffig. Das besser bekannte Murphy’s Irish Stout hat einen süßeren und milderen Geschmack als seine Hauptkonkurrenten, Guinness Draught und Beamish Stout, teilt aber mit ihnen die charakteristisch weiche, cremige Textur, die pechschwarze Farbe und die dicke, cremige Krone – die Hauptmerkmale des Irish Stout. Beide Biere wurden ursprünglich von James J. Murphy von der Murphy Brewery in Cork im Südwesten Irlands gebraut.

Obwohl Murphy’s bereits 1856, also drei Jahre vor Guinness gegründet wurde, hatte die Brauerei immer Mühe, aus dem Schatten des berühmten Dubliner Konkurrenten herauszutreten. Als die Brauerei 1983 vor dem Konkurs stand, wurde sie von Heineken übernommen und von Grund auf modernisiert. So wurde das Unternehmen auch international konkurrenzfähig. Heute ist Heineken Ireland die zweitgrößte Brauerei des Landes.

WISSENSWERTES

Brauerei: Heineken Ireland
Standort: Cork, Cork
Sorte: Irisches Red Ale
Farbe: klarer Bronzeton
Alkoholgehalt: 5 Vol.-%
Serviertemperatur: 8 °C
Passt gut zu: gegrilltem Spanferkel

Oben

Die schottische Bierproduktion hat im Lauf der letzten Jahre beständig zugenommen. Die Biere reichen von Standard-Lagerbieren wie Tennent's bis zu sehr speziellen Marken wie Belhaven 80 Shilling und Orkney Dragonhead Stout. Allmählich erwirbt sich Schottlands Bierproduktion großes Ansehen und muss sich nicht mehr hinter dem weltberühmten schottischen Whisky verstecken.

Schottisches Bier

Obwohl die schottische Bevölkerung zahlenmäßig wesentlich kleiner ist als die seines südlichen Nachbarn England, hat Schottland eine ebenso starke wie individuelle Brautradition. Schottische Biere werden traditionell nach dem Shillingsystem benannt, das im 19. Jahrhundert eingeführt wurde und sich auf den Preis bezog, der für ein Fass Bier von 238,67 Litern verlangt wurde.

Oben
Schottland ist vor allem wegen seiner ausgezeichneten Whiskys bekannt, aber die Bierproduktion erlebt gegenwärtig eine Renaissance. Viele kleinere Brauereien kehren wieder zu den traditionellen Methoden des Bierbrauens zurück.

ANDERS AUSGEDRÜCKT: je stärker ein Bier, desto teurer war es auch. Ein 40-Shilling-Ale etwa war ein sehr leichtes Bier, während die stärksten Biere mit 80 Shilling und mehr veranschlagt wurden. Die Begriffe „Light", „Heavy" und „Export" geben Auskunft darüber, wie stark ein Bier ist. Die stärksten Barley Wines werden auch Scotch Ales oder Wee Heavies genannt.

Die Brauverfahren werden in Schottland auch durch das Klima bestimmt. Wie in England gedeiht hier Gerste; allerdings ist die schottische Gerste aufgrund des nasskalten Klimas besser für Whisky geeignet. Da in Schottland aber kein Hopfen angebaut werden kann, haben die findigen Schotten seit alters her die Bittere durch andere Zutaten wie Ingwer, Pfeffer, Gewürze und Kräuter in das Bier eingebracht. Und weil Hafer in schottischen Breiten zur Fruchtfolge gehört, wird dieses Getreide zusammen mit Gerste in schottischem Bier traditionell als Zutat verwendet, insbesondere für das Stout.

Doch auch wenn Bier gegenüber Whisky in Schottland immer nur die zweite Geige gespielt hat, ist es hier seit jeher außerordentlich beliebt. Im 19. Jahrhundert besaß Schottland eine Brauindustrie, die es mit jeder anderen in der Welt aufnehmen konnte. Zu Beginn des 20. Jahrhunderts gab es allein in Edinburgh nicht weniger als 28 Brauereien. Leider fand im 20. Jahrhundert eine schrittweise Konzentration der schottischen Brauindustrie statt, bis in den 1970er-Jahren in Edinburgh nur noch zwei Brauereien übrig waren – Scottish & Newcastle, heute die größte Brauereigruppe in Großbritannien, und Tennent's, die inzwischen zum Weltkonzern Interbrew gehört. In den letzten Jahren hat sich die Situation etwas gebessert, und kleine unabhängige Brauereien wie Caledonian konnten auf dem Markt Fuß fassen.

RUND UMS BIER

Produktionsmenge: 20 000 000 Hektoliter pro Jahr

Pro-Kopf-Verbrauch: 97 Liter pro Jahr

Berühmte Brauereien: Belhaven Brewer Company Ltd.; Broughton Ales Ltd.; Caledonian Brewery; Orkney Brewery; Tennent Caledonian Breweries (Interbrew); Traquair House Brewery Ltd.

Berühmte Marken: Belhaven 80 Shilling; Broughton the Ghillie; Caledonian Golden Promise; Orkney Dragonhead Stout; Tennent's Lager; Traquair House Ale; Traquair Jacobite

Belhaven 80 Shilling

Die Belhaven Brauerei in der Stadt Dunbar, 48 km von Edinburgh entfernt, gehört zu den größten regionalen Brauern Schottlands. Mit nicht weniger als 300 Jahren Brautradition ist sie außerdem eine der ältesten.

Die Brauerei wurde 1719 erstmals urkundlich erwähnt, als ein gewisser John Johnstone sie gekauft hat. Man nimmt jedoch an, dass sie in Wirklichkeit viel älter ist, da an ihrer Stelle früher ein Benediktinerkloster stand, das bereits im 12. Jahrhundert gegründet wurde. Belhaven Bier ist weithin berühmt. Der Kaiser von Österreich nannte das Belhaven 80 Shilling einst „den Burgunder von Schottland", und Dr. Johnsons Biograf, James Boswell, ist auch ein bekennender Liebhaber. Es verfügt über eine kräftige rote Farbe und einen sehr komplexen, malzbetonten Geschmack mit Karamellsüße, dunkler Frucht und nussigen Röstmalznoten.

Weitere Biere der Brauerei sind das St Andrew's Ale, das zur Feier von Schottlands Unabhängigkeit von England gebraut wurde. Es besitzt einen vollmundigen Malzgeschmack mit einem vorherrschenden Fruchtcharakter, ausgewogen durch eine sanfte Hopfenbittere im Abgang, die durch ein „Trockenhopfen" der Fässer entsteht. Belhaven Best ist ein leichteres, honigfarbenes Bier mit einem ausgewogenen Aroma und einem bescheidenen Alkoholgehalt von 3,2 Vol.-% – ein ideales Bier für ein fröhliches Beisammensein in großer Runde.

WISSENSWERTES

Brauerei: Belhaven Brewer Company Ltd.
Standort: Dunbar, East Lothian
Sorte: Schottisches Strong Ale Export
Farbe: dunkles Rotbraun
Alkoholgehalt: 3,9 Vol.-%
Serviertemperatur: 10–13 °C
Passt gut zu: scharfer chinesischer Küche

Orkney Dragonhead Stout

Die vielfach ausgezeichnete Brauerei Orkney, die 1988 von Roger White und seiner Frau Irene gegründet wurde, ist die nördlichste Brauerei Großbritanniens. Sie befindet sich auf der größten Orkneyinsel vor der nordöstlichen Küste des schottischen Festlands, in einem alten Schulhaus umgeben von zweieinhalb Hektar Grasland und Seen. Zum Sortiment gehören sechs reguläre Biere, deren Namen alle Bezug auf die Wikinger nehmen, die die Geschichte der Insel bestimmt haben. Dragonhead Stout ist ein erstklassiges Beispiel für diesen Stil, voller reicher, süßer Röstmalzaromen, die durch eine adstringierende trockene Bittere aus einer komplexen Hopfenmischung ausgewogen werden.

Das stärkste Bier im Sortiment der Brauerei trägt den passenden Namen Skullsplitter (zu Deutsch: Schädelspalter), benannt nach Thorfin Hausakliuuf, dem siebten Grafen von Orkney. Dieses starke Red Ale verfügt über ein intensives, weinartiges Aroma, einen vollen, stark fruchtigen Geschmack und eine vollmundige Weichheit, die es trotz seiner 8,5 Vol.-% Alkohol zu einem gefährlich süffigen Getränk machen. Am anderen Ende des Spektrums befindet sich ein goldenes Ale mit körnigem Aroma, fruchtigem Geschmack, anhaltendem Hopfenabgang und relativ bescheidenen 3,8 Vol.-% Alkohol. Zwischen diesen beiden Extremen liegen das Red MacGregor, ein blumiges, hopfiges helles Ale, das dem Dragonhead Stout ähnelt; das Northern Light, ein leichtes Fruchtbier „so klar wie die Himmel und Wasser von Orkney"; und ein rubinrotes fruchtiges Scotch Ale namens Dark Island.

WISSENSWERTES

Brauerei: Orkney Brewery
Standort: Sandwick, Isles of Orkney
Sorte: Stout
Farbe: Schwarz
Alkoholgehalt: 4 Vol.-%
Serviertemperatur: 8–10 °C
Passt gut zu: kräftigen Käsesorten

Broughton Black Douglas

Die Brauerei Broughton, gegründet 1979, liegt in Biggar, direkt nördlich der Grenze zu England. Das Unternehmen kam 1995 unter Konkursverwaltung, wurde aber durch Giles Litchfield den Eigentümer der Whim Brewery, und deren Geschäftsführer Alastair Mouat gerettet.

Seitdem hat sich für Broughton alles zum Besseren gewendet. Die Brauerei wurde ein erfolgreicher Exporteur und konnte auch auf dem heimischen Markt zunehmend Fuß fassen. Das Unternehmen braut ein großes Sortiment von Ales, die meist als Fassbiere an 200 Pubs und andere Abnehmer in ganz Schottland ausgeliefert werden, aber auch Flaschenbiere. Außer dem eigenen Sortiment produziert Broughton in Lizenz das Whim Ale, eine Flaschenbierversion des Old Izaak, einem traditionellen englischen Ale. Das Black Douglas ist nach Sir James Douglas benannt, einem mächtigen, heldenhaften Ritter und Vertrauten des schottischen Königs Robert the Bruce. Er fiel in einer Schlacht auf dem Weg nach Jerusalem, wo er das Herz von Robert the Bruce im Heiligen Grab beisetzen wollte, so wie es dessen letzter Wille war. Das Bier, das seinen Namen trägt, ist mit hellem Maris-Otter-Malz, Röstgerste und Mais gebraut, die dem rubinroten Ale einen süßen, fast sirupartigen Geschmack verleihen, der durch die Bittere von dunkler Schokolade ausgewogen wird. Als Fassbier wird es nur im Winter angeboten, während das Flaschenbier ganzjährig erhältlich ist.

WISSENSWERTES

Brauerei: Broughton Ales Ltd.
Standort: Biggar, Peeblesshire
Sorte: Scottish Ale
Farbe: dunkles Rubin-Rotbraun
Alkoholgehalt: 5,2 Vol.-%
Serviertemperatur: 10–13 °C
Passt gut zu: Fleisch oder Fisch mit einer scharfen Sauce

Broughton Greenmantle

Das erste Broughton-Bier nach der Eröffnung der Brauerei 1979 wurde nach einer Kurzgeschichte des Schriftstellers John Buchan benannt, der in der Nähe lebte. Dass die Brauerei solch einen literarischen Namen für ihr Bier gewählt hat, ist kein Wunder, denn ihr Gründer, David Younger, ist nicht nur ein Abkömmling der Brauerfamilie aus Alloa, sondern auch mit der Schriftstellerfamilie Collins verwandt. Das Broughton Greenmantle besitzt eine helle, walnussbraune Farbe, die eher an ein englisches Pale Ale als an ein Scottish Ale erinnert.

Der süße Malzgeschmack mit einer Honignote und einer sanften Hopfenbittere im Abgang ist jedoch typisch schottisch. Unter dem Namen Greenmantle wird auch ein India Pale Ale verkauft, das nur als Fassbier erhältlich ist. Zu Broughtons Sortiment von Flaschenbieren zählen ebenso zwei biologische Biere, die mit biologischem schottischem Gerstenmalz und aus Neuseeland importiertem biologischem Hallertauer Hopfen gebraut sind: Border Gold Organic Ale, ein helles Ale mit 6 Vol.-% Alkohol, erfrischend in Aroma und Geschmack, und das Angel Organic Lager im Pilsner Stil, das ganze 14 Tage lang bei niedrigen Temperaturen fermentiert wird und so einen weichen, klaren Geschmack bekommt.

WISSENSWERTES

Brauerei: Broughton Ales Ltd.
Standort: Biggar, Peeblesshire
Sorte: Scottish Ale
Farbe: helles Walnussbraun
Alkoholgehalt: 3,9 Vol.-%
Serviertemperatur: 10–13 °C
Wird gereicht als: leichtes süffiges Bier, das ohne Beilagen getrunken wird

Broughton Merlin's Ale

Merlin's Ale wird mit Maris-Otter-Malz und Röstgerste gebraut und mit vier Hopfensorten abgerundet – English Targent, Fuggles, Goldings sowie dem tschechischen Styrian Goldings.

Es ist ein leichtes, goldenes hopfiges Ale mit einem delikaten Hopfenblumenaroma, auf das ein vorwiegend körnig-malziger Charakter auf dem Gaumen folgt, abgerundet von einem trocken-bitteren Hopfenabgang. Merlin's trägt den Namen des berühmten Magiers, der der Legende zufolge nach der Schlacht von Adderyd bei Carlisle im Jahr 573 in der Nähe des Standorts der Brauerei gelebt hat. In dieser Schlacht wurde der heidnische König Gwendoleu von Rydderch Hael, dem Christen, geschlagen.

WISSENSWERTES

Brauerei: Broughton Ales Ltd.
Standort: Biggar, Peeblesshire
Sorte: Best Bitter
Farbe: blasses Orangegelb
Alkoholgehalt: 4,2 Vol.-%
Serviertemperatur: 10–12 °C
Passt gut zu: mexikanischen Gerichten mit pikanten Saucen wie Mole Poblano

Broughton Old Jock

***Jock* ist heute ein Spitzname für den Schotten. Ursprünglich bezeichnete der Ausdruck die Soldaten der schottischen Highland- und Lowland-Regimenter, deren Mut und Entschlossenheit im Kampf gerühmt wurden.**

Old Jock Ale soll die Stärke und den Charakter dieser Männer widerspiegeln. Mit Maris-Otter-Malz und Röstgerste zu kräftigen 6,7 Vol.-% Alkohol gebraut, ist es ein wärmendes, vollmundiges Ale mit einem robusten süß-fruchtigen Geschmack. Dieser wird durch eine kräftige Hopfenbittere ausgewogen, die durch die Verwendung von drei unterschiedlichen Hopfensorten beim Brauen entsteht.

WISSENSWERTES

Brauerei: Broughton Ales Ltd.
Standort: Biggar, Peeblesshire
Sorte: Scottish Strong Ale
Farbe: dunkles Mahagoni-Rotbraun
Alkoholgehalt: 6,7 Vol.-%
Serviertemperatur: 10–12 °C
Wird gereicht als: krönender Abschluss nach einem guten Abendessen

Broughton Scottish Oatmeal Stout

David Younger, der 1979 die heutige Broughton Brauerei gegründet hat, ließ auf das Etikett seines Oatmeal Stout ein Porträt seines Urgroßvaters Robert Younger drucken.

Dieser Robert Younger hatte 1844 die berühmte Younger Brauerei in Edinburgh gegründet – und damit bereits eine alte Familientradition fortgeführt: Auch sein Urgroßvater George war 1770 in Alloa Gründer einer Brauerei gewesen. So ist es nur passend, wenn ein Bier von solch spezifisch schottischem Charakter an diese Familie erinnert. Das kühle, feuchte schottische Klima ist besonders für den Anbau von Hafer und Gerste geeignet. Durch diese zwei Getreidesorten erhält dieses Stout eine weiche, cremige Textur und trockene Bitterschokoladenaromen, die durch einen Hauch von Gewürzen ausgeglichen werden.

WISSENSWERTES

Brauerei: Broughton Ales Ltd.
Standort: Biggar, Peeblesshire
Sorte: Oatmeal Stout
Farbe: Schwarz
Alkoholgehalt: 4,2 Vol.-%
Serviertemperatur: 13 °C
Passt gut zu: dunklen Schokoladendesserts

Broughton the Ghillie

Der typisch schottische Charakter der Broughton Brauerei zeigt sich schon bei den Namen der Biere – so auch dem Ghillie.

Ursprünglich war ein *Ghillie* eine Art Leibwächter eines Clanchefs, der diesen in jede Schlacht begleitete. Später, in friedlicheren Zeiten, wurde der Begriff für einen Bediensteten verwendet, der vor allem sportliche Aktivitäten wie Jagen und Fischen unter seiner Obhut hatte. Das Ghillie von Broughton ist ein schön abgerundetes Bier mit einer weichen, vollen Textur, einer leichten Kupferfarbe und einem vollen Malzgeschmack, der durch ein erfrischend würziges Hopfenblumenaroma ausgewogen wird. Das Bier wird mit Maris-Otter-Malz und Kristallmalz sowie Hopfen der Sorten Fuggles und Goldings gebraut. Hopfen der Sorten Target und des deutschen Hallertauer Brewer's Gold bringen „in den Abgang ein spätes Kupfer-Aroma", wie es die Brauerei ausdrückt. Die Brauerei empfiehlt, das Broughton the Gillie – wen nimmt es wunder – „abends nach einem Tag beim Angeln oder zu jeder anderen Tageszeit zu genießen".

WISSENSWERTES

Brauerei: Broughton Ales Ltd.
Standort: Biggar, Peeblesshire
Sorte: Pale Ale
Farbe: Kupferrot
Alkoholgehalt: 4,5 Vol.-%
Serviertemperatur: 10–12 °C
Passt gut zu: chinesischen Gerichten, süßsauer

Caledonian 80/-

Schottisches Bier wird traditionell nach zwei Systemen klassifiziert. Das erste bezeichnet die Biere nach ihrer Stärke von „light" bis „heavy" und „export" bis „strong". Die andere Klassifizierung basiert auf der vom Alkoholgehalt abhängigen Höhe der abzuführenden Steuer. Achtzig Shilling (abgekürzt 80/-) wurden auf Bier in Export-Stärke erhoben, wie auf dieses volle, malzige Ale. Es hat ein reiches Fruchtaroma mit einem Hauch Beerenfrucht und würzigem Hopfenhintergrund. Ein voller fruchtiger Malzgeschmack wird mit einer duftenden Hopfentrockenheit ausgewogen.

Das Caledonian 80/- war 2004 das offizielle Bier des Edinburgh-Festivals. Sein reguläres Sortiment ergänzt Caledonian durch zwölf Saison-Ales – jeweils eines für jeden Monat, jedes mit einem eigenen Charakter. Einige dieser Biere werden mit jahreszeitlichen Veranstaltungen in Verbindung gebracht. So ist das Augustbier, Edinburgh Tattoo, nach der Militärausstellung benannt, die jedes Jahr in diesem Monat beim weltberühmten Edinburgh-Festival stattfindet. Gebraut im Stil eines traditionellen schottischen Exportbiers, hat dieses bernsteinfarbene Ale ein nussiges Röstaroma, das durch duftende Hopfenwürze ausgewogen wird, während auf dem Gaumen süße, nussige Malzaromen mit einem Hauch Schokolade dominieren. Das Januarbier Burns Ale erhält durch Roggenmalz einen cremigen Malz- und Karamellgeschmack. Es wird zu dem traditionellen schottischen Nationalgericht Haggis getrunken, das in der Burns-Nacht am 25. Januar gegessen wird, wenn die Schotten ihren Nationaldichter Robert Burns feiern.

WISSENSWERTES

Brauerei: Caledonian Brewery
Standort: Edinburgh
Sorte: Scottish Export Strong Ale
Farbe: Rostrot bis Dunkelbraun
Alkoholgehalt: 4,1 Vol.-%
Serviertemperatur: 10 °C
Passt gut zu: Roastbeef oder Wild

Caledonian Deuchars IPA

Einst gab es in der schottischen Hauptstadt mehr als 30 Privatbrauereien – die meisten sind schon lange wieder verschwunden.

Die Brauerei Caledonian, inzwischen die größte Brauerei der Stadt, wurde 1869 unter dem Namen Lorimer & Clark gegründet. Noch heute wird das Bier hier in offenen Kupferkesseln gebraut, die über Feuern erhitzt werden (die meisten Brauereien arbeiten mit Dampf). 1919 wurde die Brauerei von Vaux aus Sunderland eingekauft. Als Vaux 1985 plante, den Standort zu schließen, hat im letzten Moment das Management kurzerhand den Betrieb übernommen. Heute gehört sie zu den erfolgreichsten Privatbrauereien Schottlands. Vor allem ihr umfangreiches Sortiment robust gemalzter Ales ist sehr begehrt.

Das preisgekrönte Deuchars IPA ist eine Ausnahme. Es ist benannt nach Robert Deuchar aus Fife, der 1899 die New Brewery in Duddingston übernahm, um für seine Kunden im Nordwesten Englands Bier im Stil der Edinburgher Ales zu brauen. Deuchar's wurde 1953 von Newcastle Breweries aufgekauft. Der Name geriet in Vergessenheit und wurde erst von Caledonian wiederbelebt. Bei diesem Bier handelt es sich um eine moderne Version des traditionellen India Pale Ale, mit einem intensiv blumigen Hopfenaroma, dem auf dem Gaumen eine knackige, fast adstringierend trockene Bittere folgt. Die Fassbierversion des Deuchars IPA hat mehrere große nationale und internationale Auszeichnungen gewonnen, so 2002 den Titel Champion Beer of Britain.

WISSENSWERTES

Brauerei: Caledonian Brewery
Standort: Edinburgh
Sorte: India Pale Ale
Farbe: goldene Bernsteinfarbe
Alkoholgehalt: 4,4 Vol.-%
Serviertemperatur: 10 °C
Wird gereicht als: Aperitif vor dem Dinner

Caledonian Golden Promise

Golden Promise, die dritte der drei regulären Biermarken von Caledonian, beansprucht für sich, das erste Bio-Bier der Welt zu sein. Es wird mit schottischer Bio-Gerste und einer einzigen, nach organischen Methoden angebauten Hopfensorte aus Kent gebraut.

Das nach der Originalrezeptur gebraute Golden Promise war ein duftendes goldenes Ale. Die heutige Rezeptur ergibt ein dunkles, rötlich braunes Pale Ale – obwohl auf dem Etikett immer noch steht: „The Original Organic Beer" („Das originale biologische Bier"). Das Aroma ist von einem würzigen Duft erfüllt, mit Zimt- und Vanillenoten. Auf dem Gaumen zeigt es einen reinen, klaren Geschmack von süßen, butterigen Biskuitmalzen und einen runden Körper mit einer cremig-weichen Textur. Der Abgang hat eine spritzige, erfrischend trockene Note mit Zitrushopfengeschmack. Eine Reihe von Auszeichnungen zeugen für die Qualität dieses Biers, das unter anderem 2003 die Silbermedaille in der Klasse Biologische Biere beim International Beer Competition bekam und im Jahr 2002 Sieger in der Kategorie Bestes Getränk bei den Vegetarian Society Awards geworden war.

Neuerdings braut Caledonian das McEwan's 80/- in Lizenz für das Untenehmen Scottish & Newcastle, das inzwischen mit 30 % an Caledonian beteiligt ist. Trotzdem führt Caledonian seine Geschäfte unabhängig weiter und hat volle Kontrolle über seine Bierproduktion.

WISSENSWERTES

Brauerei: Caledonian Brewery
Standort: Edinburgh
Sorte: Pale Ale
Farbe: dunkles Rotbraun
Alkoholgehalt: 5 Vol.-%
Serviertemperatur: 10 °C
Passt gut zu: Steak mit einer reichhaltigen Weinsauce

Tennent's Lager

Tennent's Wellpark Brewery, mit Sitz im Zentrum von Glasgow, ist seit 1885 ununterbrochen in Betrieb. Bereits seit 1556 wird an diesem Standort Bier gebraut, und so ist diese Brauerei eine der ältesten Bierproduktionsstätten Großbritanniens.

Das Unternehmen stellte als erste Brauerei in Großbritannien ein Lager her. Das Tennent's Lager kam 1924 heraus. Nach wie vor ist es ein unverwechselbares Bier, mit einem reinen, spritzigen, wohlausgewogenen Geschmack, der eine süß-malzige Note mit einer erfrischend würzigen Hopfenbittere kombiniert. Die Brauerei gehört heute zum belgischen Bierimperium Interbrew.

WISSENSWERTES

Brauerei: Tennent Caledonian Breweries (Interbrew)
Standort: Glasgow
Sorte: Lager
Farbe: Goldgelb
Alkoholgehalt: 5 Vol.-%
Serviertemperatur: 6–8 °C
Passt gut zu: scharfen, würzigen Currygerichten

Tennent's Super

Die Glasgower Brauerei Tennent's, deren Biere zu den meistverkauften in Schottland gehören, ist nach ihrem Gründer Hugh Tennent benannt. Für viele ist dieser Name ein Synonym für schottisches Bier.

In dem umfangreichen Sortiment der Biere von Tennent's ist Tennent's Super mit ganzen 9 Vol.-% Alkohol das stärkste. Es verfügt über eine dicke, sirupartige Textur und einen reichen, fruchtigen Geschmack, der aber beinahe dem dominierenden Alkohol zum Opfer fällt. Weitere Biere von Tennent's sind das charaktervollere Tennent's Ember, das genauso starke Tennent's Scotch Ale und Tennent's Export Stout.

WISSENSWERTES

Brauerei: Tennent Caledonian Breweries (Interbrew)
Standort: Glasgow
Sorte: Strong Lager
Farbe: blasses Goldgelb
Alkoholgehalt: 9 Vol.-%
Serviertemperatur: 8 °C
Passt gut zu: Brot und Käse

Traquair House Ale

Die Geschichte von Traquair House begann im Jahr 950. Damals war es eine einfache Heidehütte am Ufer eines Flusses, tief im Wald von Ettrick. Nach dem Besuch von König Alexander I. im Jahr 1107 erhielt es eine königliche Gründungsurkunde.

Die heutige Brauerei wurde 1965 von Peter Maxwell Stuart gegründet. Er hatte die vollständig erhaltene Ausstattung einer Hausbrauerei aus dem 18. Jahrhundert entdeckt, die seit Anfang des 19. Jahrhunderts nicht mehr in Betrieb gewesen war. Alle Biere von Traquair House gären in echten Eichenfässern. Dadurch erhält das Traquair House Ale sein charakteristisches Eichenaroma, das sich mit reichen, fruchtigen Malzen und würzigem, zitronigem Hopfen vermischt. Auf dem Gaumen dominieren Malze mit dunklen Frucht- und Nussaromen.

WISSENSWERTES

Brauerei: Traquair House Brewery Ltd.
Standort: Innerleithen, Peeblesshire
Sorte: Scottish Strong Ale
Farbe: dunkles Mahagonibraun
Alkoholgehalt: 7,2 Vol.-%
Serviertemperatur: 10–13 °C
Passt gut zu: frittierten Meeresfrüchten

Traquair Jacobite Ale

Die Traquair House Brewery produziert drei starke Ales im alten Stil.

Ihr Bear Ale ist nach den so genannten „Bärentoren" benannt, die am Eingang des Anwesens stehen. Sie sind seit 1745 verschlossen, als der fünfte Laird of Traquair seinem Gast Prinz Charles Edward Stuart, auch Bonnie Prinz Charlie genannt, beim Abschied versprach, die Tore erst wieder zu öffnen, wenn die Stuarts wieder auf dem schottischen Thron sitzen. Bear Ale ist ein starkes, reiches Ale mit komplexem Malzaroma und subtiler Eichennote. Zum 250. Jahrestag des Besuchs von Bonnie Prinz Charlie brachte Traquair House 1995 das Jacobite Ale heraus. Dieses Extra Special Ale erhält durch Koriandersamen und geröstetes Korn ein duftendes Kräuteraroma, dem auf dem Gaumen eine reiche, komplexe Mischung aus Gewürzen, Hopfen und Malz folgt. Im Abgang zeigt sich eine bittersüße Note mit einem harmonischen Geschmack aus Schokolade, dunkler weinartiger Frucht und Korianderwürze.

WISSENSWERTES

Brauerei: Traquair House Brewery Ltd.
Standort: Innerleithen, Peeblesshire
Sorte: würziges Scottish Ale
Farbe: sehr dunkles Rot, fast Schwarz
Alkoholgehalt: 8 Vol.-%
Serviertemperatur: 13 °C
Passt gut zu: Pasta mit delikaten gewürzten Saucen

OBEN

Obwohl die Rationalisierung der letzten Jahrzehnte viele kleine Privatbrauereien in den Konkurs trieb, ist England immer noch mit einer unglaublichen Vielfalt charaktervoller Qualitätsbiere gesegnet. Während der Massenmarkt vor allem durch helle Importbiere wie Foster's und Carlsberg bestimmt wird, kann man sich das traditionelle britische Pint auch mit so ausgefallenen Bieren wie Badger Tanglefoot und Adnams Broadside füllen lassen.

Englisches Bier

Bierbrauen und -trinken hat in England immer eine zentrale Rolle gespielt. Selbst die Normannen konnten im 11. Jahrhundert das Bier nicht durch ihren geliebten Wein ersetzen, und Aufzeichnungen im Domesday Book, dem Reichsgrundbuch, zeugen von einer blühenden kommerziellen Brauindustrie.

OBEN
In allen englischen Dörfern und den kleinen wie den großen Städten gibt es zahlreiche Gasthäuser. Und viele Pubs servieren so genannte „Gast"- oder Spezialitätenbiere, die durch ihre geschmackliche Vielfalt bestechen.

IN ENGLAND HABEN Kleinbrauereien eine lange Tradition. Bis zu ihrer Auflösung im 16. Jahrhundert waren die Klöster mit Abstand die größten Bierproduzenten. Bis heute werden ihre Braumethoden eingesetzt: Die Burton-Union-Methode, nach der Marston's braut, geht auf mittelalterliche klösterliche Brautechniken zurück. Man sagt den Engländern ja eine Vorliebe für warmes, flaches Bier nach, aber die meisten englischen Ales werden am besten bei Kellertemperatur getrunken, während manche stärkeren Biere mit einem kräftigeren Aroma, wie Rotwein, idealerweise leicht unter Zimmertemperatur serviert werden.

Die Engländer können zwischen vielen Biersorten wählen. In der ersten Hälfte des 20. Jahrhunderts war das Mild bei weitem das beliebteste Bier. Vor allem Arbeiter tranken es in großen Mengen. Mit weniger Hopfen gebraut als ein Bitter oder ein Pale Ale, ist ein Mild Beer nach seinem Geschmack und nicht nach seinem Alkoholgehalt benannt; es gibt das Bier in verschiedenen Stärken. Seit den 1950er-Jahren gewann das Bitter an Beliebtheit, aber in den 1960er-Jahren wichen die traditionellen Fassbiere mehr und mehr den sich ausbreitenden „Keg"-Bieren in Kleinfässern. Diese werden im Interesse eines konsistenten Geschmacksbildes und einer längeren Lagerungsfähigkeit pasteurisiert und gefiltert, aber es fehlt ihnen der Geschmack eines „echten" Ale.

Obwohl 80 Prozent des Biermarkts von einer Hand voll international agierender Brauerei-Giganten beherrscht werden – meistens mit in Massenproduktion hergestellten „Keg"-Lagerbieren –, hat sich der Trend unter dem Einfluss der Arbeit von CAMRA (Campaign for Real Ale, zu Deutsch: Kampagne für Echtes Ale) wieder leicht gebessert. Diese Organisation vertritt die Werte, die die Handwerksbrauer mit ihren traditionellen Techniken verkörpern. So konnte Bier, das im Fass oder in der Flasche reift, wieder an Beliebtheit gewinnen.

RUND UMS BIER

Produktionsmenge: 40 000 000 Hektoliter pro Jahr

Pro-Kopf-Verbrauch: 97 Liter pro Jahr

Berühmte Brauereien: Adnams; Bass Brewers Ltd.; Fuller, Smith & Turner plc.; George Gale & Company; Marston, Scottish & Newcastle; Young & Company

Berühmte Marken: Adnams Broadside; Badger Tanglefoot; Bass Pale Ale; Fuller's ESB; Fuller's London Pride; Gale's HSB; Marston's Pedigree; Newcastle Brown Ale; Old Speckled Hen; Young's Special London Ale

Adnams Broadside

Die charmante, pittoreske Küstenstadt Southwold, Sitz der Brauerei Adnams, liegt in der Sole Bay an der Ostküste Englands. Der Name Broadside Ale erinnert an die Seeschlacht von Sole Bay zwischen Holland und England im Jahr 1672. Dieses klassische Strong Ale hat ein kräftig süßes, fruchtiges Karamellmalzaroma.

Auf dem Gaumen ist das Bier weich und angenehm. Ein dominierender nussiger Malzgeschmack weicht einer anhaltenden trockenen Hopfenbittere im Abgang. Die Flaschenbierversion des Broadside ist etwas stärker als das Fassbier, das 4,7 Vol.-% Alkohol hat. Die Qualität des Broadside hat dem Ale international eine beachtliche Fangemeinde sowie einige wichtige Auszeichnungen von angesehenen Organisationen eingebracht. Die einflussreiche britische Gruppe CAMRA (Campaign for Real Ale – Kampagne für echtes Ale) – hat Adnams Broadside im Jahr 2003 bei den CAMRA Champion Beer of Britain Awards die Goldmedaille in der Kategorie Strong Bitter verliehen. Adnams produziert auch eine Flaschenbierversion seines Suffolk Strong Ale, ein köstlich trockenes und großzügig gehopftes Bitter, das, anders als der Name suggeriert, weniger Alkohol als das Broadside enthält.

Die Brauerei Adnams ist vor über 650 Jahren als Brauhaus für das Swan Inn ins Leben gerufen worden, dem ältesten Wirtshaus in Southwold. Es wurde erstmals 1345 erwähnt, als Johanna de Corby eine Strafe zahlen musste, weil sie Ale nicht in genormten Biermaßen ausschenkte. Nach einem Brand wurde das Swan 1660 wieder aufgebaut, die Brauerei Sole Bay bezog jedoch einen neuen Standort in der Nähe, wo sie sich auch heute noch befindet. Die Adnams-Brüder Ernest und George kauften sie 1852, und heute wird sie in der vierten Generation von der Adnams-Familie betrieben. Die Adnams-Biere werden immer noch mit Fuhrwerken an die lokalen Wirtshäuser ausgeliefert, die von Brauereipferden gezogen werden.

WISSENSWERTES

Brauerei: Adnams
Standort: Southwold, Suffolk
Sorte: Strong Ale
Farbe: dunkles Rubinrot
Alkoholgehalt: 6,3 Vol.-%
Serviertemperatur: 12 °C
Passt gut zu: Lammbraten

Badger Tanglefoot

Der Legende nach erhielt das Tanglefoot (zu Deutsch: Stolperfuß) seinen Namen, als der Braumeister über seine eigenen Füße fiel, nachdem er mehrere Krüge von diesem starken, aber „fatal süffigen“ Ale verkostet hatte. Es ist ein Bier mit robustem Geschmack und voller Hopfenbittere, die die fruchtigen Hefe- und Malznoten auf dem Gaumen dominiert. Challenger-Hopfen verleiht ihm einen extrem trockenen, zitronig-bitteren Abgang.

Badger ist der Handelsname von Hall & Woodhouse und wurde 1777 von Charles Hall als Ansty Brewery gegründet. Sie heißt Hall & Woodhouse, seit Charles' Sohn sich mit George Woodhouse zusammengeschlossen und die Brauerei 1899 ihren heutigen Standort in Blandford St. Mary bezogen hat. Da es in dieser Gegend viele Dachse gibt, hat die Brauerei ihn für ihr Firmenlogo auserkoren, um auf den Lokalcharakter der Biere hinzuweisen. Zum Sortiment der Brauerei gehört auch das Fursty Ferret. Es ist benannt nach den Frettchen, die sich vor der Tür der benachbarten Gasthausbrauerei des Gribble Inn versammelten, in der Hoffnung, von dem Hausbier probieren zu können. Badger übernahm die Produktion dieses beliebten Biers, als die Gasthausbrauerei die Nachfrage nicht mehr decken konnte. Ein weiteres Bier, Blandford Fly, trägt den Namen einer Stechfliege, die am Fluss Stour in Dorset heimisch ist. Angeblich ist Ingwer das einzige Mittel gegen die Stiche – eine Zutat, die dieses beruhigende Ale würzt.

WISSENSWERTES

Brauerei: Badger (Hall & Woodhouse Ltd.)
Standort: Blandford St. Mary, Dorset
Sorte: Strong Pale Ale
Farbe: blasses Strohgold
Alkoholgehalt: 5 Vol.-%
Serviertemperatur: 12 °C
Passt gut zu: gegrilltem Fleisch, Lammkoteletts

Bateman's XXXB

Der Name dieses berühmten Ale geht noch auf die Tage zurück, als nur wenige Menschen lesen konnten. Die Stärke des Biers wurde durch die Anzahl von X angegeben, die auf das Fass gebrannt wurden. Tatsächlich ist dieses Bier gar nicht besonders stark, aber es hat sehr viel Aroma.

Es ist ein klassisches Bitter mit einem komplexen, ausgewogenen Geschmack aus Malzen und Hopfen. Das im Antrunk süße, fruchtig-malzige, pflaumenähnliche Aroma weicht im Abgang einer trockenen, würzigen Hopfenbittere. Das Logo der Brauerei stellt die efeubewachsene Windmühle dar, die sich seit ihrer Gründung 1874 durch George Bateman neben der Brauerei befindet.

Der heutige Besitzer George Bateman ist der Enkel des Brauereigründers. Trotz wirtschaftlicher Schwierigkeiten Mitte der 1980er-Jahre ist die Brauerei unabhängig geblieben. Damals wollten mehrere Familienmitglieder ihre Anteile an der Firma verkaufen. Als die Fassversion des XXXB 1986 den Titel „Champion Beer" beim Great British Beer Festival gewann, wurde das Problem durch den kommerziellen Erfolg dieses Biers gelöst. Heute braut Bateman's auch Spezialitätenbiere in kleinen Chargen mit ungewöhnlichen Geschmacksnoten wie Erdbeere, Vanille oder Lakritz. Unter der Marke Pour With Care produziert Bateman's flaschenvergorene Biere für die Supermarktkette Booths.

WISSENSWERTES

Brauerei: Bateman's
Standort: Wainfleet, Lincolnshire
Sorte: Bitter
Farbe: dunkles Kupferrot
Alkoholgehalt: 4,8 Vol.-%
Serviertemperatur: 10–13 °C
Passt gut zu: einem traditionellen Ploughman's Lunch (Cheddar-Käse, Brot und eingelegte Zwiebeln)

Charles Wells Bombardier

Das Bombardier Premium Bitter wurde anlässlich der Verleihung des „Queen's Award for Export Achievement" an die Brauerei Charles Wells herausgebracht. Es handelt sich um eine Flaschenbierversion des gleichnamigen Ale vom Fass. Als klassisches englisches Bitter ist es stark und hat einen ausgeprägten Geschmack und Charakter, ist aber nicht schwer und deshalb überraschend süffig.

Es besitzt ein fruchtiges Aroma mit Rosinen- und Sultaninennoten und eine anhaltende, trockene, subtile Bittere, die vom Challenger-Hopfen stammt. Kristallmalze und Goldings-Hopfen verleihen ihm die helle Kupferfarbe. Das Bier, von der Brauerei zum „Schutzpatron von England" erklärt, wird heute durch intensives Marketing mit dem Sankt-Georgs-Tag in Verbindung gebracht. Es passt zu dieser Heimatverbundenheit, dass das Bombardier Premium Bitter in geprägten Flaschen mit dem Maß Imperial Pint (568 ml) verkauft wird, deren Etikett das Kreuz des heiligen Georg zeigt. Die 1876 gegründete Charles Wells Brauerei gehört zu Englands größten regionalen Privatbrauereien, die immer noch in Familienbesitz sind. Ihr Sitz ist die Eagle Brewery in Bedford nördlich von London. Charles Wells braut alle Biere mit Wasser aus einem eigenen Brunnen, der 1902 auf dem Betriebsgelände gebohrt wurde. Zu den Saisonbieren gehört das ungewöhnliche Banana Bread Beer, das mit ganzen Bananen gebraut wird.

WISSENSWERTES

Brauerei: Charles Wells
Standort: Bedford, Bedfordshire
Sorte: Best Bitter
Farbe: dunkles Rotbraun
Alkoholgehalt: 5,5 Vol.-%
Serviertemperatur: 12 °C
Passt gut zu: Fish & Chips

Coniston Bluebird Bitter

Die preisgekrönte, 1995 gegründete Coniston Brauerei liegt im gleichnamigen Dorf mitten im pittoresken nordenglischen Lake District, versteckt hinter dem 400 Jahre alten Gasthaus Black Bull.

Ihr Bluebird Bitter trägt den Namen des Boots, mit dem Donald Campbell 1967 verunglückte, als er einen Geschwindigkeitsrekord auf dem Coniston Water aufstellen wollte. Dieses kupferfarbene Bitter erhält durch reichlich Hopfen ein pfeffriges, würziges Orangenfruchtaroma. Ein würzig-pfeffriger Geschmack mit Zitrusnote dominiert auf dem Gaumen vor fruchtigen Malzen und endet in einem prickelnden, trockenen und angenehm bitteren Abgang. Die Fassversion des Coniston Bluebird Bitter wurde beim Great British Beer Festival 1998 zum Champion Beer of Britain gewählt, mit dem Ergebnis, dass die Brauerei die steigende Nachfrage nicht mehr befriedigen konnte. Deshalb wurde die Brakspear Brauerei in Hendon, Oxfordshire, mit der Herstellung der Flaschenbierversion des Bluebird beauftragt.

Nach dem Konkurs von Brakspear wurde die Produktion von ihrem Braumeister Peter Scholey weitergeführt. Er stellt auch die Flaschenbier-Version eines weiteren Coniston-Biers her, eines rubinroten Strong Ale mit vollem Körper: Old Man, benannt nach dem Berg, der die Brauerei überragt. Sowohl das Bluebird Bitter als auch das Old Man Ale sind echte flaschengegorene Ales, die nach der Gärung gefiltert (aber nicht pasteurisiert) und dann mit frischer Hefe versetzt werden, damit das Bier in der Flasche weitergären kann.

WISSENSWERTES

Brauerei: Coniston Brewing Company
Standort: Coniston, Lake District, Cumbria
Sorte: Bitter
Farbe: blasse Kupferfarbe
Alkoholgehalt: 4,2 Vol.-%
Serviertemperatur: 9–10 °C
Ideal als: Aperitif

Fuller's ESB

Dieses Bier kam ursprünglich 1969 als Winterbier unter dem Namen Winter Bitter heraus. Seit 1971 ist es das ganze Jahr über erhältlich und heißt nun Fuller's ESB.

Sein komplexes Aroma ist stark malzbetont und besitzt eine leichte Honignote, ausgewogen durch robuste Hopfenbittere. Die Buchstaben stehen für „Extra Special Bitter". Diese Bezeichnung, die Fuller speziell für dieses Bier geprägt hat, wurde inzwischen von anderen Brauereien übernommen. Insbesondere in den Vereinigten Staaten wird damit ein starkes Bitter im Ale-Stil bezeichnet, das eine dunklere Farbe hat als das typische Pale Ale und mehr Malz-, aber weniger Hopfengeschmack. Zutaten sind Pale-Ale- und Kristallmalz sowie Hopfen der Sorten Target, Challenger, Northdown und Goldings.

ESB ist etwas stärker als viele vergleichbare Biere. Die Flaschenbier- und Kleinfassversion hat 5,9 Vol.-% Alkohol, das Fassbier 5,5 Vol.-%. Zu den vielen Auszeichnungen, die dieses Bier gewonnen hat, gehört dreimal der Titel Champion Beer of Britain: 1978, 1981 und 1985. Das US Beverage Tasting Institute verlieh Fuller's ESB 1997 und 1998 sogar die Auszeichnung: „World Champion Bitter".

WISSENSWERTES

Brauerei: Fuller, Smith & Turner plc.
Standort: Chiswick, London
Sorte: Strong Bitter
Farbe: tiefes Kupferrot
Alkoholgehalt: 5,9 Vol.-%
Serviertemperatur: 10–13 °C
Passt gut zu: Fleischpasteten

Fuller's 1845

Historische Quellen belegen, dass an dem Standort von Fuller schon seit mindestens 325 Jahren Bier gebraut wird. Die Fuller, Smith & Turner plc. wurde aber erst 1845 gegründet. Dieses traditionelle Strong Ale kam 1995 zur 150-Jahr-Feier der Brauerei heraus. Prinz Charles fügte der ersten Produktionscharge den Hopfen zu.

Die Rezeptur dieses Biers ist den Bieren nachempfunden, die Mitte des 19. Jahrhunderts getrunken wurden. Nach einer ersten Gärung wird das Bier zwei Wochen lang zur Veredlung in Fässern gelagert, bevor es gefiltert, mit frischer Hefe versetzt und in Flaschen abgefüllt wird. Das Bier reift dann weitere zwei Wochen in der Flasche, bevor es in den Verkauf geht. Es besitzt ein erfrischend lebhaftes, hefig-malziges Aroma mit Orangenfruchtcharakter. Auf dem Gaumen ist es weich mit einem vollen Körper und fühlt sich fast wie Likör an. Eine kräftige, fruchtige Röstmälze mit Rosinen-, Schokoladen- und Karamellnoten überwältigt die Geschmacksnerven zuerst, aber bald kommt eine trockene Hopfenbittere durch, die bis zum langen, ausgewogenen Abgang anhält.

WISSENSWERTES

Brauerei: Fuller, Smith & Turner plc.
Standort: Chiswick, London
Sorte: Strong Ale
Farbe: Rotbraun
Alkoholgehalt: 6,3 Vol.-%
Serviertemperatur: 13 °C
Passt gut zu: pikanten Eintöpfen

Fuller's Golden Pride

Dieses Bier, das jedes Jahr in limitierter Auflage als Weihnachtsbier gebraut wird, ist ein kräftiger Barley Wine und äußerst komplex, der an ein belgisches Abteibier oder ein deutsches Doppelbock erinnert.

Fuller's Golden Pride ist ein gewichtiges Bier mit reichem, bittersüßem Aroma und Geschmack, in dem körniges Röstmalz durch eine moderate Hopfigkeit ausgewogen wird. Es ist in seiner englischen Heimat nur für kurze Zeit erhältlich, in Italien kann man es dagegen das ganze Jahr über kaufen. Fuller's Vintage Ale ist eine Version des Golden Pride, die in der Flasche vergoren wird. Jedes Jahr wird davon nur eine Produktionscharge hergestellt, die längere Zeit lagert, damit der Geschmack in der Flasche an Komplexität und Tiefe gewinnen kann.

WISSENSWERTES

Brauerei: Fuller, Smith & Turner plc.
Standort: Chiswick, London
Sorte: Barley Wine
Farbe: goldene Bernsteinfarbe
Alkoholgehalt: 8,5 Vol.-%
Serviertemperatur: 12–13 °C
Passt gut zu: reichhaltigen süßen Desserts auf Frucht- und Sahnebasis

Fuller's London Pride

Fuller, Smith & Turner ist eine der beiden größten Brauereien in London. Fuller's Flaggschiff, London Pride, ist ein süffig-weiches Best Bitter mit einem überraschend komplexen Aroma. Leicht nussige Malze und eine Honig-Hefe-Note sind seine herausragendsten Merkmale.

Das leichtere, süffigere Chiswick Bitter von Fuller's ist nach dem Standort der Brauerei benannt. Außerdem produziert Fuller's zahlreiche reguläre und saisonale Biere, meist Flaschenbiere. Eines davon ist das Organic Honey Dew, von der Soil Association als 100-prozentig biologisches Bier eingestuft. Dieses leichte, erfrischende goldene Ale erhält durch Honig ein süßes, blumiges Aroma und einen weichen, runden Körper mit einem süßen Geschmack, der durch sorgfältig dosierten Target-Hopfen ausgewogen wird. Fuller's produziert für den Export auch eine Flaschenbierversion seines London Porter.

WISSENSWERTES

Brauerei: Fuller, Smith & Turner plc.
Standort: Chiswick, London
Sorte: Best Bitter
Farbe: Bernsteinfarbe
Alkoholgehalt: 4,7 Vol.-%
Serviertemperatur: 12–13 °C
Passt gut zu: herzhaften Fleischpasteten und Eintöpfen

Gale's Festival Mild

Dieses Bier kam 1994 heraus, um die CAMRA (Campaign for Real Ale) zu unterstützen, die das Mild Ale wiederbeleben sollte – so genannt wegen des recht geringen Hopfengehalts, der ihm einen weicheren Geschmack verleiht.

Dieses für den Export produzierte Bier ist komplexer als die meisten traditionellen Mild Ales. Es wird mit einem hohen Anteil an dunklen Malzen gebraut. Kristall- und Pale-Ale-Malze verleihen ihm ein fruchtig-körniges Aroma und einen schokoladigen Röstmalzgeschmack und sanfte Fruchtsüße, die an schwarze Johannisbeere, Rosine und Himbeere erinnert. Der Abgang wird von einer zitronigen Bittere gemäßigt, die durch eine Mischung der Hopfensorten Fuggles, Golding und Challenger entsteht. Es ist nur eins von mehreren Bieren mit Flaschengärung der Brauerei, die schon immer ein Verfechter traditioneller Braumethoden war. Gale's wurde 1847 als Hausbrauerei des Ship & Bell Inn von Richard und Ann Gale in Horndean gegründet. Ihr Sohn George übernahm 1853 das Geschäft. Er erkannte das Potenzial des Geschäfts und legte das Fundament für das ansehnliche Unternehmen, das Gale's heute geworden ist.

WISSENSWERTES

Brauerei: George Gale & Co.
Standort: Horndean, Hampshire
Sorte: Mild Ale
Farbe: dunkles Rubinrot
Alkoholgehalt: 4,8 Vol.-%
Serviertemperatur: 8–10 °C
Ideal als: Bier für einen gemütlichen Abend in großer Runde

Gale's HSB

Die Initialen HSB stehen für „Horndean Special Bitter". In der kleinen Stadt Horndean in Hampshire wurde Gales Brauerei 1847 gegründet. Dieses charakteristische Best Bitter wird aus hellem Maris-Otter-, Kristall- und Schwarzmalz gebraut und mit drei traditionellen Hopfensorten abgerundet. Es kam 1959 als eine stärkere Alternative zum BBB Bitter und den vorwiegend milden Bieren auf den Markt, die die Brauerei damals produzierte.

Zu Beginn ergab die verwendete Rezeptur ein Bier, das sogar noch mehr Alkohol hatte, doch dieser wurde in den letzten Jahren leicht reduziert. Zu Beginn hatte das Bier nur bescheidenen Erfolg, aber es konnte sich in den 1970er- und 1980er-Jahren allmählich etablieren und wurde schließlich Gales Flaggschiff-Marke, mit dem Ruf, eines der beliebtesten englischen Bitter zu sein. Es besitzt ein komplexes, fruchtiges Aroma mit Apfel-, Bananen- und Karamellnoten, und die Textur hat einen vollen, weichen Körper. Süße Fruchtigkeit und Karamellmälze dominieren über weite Strecken den Geschmack und gehen in einen trockenen, fruchtigbitteren Abgang über.

WISSENSWERTES

Brauerei: George Gale & Co.
Standort: Horndean, Hampshire
Sorte: Best Bitter
Farbe: intensive Bernsteinfarbe
Alkoholgehalt: 4,8 Vol.-%
Serviertemperatur: 10–12 °C
Passt gut zu: Fish & Chips

Gale's Prize Old Ale

Während die meisten Flaschenbiere einen Kronkorken haben, verkorkt Gale als eine der wenigen Brauereien ihre Flaschen. Das wohl berühmteste dieser Biere ist das preisgekrönte Prize Old Ale, das in den 1920er-Jahren herauskam. Es sollte zur Reifung noch einige Zeit gelagert werden.

Es reift vor dem Abfüllen bis zu zwölf Monate in Tanks, dann weitere drei Monate in der Brauerei. Hoch komplexe, weinähnliche Fruchtaromen enthalten einen Hauch Vanille, während es auf dem Gaumen einen reichen fruchtigen Pflaumen- und Rosinengeschmack besitzt. Ausgeglichen wird dies durch eine anhaltende trockene Bittere.

WISSENSWERTES

Brauerei: George Gale & Co.
Standort: Horndean, Hampshire
Sorte: Old Ale
Farbe: dunkles Rubinrot
Alkoholgehalt: 9 Vol.-%
Serviertemperatur: 13–14 °C
Passt gut zu: Obstkuchen

Gale's Trafalgar

Dieses kräftige Saison-Ale wird jedes Jahr im Herbst zum Trafalgar Day gebraut, dem 21. Oktober, an dem Admiral Nelson 1805 in der Seeschlacht von Trafalgar die Flotte der spanisch-französischen Koalition besiegt hat.

Entsprechend werden für dieses Bier nur Zutaten verwendet, die auch zu Nelsons Zeit erhältlich waren: helles Maris-Otter-Malz und Kristallmalz sowie Hopfen der Sorten Challenger und Fuggles. Das Aroma ist überraschend delikat für ein Bier dieser Stärke, mit subtilen fruchtigen Malz- und Hopfennoten, während der Geschmack süß, würzig, fruchtig und malzig und mit Hopfenbittere gut ausgewogen ist. Die Fassversion des Trafalgar hat nur etwa halb so viel Alkohol.

WISSENSWERTES

Brauerei: George Gale & Co.
Standort: Horndean, Hampshire
Sorte: Strong Ale
Farbe: dunkles Rubinrot
Alkoholgehalt: 9 Vol.-%
Serviertemperatur: 13–14 °C
Passt gut zu: Fleisch und Wildgerichten

Greene King Abbot Ale

Abbot Ale, das erstmals 1955 herauskam, hat sich als Greene Kings Flaggschiff-Marke fest etabliert.

Es profitiert von einer langen zweiten Gärung bei relativ hohen Temperaturen, die ein vollmundiges Bier mit reichen fruchtigen Malzen garantieren. Zwei Hopfensorten sorgen für eine appetitanregende Bittere in einem langen, trockenen Abgang mit blumigen Aromen.

Der Name verweist auf die lange Brautradition dieser Stadt: das Domesday Book, das Reichsgrundbuch, erwähnt, dass schon 1086 in der Abtei St. Edmundsbury Bier gebraut wurde. Das heute verwendete Wasser stammt aus demselben Kalkbett wie das damals von den Mönchen verwendete. Aufzeichnungen belegen, dass die aktuelle Brauerei seit dem frühen 18. Jahrhundert existiert. Zu Beginn des 19. Jahrhunderts wurde sie von der Familie Greene übernommen. In den letzten Jahren ist sie durch die Übernahme mehrerer anderer Brauereien und Marken beträchtlich gewachsen und gehört nun zu den größten regionalen Privatbrauereien Englands.

WISSENSWERTES

Brauerei: Greene King
Standort: Bury St. Edmunds, Suffolk
Sorte: Pale Ale
Farbe: intensive Bernsteinfarbe
Alkoholgehalt: 5 Vol.-%
Serviertemperatur: 10–13 °C
Passt gut zu: gebratenem Fleisch

Old Speckled Hen

Old Speckled Hen wurde ursprünglich von der 1711 gegründeten Morland Brauerei in Abingdon in Oxfordshire gebraut. 1998 übernahm Morland die in Schwierigkeiten geratene Brauerei Ruddles aus Oakham in Leicestershire. Als sie 1999 selbst Konkurs anmeldete, wurde sie wiederum von Greene King aus Suffolk übernommen.

Greene King produziert Old Speckled Hen und Ruddles County weiter. Old Speckled Hen ist ein wärmendes Bier mit sehr vollem Körper. Reiche Pflaumenaromen sorgen für eine intensive Malzsüße, während auf dem Gaumen Malzkörper und Karamellsüße durch einen langen, trocken-bitteren Abgang ausgewogen werden. Der Name ist von einer sehr beliebten alten Cabrio-Limousine inspiriert – liebevoll the „awld speckled 'un" genannt – deren Lack mit den Jahren ein gesprenkeltes Aussehen angenommen hat.

WISSENSWERTES

Brauerei: Greene King
Standort: Bury St. Edmunds, Suffolk
Sorte: Pale Ale
Farbe: tief goldene Bernsteinfarbe
Alkoholgehalt: 5,2 Vol.-%
Serviertemperatur: 11–13 °C
Passt gut zu: geräuchertem und gekochtem Schinken

Bass Pale Ale

Dieses berühmteste aller britischen Ales wird seit 1777 in Burton upon Trent gebraut.

Das Bass Pale Ale ist wegen der einzigartigen Mineralien im lokalen Wasser unauflöslich mit Burton upon Trent verbunden. Diese geben den Bieren von Bass ihr typisches schwefliges Aroma, das noch nie kopiert werden konnte. Das Bass Pale Ale, das ursprünglich durch hohen Alkohol- und Hopfenanteil für die lange Seereise nach Indien besser haltbar gemacht wurde, ist ein bernsteinfarbenes, obergäriges Bier mit süß-fruchtigem Aroma, Karamell und Malz auf dem Gaumen und einem langen, trockenen bitter-hopfigen Abgang. Das dreieckige rote Emblem, das die Bass-Marken bis heute ziert und schon Kultstatus innehat, wurde 1875 in England als erste Handelsmarke registriert.

WISSENSWERTES

Brauerei: Bass Brewers Ltd. (InBev)
Standort: Burton upon Trent, Staffordshire
Sorte: India Pale Ale
Farbe: Bernsteinrot
Alkoholgehalt: 5,2 Vol.-%
Serviertemperatur: 10 °C
Passt gut zu: geräuchertem Fisch oder Wurst

Marston's Pedigree Bitter

Dieses Bier kam 1834 heraus und wird noch immer mit denselben Zutaten hergestellt: Maris-Otter-Malz, Fuggles- und Goldings-Hopfen sowie einem 150 Jahre alten Hefestamm. So ist Marston's Pedigree ein Zeugnis dafür, wie Bier Mitte des 19. Jahrhunderts gebraut wurde. Das Wasser wird aus sieben Brunnen auf dem Brauereigelände bezogen. Als einziges Bier der Welt wird es noch nach dem Burton-Union-System produziert, einem Relikt aus viktorianischer Zeit. Hierbei sind riesige Eichentanks durch Kupferrohre mit einer Eisenwanne verbunden. Während der Gärung steigt die Stammwürze durch die Rohre in die Wanne, wo sie sich setzt und wieder in die darunter liegenden Tanks gefiltert wird.

Durch diese beständige Zirkulation, auf die eine konventionelle Reifeperiode folgt, entsteht ein subtiles, komplexes Bier mit einer nussigen, malzigen Trockenheit, die durch süßfruchtige Apfel- und Birnennoten ausgewogen wird. Bei der Burton-Union-Methode entsteht überschüssige Hefe, die man für die nächste Produktionscharge verwendet. Für den Betrieb des Systems beschäftigt die Brauerei eigens einen Böttcher – auch in dieser Hinsicht führt Marston's die alte Brautradition fort. 1999 wurde die Brauerei von der Wolverhampton & Dudley Pub and Brewing Group übernommen, die auch Banks's Original und Mansfield Bitter herstellt. Mehrere berühmte alte Biere von Marson wie das Owd Roger wurden eingestellt; doch werden neue wie das Old Empire entwickelt, ein authentisch fruchtiges, hopfiges India Pale Ale.

WISSENSWERTES

Brauerei: Marston, Thompson & Evershed
Standort: Burton upon Trent, Staffordshire
Sorte: Pale Ale
Farbe: blasses Bernsteinrot
Alkoholgehalt: 4,5 Vol.-%
Serviertemperatur: 12 °C
Passt gut zu: Roastbeef

Newcastle Brown Ale

Das Newcastle Brown Ale ist nicht nur eines der beliebtesten Biere Englands, sondern auch eines der bekanntesten britischen Biere weltweit. Es kam, nach dreijähriger Entwicklungszeit unter Braumeister Jim Porter, 1927 auf den Markt.

Die Marke Newcastle Brown Ale gehört jetzt zu Englands größter Brauereigruppe, Scottish & Newcastle. Sie war 1960 durch den Zusammenschluss der Newcastle Breweries mit Scottish Brewers entstanden und ist heute die drittgrößte Brauerei Europas. Die Anfänge von Newcastle Breweries gehen bis ins Jahr 1770 zurück, als John Barras & Co. die Gateshead Brewery gründete. 1890 wurde dieses Unternehmen von der North Eastern Railway Company übernommen. John Barras zog auf die andere Seite des Flusses Tyne und übernahm die Tyne Brewery, zusammen mit mehreren kleineren lokalen Brauereien im Nordosten. So entstand The Newcastle Breweries Ltd.

Scottish & Newcastle brachen im Sommer 2004 mit der Geschichte, als die Produktion des Newcastle Brown in die zwei Meilen entfernte Federation Brewery in Gateshead verlegt wurde. Das Bier wurde sofort ein Erfolg und gewann 1928 bei der International Brewers Exhibition mehrere Goldmedaillen. Auf dem Etikett werden diese Goldmedaillen gezeigt, zusammen mit dem berühmten blauen Stern, der 1913 von der Brauerei als Firmenlogo übernommen wurde. Heute wird das Newcastle Brown Ale immer noch nach der Originalrezeptur gebraut. Es hat einen trockenen, nussigen Geschmack mit einem delikaten blumigen Aroma.

WISSENSWERTES

Brauerei: Scottish & Newcastle
Standort: Newcastle-upon-Tyne, Tyne & Wear
Sorte: Brown Ale
Farbe: tiefes Mahagonibraun
Alkoholgehalt: 4,7 Vol.-%
Serviertemperatur: 10 °C
Passt gut zu: Kartoffelbrei mit Würstchen

Young's Special London Ale

Young's Special London Ale ist die in der Flasche gereifte Version eines Biers, das als Young's Export ursprünglich speziell für den belgischen Markt gebraut wurde. Das Fassbier, das heute in den brauereieigenen Pubs unter dem Namen Young's Export verkauft wird, ist aber ein Pilsener, das nach dem deutschen Reinheitsgebot gebraut wird.

Special London Ale ist ein äußerst komplexes Bier. Es gärt eine Woche lang in offenen Tanks und reift dann nach Zugabe ganzen Goldings-Hopfens weitere drei Wochen, bevor es gefiltert und mit gehopfter Stammwürze und frischer Hefe in Flaschen abgefüllt wird, wo es weiter gärt. Beim Ausschenken ist es hell und klar mit einem tiefen Bronzeton. Das kräftige Malzaroma enthält eine süß-scharfe Orangenschalen-Fruchtigkeit.
Auf dem Gaumen ist es weich, voll und cremig. Die brotigen Malz-, Bananen- und Bitterorangennoten werden durch einen würzigen Hopfengeschmack ausgewogen.

Young's produziert ein großes Sortiment interessanter Flaschenbiere, darunter Double Chocolate Stout, dem beim Suden tatsächlich ganze Schokoladenriegel zugefügt werden, und Waggledance, das nach dem Bienentanz benannt ist, mit dem die Bienen ihre Artgenossen über Pollenfunde informieren.

WISSENSWERTES

- **Brauerei:** Young & Co. Brewery
- **Standort:** Wandsworth, London
- **Sorte:** Strong Pale Ale
- **Farbe:** Bronze
- **Alkoholgehalt:** 6,4 Vol.-%
- **Serviertemperatur:** 10 °C
- **Passt gut zu:** gebratenem Fleisch

Oben

Tapasbars wie diese im südspanischen Sevilla sind beliebte Treffpunkte, an denen man sich entspannt und ein Bier zu Tapas genießt. Die Spanier bevorzugen wegen der hohen Temperaturen im Sommer vor allem leichtere Biere. Trotz der Konkurrenz durch andere typisch spanische Getränke wie Sherry oder Wein blüht das Geschäft mit dem Bier.

Spanisches Bier

In Spanien ist der einst abwechslungsreiche Biermarkt einer starken Vereinheitlichung zum Opfer gefallen, hauptsächlich, weil viele Kleinbrauereien den großen Konzernen nicht standhalten konnten. Dennoch produzieren die neun größten Brauereien des Landes und die wenigen noch existierenden Privatbrauereien nach wie vor eine Reihe von Qualitätsbieren.

Oben

Ein erfrischendes Bier passt hervorragend zu traditionellen spanischen Tapas, besonders an heißen Sommertagen.

Der römische Gelehrte Plinius überlieferte, dass im antiken Spanien ein Getränk getrunken wurde, das dem Bier ähnlich ist, und das *celia* und *ceria*, in Gallien *cerevisia* genannt wird. Er schrieb: „Die Einwohner im Westen von Europa haben ein Getränk aus Getreide und Wasser, mit dem sie sich selbst vergiften. Die Art der Herstellung unterscheidet sich leicht in Gallien, Spanien und anderen Ländern, und es wird unterschiedlich genannt, aber seine Natur und Eigenschaften sind überall dieselben. Die Menschen in Spanien insbesondere brauen dieses Getränk so gut, dass es eine lange Zeit haltbar ist. Die Menschen sind so außerordentlich durchtrieben darin, ihr übles Verlangen zu befriedigen, dass sie eine Methode erfunden haben, wie das Wasser selbst Vergiftungen erzeugen kann."

Die Qualität der spanischen Biere war im 16. Jahrhundert wohl gering, denn als Karl V. – der ganz gerne ein oder zwei Becher trank – König wurde, erließ er sofort ein Gesetz, das sicherstellen sollte, dass das Bier rein war.

Heute gibt es in Spanien neun große Brauereien. Die älteste ist Damm SA in Barcelona, gegründet 1876. Viele Kleinbrauereien mussten in den letzten Jahren infolge der immer größeren Konkurrenz der marktbeherrschenden spanischen und internationalen Unternehmen aufgeben. Die meisten größeren spanischen Brauereien stellen ausländisches Bier in Lizenz her. Es gibt aber dennoch einheimische Biere von guter Qualität – davon zeugen die Marken Alhambra, Cruzcampo, Estrella Damm, Mahou, San Miguel, Voll Damm und Zaragoza.

RUND UMS BIER

Produktionsmenge: 30 671 000 Liter pro Jahr

Pro-Kopf-Verbrauch: 75 Liter pro Jahr

Berühmte Brauereien: Damm; Grupo Cruzcampo; San Miguel

Berühmte Marken: Cruzcampo; Estrella Damm; Voll-Damm; San Miguel 1516

Cruzcampo

Cruzcampo ist das wichtigste Erzeugnis von Spaniens größter Brauerei. Sein feiner, trockener Hopfencharakter mit leicht saurer Zitrusnote wird durch eine dezent süße, körnige Mälze ausgewogen.

Das Unternehmen Crupo Cruzcampo entstand 1987 durch den Zusammenschluss mehrerer kleinerer regionaler Brauereien. Cruzcampo-Bier gibt es jedoch schon seit 100 Jahren: 1904 kam das erste Erzeugnis auf den Markt. Heute besitzt die Brauerei fünf Standorte in Andalusien, der Haupsitz ist Sevilla. Im Jahr 1991 wurde Cruzcampo von Guinness übernommen, um ein paar Jahre später an Heineken veräußert zu werden. Heineken sorgte dann für die Fusion mit El Aguila aus Madrid.

WISSENSWERTES

Brauerei: Grupo Cruzcampo
Standort: Sevilla, Andalusien
Sorte: Lager
Farbe: kräftiges Gelborange
Alkoholgehalt: 5 Vol.-%
Serviertemperatur: 6–8 °C
Passt gut zu: geräuchertem und getrocknetem Fleisch und Wurst

Estrella Damm

Damm braut die beliebtesten Biere der nordspanischen Region Katalonien, und Estrella Damm ist das Flaggschiff der Marke.

Dabei handelt es sich um ein weiches, süffiges helles Lager mit einer cremigen Krone. Es verfügt über eine Hopfenblumennote im Aroma und einen klaren, trockenen Geschmack, der in einen leicht bitteren Hopfenabgang übergeht. Der Hauptsitz der Brauerei ist in Barcelona, wo der aus dem Elsass stammende Auguste Kuentzmann Damm sie 1867 gründete. Auf der Flucht vor dem Krieg in seiner Heimat war er nach Spanien ausgewandert. Heute verfügt das Unternehmen über ein großes Netzwerk von Brauanlagen in ganz Spanien. Damm produzierte als erster Brauer in Spanien die neuen goldenen untergärigen Biere, die gegen Ende des 19. Jahrhunderts beliebt wurden.

WISSENSWERTES

Brauerei: Damm
Standort: Barcelona, Katalonien
Sorte: Lager
Farbe: Dunkelblond
Alkoholgehalt: 5,4 Vol.-%
Serviertemperatur: 5–7 °C
Passt gut zu: kaltem gekochtem Fleisch und Schinken

Voll-Damm

Voll-Damm ist ein starkes helles Märzen mit vollem Körper, tiefgoldener Farbe und einem reichen, fruchtigen Malzgeschmack, der an Trauben und Pflaumen erinnert.

Dieses Bier repräsentiert die deutschen Wurzeln des Unternehmens. Damm ist heute eine der größten Brauereien Spaniens mit einem florierenden Exportgeschäft. Die meisten Biere werden in der Brauerei La Bohemia in Barcelona produziert, in der Nähe der berühmten Kathedrale Sagrada Familia. Das Mälzen findet in der Mälzerei La Moravia statt, ebenfalls in Barcelona. Damm engagiert sich stark in der Kultur- und Sportszene Barcelonas und Spaniens. Im Jahr 1982 war die Brauerei Sponsor der Fußballweltmeisterschaft und ebenfalls bei den Olympischen Spielen 1992. Voll-Damm ist mit einem Alkoholgehalt von 7,2 Vol.-% eines der stärksten Biere der Brauerei.

WISSENSWERTES

Brauerei: Damm
Standort: Barcelona, Katalonien
Sorte: Märzen
Farbe: kräftiges Goldgelb
Alkoholgehalt: 7,2 Vol.-%
Serviertemperatur: 8 °C
Passt gut zu: geräuchertem Fisch

San Miguel 1516

San Miguel 1516 ist ein weiches, süffiges, hellgoldenes Lager mit malzigen Getreidearomen und Untertönen von Hopfen, Honig, Zitrusfrucht und Äpfeln.

Der leicht süße, malzige Gaumen wird durch eine moderate Hopfenbittere ausgewogen. Der Name 1516 verweist auf das Jahr, in dem der spanische König Karl V. erstmals deutsche Brauer nach Spanien einlud, um ihr Können einer Nation von Weintrinkern nahe zu bringen. Das San Miguel trägt zwar einen spanischen Namen, stammt aber vom spanischen Zweig des gleichnamigen Unternehmens auf den Philippinen, das seit 1890 in Manila Bier braut. Im Jahr 1946 wurde ein Tochterunternehmen in Spanien gegründet, das Spaniens führende Biermarke braut. Heute gehört es zu Kronenbourg.

WISSENSWERTES

Brauerei: San Miguel
Standort: Lerida, Katalonien
Sorte: Lager
Farbe: blasses Goldgelb
Alkoholgehalt: 5,4 Vol.-%
Serviertemperatur: 6–8 °C
Passt gut zu: deftigem Fischeintopf

Oben

Wie in den meisten Ländern gibt es auch in Frankreich eine marktführende Brauerei: das Unternehmen Brasseries Kronenbourg. Heute ist es Teil der riesigen schottischen Brauereigruppe Scottish & Newcastle. Ihr Lagerbier Kronenbourg 1664 ist weltweit ein Bestseller – aber es beweist auch, dass ein für den Massenmarkt produziertes Lager dennoch Premiumqualität haben kann.

Französisches und Luxemburger Bier

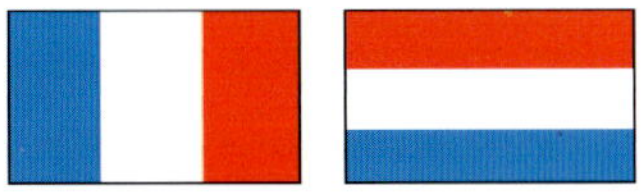

Wein spielt in der französischen Kultur eine so dominierende Rolle, dass man sich kaum vorstellen kann, dass die Franzosen jemals etwas anderes getrunken haben sollen. Tatsächlich waren die alten Gallier aber Brauer, und erst unter dem Einfluss der römischen Eroberer wurde dem Wein eine wichtige Rolle zuteil. Dennoch ist Nordfrankreich bis heute ein Zentrum der Braukunst geblieben.

OBEN
Frankreich kann auf eine lange Tradition des Bierbrauens zurückblicken. Viele künstlerisch sehr schöne Etiketten sind hier entstanden.

HEUTE WIRD IM GANZEN LAND BIER GETRUNKEN – auch wenn es hauptsächlich als Durstlöscher betrachtet wird und nicht das Ansehen genießt, das die Franzosen dem Wein entgegenbringen. Die meisten französischen Brauereien liegen im Elsass und nördlich von Paris. Der starke deutsche Einfluss auf die Ess- und Trinkkultur in diesen Regionen führt dazu, dass die meisten französischen Biere in der Tradition der deutschen Lagerbiere stehen: leicht, unkompliziert und erfrischend.

Die größte Brauerei Frankreichs ist Kronenbourg mit Sitz in Straßburg – ein Unternehmen, dessen stolze Geschichte bis ins Jahr 1664 zurückreicht. 1970 wurde Kronenbourg zusammen mit Kanterbräu von der BSN-Gruppe erworben. BSN wurde später Danone und ging 2002 an die britische multinationale Gruppe Scottish & Newcastle. Sie ist heute einer der größten Biererzeuger Europas, vor dem holländischen Giganten Heineken, dem mehrere bedeutende Marken wie „33", Pelforth und Fischer gehören. In Luxemburg produziert die Brasserie de Luxembourg Mousel-Diekirch vor allem leichte, süffige Lager.

In Frankreich ist nach dem Elsass Nord-Pas-de-Calais mit dem Zentrum Lille nahe der belgischen Grenze die nächstgrößere Bierregion. Der charakteristische Bierstil ist das *Bière de Garde* – wörtlich übersetzt: Bier zum Aufbewahren – ein starkes, obergäriges Bier, das seit jeher in den kalten Winter- und Frühjahrsmonaten in den Bauernhöfen gebraut, dann gelagert und erst im Sommer getrunken wurde. Vor allem die in den letzten Jahren neu entstandenen Kleinbrauereien in Frankreich brauen Bier in diesem Stil.

RUND UMS BIER

Produktionsmenge: 18 100 000 Hektoliter pro Jahr

Pro-Kopf-Verbrauch: 36 Liter pro Jahr

Berühmte Brauereien: Brasserie Castelain; Brasserie de Luxembourg Mousel-Diekirch; Brasserie Duyck; Brasseries Kronenbourg (Scottish & Newcastle); Brasserie Pietra; Brasserie Schutzenberger; Fischer (Heineken); Les Brasseurs de Gayant

Berühmte Marken: Jenlain; Fischer Tradition; Kronenbourg 1664; La Bio; Lutèce; Pietra; Premium Diekirch

Ch'ti Triple

Ch'ti ist ein Wort im Dialekt der Pikardie, mit dem ein Einheimischer bezeichnet wird. Es ist äußerst passend als Name für eine Reihe von Bieren der Brauerei Castelain in Bénifontaine, einem kleinen Ort nördlich von Lens. Die Tradition des Kohlebergbaus in diesem Ort wird durch einen Bergmann auf dem Flaschenetikett symbolisiert.

Die traditionellen *Bière-de-Garde*-Biere werden mit 100-prozentigem Malz gebraut und bis zu acht Wochen zur Reifung gelagert. Es gibt sie in mehreren, sehr unterschiedlichen Versionen. Das stärkste Bier im Sortiment, gewöhnlich ein obergäriges Bier, wird nach der belgischen Klassifikation als „triple" bezeichnet. Um ein solches handelt es sich bei dem Ch'ti Triple. Castelains Version ist jedoch wie alle Biere dieser Brauerei untergärig, obwohl es bei etwas höheren Temperaturen fermentiert wird als das typische Lager. Seine goldene Bernsteinfarbe erinnert an alten Rum, das Aroma ist duftig-blumig und der Geschmack fruchtig, mit einer Kirschnote über einer trockenen, nussigen Bittere.

Ch'ti Blonde ist ein weiches, ausgewogenes Lager mit einer Aprikosennote in Aroma und Geschmack und einem trockenen, nussigen Abgang. Ch'ti Ambrée ist eine dunklere Version des Blonde, mit einer kupferroten Farbe und einem weicheren Karamellgeschmack. Ch'ti Brune ist ein volles, dunkles, schokoladenfarbenes Bier mit einer Portweinnote, das Ch'ti Blanche dagegen ein würziges Weizenbier. Die Brauerei produziert auch Saisonbiere, darunter ein *Bière de Mars* im Stil eines deutschen Märzen oder Oktoberfestbiers.

WISSENSWERTES

Brauerei: Brasserie Castelain
Standort: Bénifontaine, Nord-Pas-de-Calais
Sorte: Bière de Garde
Farbe: goldene Bernsteinfarbe
Alkoholgehalt: 7,5 Vol.-%
Serviertemperatur: 10–13 °C
Passt gut zu: frischem, scharfem, mit Kräutern gewürztem Käse

Jade La Bio

Die zunehmende Beliebtheit von biologischen Produkten in Frankreich macht sich auch beim Bier bemerkbar.

Dieses Bier von Castelain im nordfranzösischen Bénifontaine gehört zu den Marktführern. Dass es ein biologisches Bier ist, zeigt das grüne „AB“-Logo auf dem Etikett. Es handelt sich um ein süffiges, untergäriges helles Lager, das gefiltert, jedoch nicht pasteurisiert ist, mit frischen Kräuteraromen und einem erfrischenden Hopfengeschmack. Jade gibt es in einer kleinen Flasche mit Kronkorken oder in einer größeren, champagnerartig verkorkten Flasche.

WISSENSWERTES

Brauerei: Brasserie Castelain
Standort: Bénifontaine, Nord-Pas-de-Calais
Sorte: Lager
Farbe: helles Goldgelb
Alkoholgehalt: 4,6 Vol.-%
Serviertemperatur: 7–8 °C
Passt gut zu: gegrilltem Fisch oder Huhn

Jenlain

Das obergärige Flaggschiff-Bier der Brauerei Duyck ist eine nicht pasteurisierte Flaschengärung, die ganze 40 Tage reift.

Im Aroma sind fruchtige Malze und gebranntes Karamell vorherrschend, mit einem Hauch von Würze und grasigem Hopfen. Es fühlt sich weich und cremig an und ist leicht moussierend. Der süße, malzige, reife Melonengeschmack geht in einen trockenen, würzigen Abgang mit leicht hopfigem Biss über. Die Brauerei produziert auch eine helle Version dieses Biers, Jenlain Blonde, und für jene, die es etwas exotischer lieben, zwei Varianten mit Geschmackszusatz: La J Absinthe mit leichtem Anisgeschmack, und La J Gingembre (Ingwer) mit einer würzigen Zitronennote. Ein weiteres Produkt von Duyck ist das in einer korsischen Tradition stehende Torra, das in zwei Geschmacksrichtungen erhältlich ist: mit Beeren vom Erdbeerbaum oder mit Myrthe. Außerdem produziert Duyck ein Bio-Weizenbier, La Fraîche de l'Aunelle, benannt nach dem Fluss, der durch den Ort fließt, und Saint Druon, ein Bier im Klosterbier-Stil, das den Namen der Kirche im benachbarten Sebourg trägt.

WISSENSWERTES

Brauerei: Brasserie Duyck
Standort: Jenlain, Nord-Pas-de-Calais
Sorte: Bière de Garde
Farbe: Bernsteinrot
Alkoholgehalt: 6,5 Vol.-%
Serviertemperatur: 6–8 °C
Passt gut zu: herzhaften Eintöpfen

Adelscott

Obwohl die französische Brauindustrie nicht als sehr innovativ gilt, war das Anfang der 1980er-Jahre herausgebrachte Adelscott eine wegweisende Pionierleistung für einen neuen Bierstil.

Im Grunde ist es ein einfaches untergäriges Lager, das aus einer Kombination verschiedener Malze und Mais gebraut ist – was es aber so besonders macht, ist die Verwendung von torfgeräucherten Whiskymalzen. Diese verleihen dem Bier einen rauchigen Torfgeschmack, der, wenig überraschend, an verdünnten Scotch Whisky erinnert. Die Rauchigkeit ist im trocken-erdigen Aroma am stärksten. Der Geschmack ist weniger trocken und hat eine leichte, cremige, malzige Süße. Trotz des ungewöhnlichen Geschmacks ist dieses Bier leicht. Das Schwesterbier, Adelscott Noir, ist eine viel dunklere – tatsächlich fast schwarze – Version des Adelscott mit einer hellen, cremigen Krone, einem volleren Geschmack und einem trocken-bitteren Abgang.

Heute wird das Adelscott, das ursprünglich von der Adelshoffen-Brauerei in Schiltigheim gebraut wurde, von Fischer produziert, das zur Heineken-Gruppe gehört. Fischer braut auch andere ungewöhnliche Biere wie das Desperados, ein Lager im mexikanischen Stil mit einem Schuss Tequila, oder das Kriska, dem Wodka zugegeben wurde. Manche dieser Biere stehen den augenblicklich modernen „Alkopops" wie dem Bacardi Breezer näher als der ehrwürdigen Biertradition. Übrigens hat das beliebte Adelscott Nachahmer gefunden, wie zum Beispiel das Pelforth Amberley.

WISSENSWERTES

Brauerei: Fischer (Heineken)
Standort: Schiltigheim, Elsass
Sorte: Rauchbier
Farbe: dunkle Bernsteinfarbe
Alkoholgehalt: 6,6 Vol.-%
Serviertemperatur: 9 °C
Passt gut zu: geräuchertem Fisch, insbesondere Lachs

Fischer Tradition

Fischer Tradition ist das Flaggschiff-Bier der Brauerei Fischer in Straßburg und im typischen Elsässer Stil der blonden Lager gebraut. Es wird in einer schönen geprägten Flasche mit Keramik-Bügelverschluss verkauft.

Das Bier hat eine dicke, cremige Krone und entwickelt ein leichtes, malziges Aroma. Wenig Kohlensäure gibt seinem leichten Körper etwas Gewicht, und der Geschmack ist süß und erfrischend fruchtig. Fischer Tradition gibt es auch in einer Amber-Version. Recht neu ist Pêcheur, ein authentisch körniges, fruchtiges Pilsner mit einem prickelnden, reinen Geschmack.

WISSENSWERTES

Brauerei: Fischer (Heineken)
Standort: Schiltigheim, Elsass
Sorte: Lager
Farbe: sonniges Goldgelb
Alkoholgehalt: 6 Vol.-%
Serviertemperatur: 6 °C
Passt gut zu: einfachen Pasta-Gerichten

Lutèce

Lutèce ist benannt nach Lutetia, dem alten lateinischen Namen für Paris. Obwohl dieses vollmalzige Bier als *Bière de Garde* klassifiziert ist, trägt es den Untertitel „Bière de Tradition Parisienne". Das Etikett zeigt eine Stadtansicht von Paris mit der Kirche Notre-Dame.

Dieses bernsteinfarbene untergärige Bier ähnelt dem typischen Wiener Lager und hat ein süßes, malziges Aroma mit Spuren von Whisky, Butterscotch und Karamell. Diese setzen sich auf dem Gaumen fort, wo ein fruchtiger, malziger Geschmack vorherrscht, der an Birne, Aprikose und Pfirsich erinnert. Lutèce hat einen Hauch Hopfenbittere im Nachgeschmack und eine alkoholische Wärme.

WISSENSWERTES

Brauerei: Les Brasseurs de Gayant
Standort: Douai, Nord-Pas-de-Calais
Sorte: Bière de Garde
Farbe: Bernsteinrot
Alkoholgehalt: 6,4 Vol.-%
Serviertemperatur: 6–8 °C
Wird gereicht als: Aperitif

Bière du Démon

1981 erstmals gebraut, war Bière du Démon der Anwärter mit den besten Aussichten auf den Titel des stärksten Biers der Welt – bis zur Einführung von Belzebuth durch die benachbarte Brauerei Grain d'Orge und des Samichlaus, das in der Schweiz von Hurlimanns gebraut wird.

Nichtsdestoweniger behauptet es, das stärkste Lagerbier zu sein, und wird von all denen geschätzt, die teuflisch starke Biere mögen. Das Aroma ist durchdringend malzig, während im Geschmack der Alkohol dominiert, der ihm eine feurige Trockenheit verleiht, mit einer Honignote im Unterbau. Das Unternehmen Les Brasseurs de Gayant entstand 1919 durch den Zusammenschluss von vier kleinen Privatbrauereien. Der Name Gayant ist einer Familie von Riesen in einer volkstümlichen Sage entlehnt. Diese treten auch jedes Jahr am 16. Juni in einer Prozession zu Ehren von Sankt Maurand, dem Schutzheiligen der Stadt Douai, auf. Am Hauptstandort der Brauerei gibt es eine Kleinbrauerei, in der neue Biere entwickelt werden. Alle drei Jahre kommt ein neues Produkt auf den Markt. Wie Fischer produziert auch Gayant ein Bier mit Tequila – das Teqeiros – sowie ein blondes Lager mit einem Schuss Grand Marnier namens Madison. Konventioneller ist das Klosterbier Abbaye de Saint-Landelin und ein frisches Weizenbier, das Amadeus heißt.

WISSENSWERTES

Brauerei: Les Brasseurs de Gayant
Standort: Douai, Nord-Pas-de-Calais
Sorte: Strong Lager
Farbe: helles Gold
Alkoholgehalt: 12 Vol.-%
Serviertemperatur: 12 °C
Passt gut zu: Desserts

Belzebuth Pur Malt

Nicht ohne Grund ist dieses Bier nach dem Teufel benannt, denn Belzebuth gehört zu den stärksten Bieren der Welt. Und dies, obwohl der Alkoholgehalt von anfänglich 15 auf 13 Vol.-% leicht reduziert wurde. Der Zusatz „reines Malz“ auf dem Etikett weist darauf hin, dass es nur mit Malz und ohne Zusatz von Zucker oder Mais gebraut wird. Dies bedeutet, dass der gesamte Alkohol durch die Vergärung von Malzzucker entsteht. Während die goldene Farbe dem Bier das Aussehen eines Lagers gibt, handelt es sich tatsächlich um ein obergäriges Bier. Überraschenderweise ist das Ergebnis nicht ganz so dick und schwer, wie man vermuten könnte. Das Belzebuth Pur Malt ist ein äußerst weiches Bier.

Im Antrunk hat der Geschmack eine heftige Bonbon-Süße, während der hohe Alkoholgehalt ihm einen trockenen, würzig-scharfen Abgang verleiht. Gegründet im Jahre 1898, firmierte die Brauerei von 1927 bis 2002 als Jeanne d'Arc, nahm aber ihren ursprünglichen Namen, Grain d'Orge (zu Deutsch: Gerstenkorn), wieder an, als sie vom ehemaligen Präsidenten des Konkurrenten Gayant übernommen wurde. Die älteste Brauerei in der Region von Lille ist heute auch eine der größten, die außerdem das Weizenbier Grain d'Orge Blanche sowie das obergärige Secret des Moines braut, das mit einer geheimen, Koriander enthaltenden Würzmischung veredelt wird.

WISSENSWERTES

Brauerei: Brasserie Grain d'Orge
Standort: Ronchin, Nord-Pas-de-Calais
Sorte: Spezialbier
Farbe: Gold
Alkoholgehalt: 13 Vol.-%
Serviertemperatur: 10 °C
Ideal als: Aperitif oder zu Fleischgerichten

Kronenbourg 1664

Als 1952 zur Krönung der englischen Königin ein neues Bier herausgebracht wurde, nannte Kronenbourg es nach dem Jahr, in dem der junge Jérôme Hatt sein Brauereidiplom erhielt und seine erste Brauerei – die Kronenbourg-Brauerei – im Zentrum von Straßburg gründete.

Dieses starke, traditionelle Lager erhält durch eine ausgedehnte Reifeperiode ein Aroma aus grünem, blättrigem Hopfen, Malz und blumiger Hefe, neben Pflaumen-, Aprikosen- und Honignoten. Es ist weich und dicht auf dem Gaumen, mit einem ausgewogenen Geschmack reifer Früchte, die in einem angenehmen, bitterblumigen Hopfenabgang enden. Zu den Varianten der 1664-Reihe gehören 1664 Brune, ein reifes Brown Ale, das mit drei Arten von Malz gebraut wird; Fleur de Houblon, das den sehr aromatischen Strisselspalt-Hopfen aus dem Elsass enthält; sowie Rhum Spirit mit einer Dosis Rum. Der Name Kronenbourg geht auf das Jahr 1947 zurück, als ein Nachfahre von Jérôme Hatt, der ebenfalls Jérôme mit Vornamen heißt, dem berühmten Tigre Bock Bier den Namen des Straßburger Viertels Cronenbourg gab, in dem die Brauerei damals ihren Sitz hatte, jedoch die Schreibweise leicht änderte. Heute ist Kronenbourg bei weitem die größte Brauerei Frankreichs, mit einer Produktion von 8,5 Millionen Hektolitern Bier pro Jahr, was 40 % des heimischen Marktes entspricht. Seit Juli 2000 gehört das Unternehmen zu Alken-Maes, einem Teil der gigantischen Brauereigruppe Scottish & Newcastle.

WISSENSWERTES

Brauerei: Brasseries Kronenbourg (Scottish & Newcastle)
Standort: Straßburg, Elsass
Sorte: Premium Lager
Farbe: Dunkelgold
Alkoholgehalt: 5,9 Vol.-%
Serviertemperatur: 9–10 °C
Wird gereicht als: Aperitif

Tourtel

Tourtel ist ein alkoholfreies Bier, das dieselben Qualitäten wie ein normales Bier für sich beansprucht. Es wird mit reinem Malz gebraut und großzügig gehopft.

Der Name stammt von den innovativen Tourtel-Brüdern Jules und Prosper, den Eigentümern der Brauerei in Tantonville bei Nancy, wo Louis Pasteur erstmals beobachtete, welche Rolle die Hefe bei der Gärung spielt. Das Bier hat ein delikates, körnig-malziges Hopfenaroma mit einem Hauch Zitrone und Honig. Es fühlt sich weich, leicht und etwas moussierend an, und der Geschmack ist zwischen Süße und Bittere gut ausgewogen. Tourtel gibt es auch in einer dunklen Variante mit einer dicken, cremigen Krone und einem vollen, süßen und leicht bitteren Geschmack.

WISSENSWERTES

Brauerei: Brasseries Kronenbourg (Scottish & Newcastle)
Standort: Straßburg, Elsass
Sorte: leichtes Lager
Farbe: Strohgelb
Alkoholgehalt: 0,5 Vol.-%
Serviertemperatur: 6 °C
Passt gut zu: gedämpftem Fisch oder Huhn

Pietra

Pietra wird seit 1996 in der gleichnamigen Brauerei in der korsischen Stadt Furiani gebraut. Der Name ist von dem winzigen Bergdorf Pietraserena abgeleitet worden.

Der Hopfen dominiert das Aroma und auch auf dem Gaumen, wo er einen trockenen, harzigen Geschmack und einen anhaltend bitteren Abgang erzeugt. Die eindeutig korsische Identität dieses Biers entsteht durch die Walnussblüte, die für einen Blumengeschmack und eine subtile Nussnote sorgt. Ein weiteres Bier in dem kleinen Sortiment der Brauerei ist Colomba, ein mit Wacholder gewürztes Weizenbier.

WISSENSWERTES

Brauerei: Brasserie Pietra
Standort: Furiani, Korsika
Sorte: Lager
Farbe: hellgoldene Bernsteinfarbe
Alkoholgehalt: 6 Vol.-%
Serviertemperatur: 7–8 °C
Passt gut zu: Wildgerichten wie Fasanenbraten

Schutzenberger La Bio

Die noch heute unabhängige Brauerei in Schiltigheim, deren Geschichte bis auf das Jahr 1740 zurückgeht, hieß ursprünglich Brasserie Royale und besaß als einzige das Recht, den königlichen Hof mit Bier zu beliefern.

Nach der Französischen Revolution änderte die Brauerei ihren Namen in Brasserie de la Patrie. Ihren heutigen Namen erhielt sie, als sie 1866 den Standort bezog, an dem sie sich noch immer befindet. Ihr Bio-Bier La Bio ist ein ungefiltertes und naturtrübes helles Lager mit roter Frucht und Karamell im Aroma und einem malzigen Karamellgeschmack, der gegen eine leichte Hopfigkeit ausgewogen ist. Zu der vielfältigen und interessanten Produktpalette der Brauerei gehört ein seltenes Beispiel für ein französisches Bockbier namens Jubilator, und das mit Kirschen aromatisiete Bière à la Griotte.

WISSENSWERTES

Brauerei: Brasserie Schutzenberger
Standort: Schiltigheim, Elsass
Sorte: Lager
Farbe: opakes Gold
Alkoholgehalt: 5 Vol.-%
Serviertemperatur: 7 °C
Passt gut zu: Fleischgerichten

Premium Diekirch

Premium Diekirch ist ein Standard-Pilsener mit weichbitterem Geschmack und weicher Textur.

Es gehört zu den führenden Biermarken Luxemburgs und wurde ursprünglich von der Brauerei Diekirch gebraut, die 1871 durch den Zusammenschluss von drei kleineren Brauereien in der gleichnamigen Stadt entstand. Im Jahr 1999 fusionierte Diekirch mit einem der größten Konkurrenten, der Brauerei Mousel aus Clausen. Die Brauerei Mousel wurde geschlossen, und ihre Biere werden nun in Diekirch gebraut. Das neu strukturierte Unternehmen produziert heute über die Hälfte aller Luxemburger Biere.

WISSENSWERTES

Brauerei: Brasserie de Luxembourg Mousel-Diekirch
Standort: Diekirch, Luxemburg
Sorte: Lager
Farbe: Goldgelb
Alkoholgehalt: 4,8 Vol.-%
Serviertemperatur: 6–8 °C
Passt gut zu: Huhn oder Schweinesteaks vom Grill

Premium Pils Mousel

Die Brauindustrie in Luxemburg erreichte in den 1860er-Jahren mit etwa 35 Brauereien ihren Höhepunkt.

Obwohl das Land zwischen zwei der weltgrößten Bierproduzenten liegt – Deutschland und Belgien –, gibt es in Luxemburg heute immerhin noch zehn Brauereien. Bis zu ihrer Schließung im Jahr 1999 war Mousel (mit vollem Namen Les Brasseries Réunies de Luxembourg Mousel et Clausen) eine der ältesten. Gegründet im Jahr 1511, stand die Brauerei am Standort der Abtei von Altenmünster. Ihre Biere werden heute von Diekirch gebraut – ein einfaches, leichtes Premium Pils und ein ungefiltertes Zwickelbier.

WISSENSWERTES

Brauerei: Brasserie de Luxembourg Mousel-Diekirch
Standort: Diekirch, Luxemburg
Sorte: Lager
Farbe: Goldgelb
Alkoholgehalt: 4,8 Vol.-%
Serviertemperatur: 6–8 °C
Passt gut zu: Gerichten mit Meeresfrüchten

Oben

Belgien ist die Heimat weltweit beliebter Biere. Hier werden Ale-, Porter- und Lagersorten gebraut, die den Kenner erfreuen. Die Bars, in denen man diese Biere trinkt, sind nicht selten so außergewöhnlich wie die Getränke selbst: oft mehr als 100 Jahre alt, schwach beleuchtet – häufig ausschließlich mit Kerzenlicht – und nur mit wenigen Stühlen für eine Hand voll Gäste ausgestattet.

Belgisches Bier

In Belgien gibt es mehr Biersorten und -stile als in jedem anderen Land der Welt. Nicht zuletzt ist Belgien für seine authentischen Trappistenbiere berühmt, die unter strengen Bedingungen in sechs Klöstern gebraut werden – Chimay, Orval, Rochefort, Westvleteren, Westmalle und Achel. Nur diese Biere dürfen den Namen „Trappisten“ auf dem Etikett führen.

Oben
Belgiens Brauer sind mit Recht stolz auf die überwältigende Vielfalt von Bieren, die in ihrem Land produziert und in die ganze Welt exportiert werden. Belgien ist Reiseziel Nummer eins für alle Bierliebhaber.

ABER BELGIEN HAT AUSSERDEM die bemerkenswerteste Biersorte der Welt hervorgebracht, die aufgrund ihrer besonderen Natur nirgendwo anders nachgeahmt werden kann. Es sind die Lambic-Biere, die durch die Einwirkung wilder Hefen in der Luft spontan gären. Diese Hefen gibt es nur im Payottenland westlich von Brüssel. Der Ursprung dieser Biere geht viele tausend Jahre und bis zu den Anfängen des Brauens zurück. Die Stammwürze wird dabei über Nacht in offenen Tanks der natürlich vorkommenden Hefe ausgesetzt. Sie fermentiert anschließend bis zu zwei Jahren in Eichenfässern und sorgt so für ein Bier von unglaublicher Tiefe und Komplexität. Von Braumeistern wird es mit anderen Lambics und in manchen Fällen, zur Produktion des Gueuze, mit Fruchtaromen gemischt.

Obwohl die belgische Brauindustrie dynamisch ist, unterliegt sie denselben Globalisierungstendenzen, die auch in vielen anderen Ländern dafür gesorgt haben, dass die Bierproduktion von wenigen Brauereigiganten dominiert wird. Den bei weitem größten Anteil an der belgischen Brauindustrie hält Interbrew, das 1988 durch den Zusammenschluss von Artois (Hersteller von Stella Artois) und Piedboeuf (Hersteller von Jupiler) entstand. Seit der Fusion mit AmBev in Brasilien im Jahr 2004 behauptet Interbrew von sich, nach Volumen der weltgrößte Bierproduzent zu sein. Das zweite große Unternehmen in Belgien ist die britische Gruppe Scottish & Newcastle, die 1988 Belgiens zweitgrößte Brauereigruppe, Alken-Maes, übernommen hat.

Dennoch gibt es positive Entwicklungen auf dem belgischen Biermarkt. Die Zahl der Brauereigründungen übersteigt die der Schließungen, und man kann zuversichtlich sein, dass die kleinen Brauer ihre Nische finden und behaupten können, solange sich die Bierliebhaber Belgiens (und anderer Länder) für die vielen einzigartigen belgischen Biere begeistern.

RUND UMS BIER

Produktionsmenge: 15 650 000 Hektoliter pro Jahr

Pro-Kopf-Verbrauch: 98 Liter pro Jahr

Berühmte Brauereien: Artois; Brasserie du Bocq; Brasserie de Rochefort; Brouwerij Duvel Moortgat NV; Brouwerij van Hoegaarden; Lindemans Farm Brewery; NV Brouwerijen Alken-Maes Brasseries SA

Berühmte Marken: Duvel Verde; Grimbergen Blonde; Hoegaarden; La Gauloise Blonde; Lindemans Gueuze; Leffe Brune; Mort Subite; Satan Gold; Stella Artois

Abbaye des Rocs

Diese kleine kommerzielle Brauerei mit Standort in einem pittoresken Dorf nahe der französischen Grenze ist nach den Ruinen einer nahe gelegenen Abtei benannt.

Die Brauerei produziert seit 1979 charaktervolle, starke Biere verschiedener Stile. Flaggschiff ist das zweifach vergorene Belgian Abbey Double, das mit sieben Malzsorten gebraut sowie mit belgischem, deutschem und tschechischem Hopfen gewürzt wird. Reich und malzig mit komplexen, subtilen Rotweincharakteristika, einem süß-fruchtigen Aroma und einem scharfen Gaumen hat es Spuren von gebranntem Holz, dunkler Frucht und bitterem Hopfen. Die Brauerei produziert auch das starke, ungefilterte Weizenbier Blanche des Honelles, bemerkenswert durch die Verwendung von Hafermalz, Weizen und Gerste.

WISSENSWERTES

Brauerei: Brasserie de l'Abbaye des Rocs SA
Standort: Montignies-sur-Roc, Hennegau
Sorte: Belgisches Abteibier Double
Farbe: dunkles Rotbraun
Alkoholgehalt: 9 Vol.-%
Serviertemperatur: 14 °C
Passt gut zu: Obstkuchen mit kräftigem Geschmack

La Chouffe Blonde

Die Brauerei Achouffe, gegründet 1982, war zunächst nur das Hobby von Pierre Gobron und Chris Bauweraerts.

Doch 1984 gab Pierre seinen Job auf, um ganz in der Brauerei zu arbeiten. Chris, sein Schwager, folgte 1988, und bald wurde ihr Geschäft national und international ein Riesenerfolg. La Chouffe Blonde ist ein nicht pasteurisiertes, starkes goldenes Strong Ale in Flaschengärung, das mit Koriander gewürzt wird und durch leichte Hopfung einen erfrischenden Geschmack erhält. Weitere Produkte sind das starke Dark Ale McChouffe, das zwar einen schottisch klingenden Namen hat, aber wenig mit den in Belgien beliebten „Scotch" Ales gemeinsam hat, und Esprit d'Achouffe, ein Schnaps, der aus fünf Jahre altem Bier destilliert wird.

WISSENSWERTES

Brauerei: Brasserie d'Achouffe
Standort: Achouffe
Sorte: goldenes Ale
Farbe: goldene Bernsteinfarbe
Alkoholgehalt: 8 Vol.-%
Serviertemperatur: 12 °C
Passt gut zu: scharfen, pikanten Gerichten

Leffe Brune

WISSENSWERTES

Brauerei: Abbaye de Leffe SA
Standort: Leffe, Namur
Sorte: Belgisches Abteibier, braunes Ale
Farbe: Braun
Alkoholgehalt: 6,5 Vol.-%
Serviertemperatur: 10 °C
Passt gut zu: herzhaftem Fleischauflauf

Leffe-Biere gibt es in vier Sorten. Die beliebteste ist Leffe Brune, ein braunes Ale mit robustem Geschmack, reichem Röstmalzaroma mit Schokoladen- und dunklen Fruchtnoten sowie einem leicht süßen, an Trauben erinnernden Abgang, der durch eine scharfe Hopfentrockenheit ausgewogen wird.

Die Marke Leffe ist unter den belgischen Abteibieren die bekannteste. Anders als die authentischen Trappistenbiere handelt es sich hier nicht wirklich um Klosterprodukte. Die Leffe-Biere werden von einer Brauerei in Lizenz produziert, und der Erlös wird zwischen Brauerei und Abtei geteilt. Die Abtei Notre Dame de Leffe wurde 1152 in der Stadt Dinant nahe Namur gegründet. Seit dem 13. Jahrhundert wurde hier Bier gebraut, die Produktion aber infolge der Französischen Revolution eingestellt.

In den 1950er-Jahren wurde Leffe erstmals von einem lokalen Brauer erzeugt. Heute werden die Biere von der zu Interbrew gehörenden Brauerei Artois in Leuven bei Brüssel gebraut. Von den anderen drei Leffe-Bieren ist Leffe Blonde das bedeutendste: ein hellgoldenes Ale mit köstlich würzig-fruchtigem Aroma, einem cremig-weichen Körper mit starker Orangenfruchtnote und würzigem Hopfen auf dem Gaumen. Der Abgang ist lang und trocken. Leffe Triple ist stärker, mit einem vollen Nachgeschmack aus würzigem Koriander und Orange, und das seltene Leffe Radieuse – auch bekannt als Vieille Cuvée – ist ein reiches, komplexes Bier mit Bananen-, Zitrusfrucht-, Koriander- und Nelkennoten in Aroma und Geschmack.

Stella Artois

Dieses Bier, das von der Brauerei Artois in Leuven in der Nähe von Brüssel gebraut wird, gehört zu den bekanntesten Lagerbiermarken der Welt. Es ist ein vollmalziges, untergäriges Pilsener mit vollem Körper und ausgewogenem Charakter. Der leichte, erfrischende Geschmack straft seine Stärke Lügen.

Die Wurzeln von Stella Artois reichen bis ins Jahr 1366 zurück. Damals wurde die Brauerei Den Horen in Leuven gegründet. Auf diesen Namen (zu Deutsch: Das Horn) wird mit der Darstellung eines Jagdhorns auf dem Etikett von Stella Artois noch heute Bezug genommen. Im Jahr 1708 wurde Sebastien Artois Braumeister von Den Horen. Neun Jahre später kaufte er die Brauerei und gab ihr seinen Namen, und seither führte seine Familie die Tradition des Braumeisters fort. Im Ersten Weltkrieg wurde die alte Brauerei durch Artilleriefeuer zerstört, jedoch an derselben Stelle wieder aufgebaut. Im Jahr 1926 kam dann das bekannteste Produkt der Brauerei namens Stella heraus – das ist lateinisch und bedeutet „Stern".

Ursprünglich als Weihnachtsbier gedacht, wird Stella Artois mit Wasser gebraut, das ein Brunnen tief unter der Brauerei liefert, und mit einem einzigartigen Hefestamm fermentiert. Eine zweite Braustätte wurde 1948 errichtet, und das Unternehmen wuchs weiter. Durch die Fusion mit der Brauerei von Jean-Theodore Piedboeuf 1987 entstand Interbrew, das Stella Artois weltweit in über 80 Ländern vermarktet.

WISSENSWERTES

Brauerei: Artois
Standort: Leuven, Brabant
Sorte: starkes Lager im Pilsener Stil
Farbe: helles Gold
Alkoholgehalt: 5,2 Vol.-%
Serviertemperatur: 6 °C
Passt gut zu: frittiertem oder gegrilltem Fisch

Maes Pils

Die Brauerei Maes entstand 1880, als der ehrgeizige Egid Maes die kränkelnde Brauerei Sint Michäel de Waarloos übernahm.

Die Brauerei stellte vor allem Ales her, bis sie 1946 das Maes Pils herausbrachte, ein leichtes, prickelndes Lagerbier mit reifem Geschmack. Die Geschichte von Maes ist sehr bewegt. Im Jahr 1988 fusionierte Maes mit Alken, der Brauerei, die 1929 mit dem Cristal Alken das erste Pilsner herausgebracht hatte, das in Belgien gebraut wurde. Das neue Unternehmen, Alken-Maes, blieb bis 1993 in der Hand der Familie Maes. Seit 2000 gehört es jedoch zu Scottish & Newcastle.

WISSENSWERTES

Brauerei: Brouwerij Alken-Maes
Standort: Alken, Limburg
Sorte: Lager im Pilsener Stil
Farbe: blasses Gelbgold
Alkoholgehalt: 4,9 Vol.-%
Serviertemperatur: 6–8 °C
Passt gut zu: gegrilltem Fisch und Meeresfrüchten

Bavik Wittekerke

Dieses traditionelle goldene Weizenbier ist nach einer beliebten Seifenoper benannt, die im flämischen Fernsehen lief und in dem fiktiven Dorf Wittekerke spielte. Das Bier wurde als Marketingartikel zur TV-Serie kreiert.

Wittekerke ist nach einer althergebrachten Methode gebraut, bei der ein Anteil Hafermalze sowie Gerste und Weizen verwendet werden, die dem Bier einen weicheren, volleren Körper und etwas mehr Süße verleihen. Es hat ein duftig-fruchtiges Aroma, mit einer Mischung aus Curaçao-Orangen- und Koriandernote, während der Geschmack auf dem Gaumen mit fruchtigen Malzen wohl ausgewogen ist, die mit der subtilen Bittere kontrastieren.

WISSENSWERTES

Brauerei: Brouwerij Bavik
Standort: Bavikhove, Westflandern
Sorte: Belgisches Witbier/ Weizenbier
Farbe: sonniges Gelbgold
Alkoholgehalt: 5 Vol.-%
Serviertemperatur: 9–10 °C
Passt gut zu: Pasta

Bavik Petrus Winterbier

Petrus heißen die obergärigen Ales der Brauerei Bavik, wie auch dieses Saisonbier, das im November gebraut wird. Das Aroma ist weich und malzig, mit einer feinen Röstnote und leicht süßem Charakter, während ein hoher Kohlensäuregehalt ihm einen champagnerähnlichen Stil verleiht.

Die Würzmischung, die für dieses Bier verwendet wird, zeigt sich subtil auf dem Gaumen. Sie wird mit einer zitronigen Hopfentrockenheit und Karamellmalzsüße ausgewogen. Außer diesem Saisonbier produziert Bavik vier weitere Ales unter der Marke Petrus. Der Name wurde von dem berühmten Grand-Cru-Wein aus dem französischen St. Emilion in der Nähe von Bordeaux übernommen. Das erste Petrus war Oud Bruin, ein volles, dunkles Rotbier, das aus einer Mischung hergestellt wird, die aus braunem Ale und einem Bier besteht, das zwei Jahre in Eichenfässern reifen konnte. Oud Bruin hat einen leicht sauren, weinartigen Charakter, und mit einem Alkoholgehalt von 5,5 Vol.-% ist es ein relativ leichter, erfrischender Durstlöscher. Es kam 1975 heraus und sollte das Geschäft der Brauerei wieder ankurbeln, das unter der starken Konkurrenz gelitten hatte. Glücklicherweise wurde das Bier sofort ein Erfolg. So konnte Bavik 1994 sein 100-jähriges Bestehen feiern. Seit vier Generationen, seit der Gründung durch den Landwirt Adolphe De Brabandere, war die Brauerei im Besitz der Familie De Brabandere. Ein weiteres Petrus-Bier ist ein traditionelles, bernsteinfarbenes Ale namens Speciale, sowie ein elegantes blondes Triple. Das in Eichenfässern gereifte braune Ale, das die Basis des Oud Bruin bildet, wird auch in Fässern in die USA exportiert, wo es in ungemischter Form verkauft wird.

WISSENSWERTES

Brauerei: Brouwerij Bavik
Standort: Bavikhove, Westflandern
Sorte: starkes Strong Ale
Farbe: Rotbraun, Kupfer
Alkoholgehalt: 6,5 Vol.-%
Serviertemperatur: 8–10 °C
Passt gut zu: herzhaften Suppen oder Grillfleisch

Block Satan Gold

Die lange und illustre Geschichte der Familie De Block reicht bis ins 14. Jahrhundert zurück, als Henricus De Bloc das Recht verliehen wurde, für den Herzog von Brabant und Burgund Bier zu brauen. Die heutige Brauerei wurde jedoch erst 1887 durch seinen Nachfahren Louis De Bloc in dem kleinen Ort Peizegem nordwestlich von Brüssel, im flämischsprachigen Teil von Brabant, gegründet.

Die Brauerei stellt aktuell vier reguläre Biere her. Am beliebtesten sind die beiden Biere der Marke Satan. Satan Gold ist ein starkes blondes Ale, das durch eine Mischung heller Malze einen weichen, fruchtigen Charakter erhält, der durch einen Hauch Hopfen- und Gewürzbittere ausgewogen wird. Satan Red verwendet dunkle Malze, die mit der gleichen Würzmischung und duftigem Hopfen ein ausgewogenes dunkles Ale mit cremiger Textur und frischem Geschmack ergeben. Triple Abbeybeer Dendermonde ist in der belgischen Art der starken, hellgoldenen Biere gebraut und hat einen vollen Malzkörper, während Kastaar ein altmodisches, braunes Ale mit wenig Alkohol und einem erfrischend bitteren Geschmack ist, der durch süß-fruchtige Malze und einen Hauch Koriander ausgewogen wird. Sein Name geht auf ein altes flämisches Wort zurück, das „starker Kerl" bedeutet.

WISSENSWERTES

Brauerei: Brouwerij De Block-Joostens
Standort: Peizegem, Flämisch Brabant
Sorte: starkes Belgisches Pale Ale
Farbe: goldene Bernsteinfarbe
Alkoholgehalt: 8 Vol.-%
Serviertemperatur: 8–10 °C
Passt gut zu: Pizza oder scharfen mexikanischen Gerichten

La Binchoise Bière des Ours

Die Kleinbrauerei Binchoise wurde 1987 in der Stadt Binche zwischen Mons und Charleroi gegründet. Außer zwei klassischen starken, würzigen Ales, einem Blonde und einem Brune, produziert die Brauerei auch ein starkes dunkles Ale, das „Bärenbier", dem vor der Gärung Honig zugegeben wird.

Der Honig verleiht dem Bier nicht nur einen reifen, weichen Charakter, sondern sorgt auch für zusätzliche Gärzucker, die in Alkohol umgewandelt werden. Das Bier der Marke Bière des Ours ist unter dem Namen Berenbier im flämischen Norden Belgiens sowie in den Niederlanden erhältlich. Weitere Biere von Binchoise sind das Rose, ein Sommer-Ale mit Himbeergeschmack, sowie das stark aromatische Weihnachtsbier Spéciale Noël.

WISSENSWERTES

Brauerei: Brasserie La Binchoise
Standort: Binche, Hennegau
Sorte: starkes dunkles Ale
Farbe: goldene Bernsteinfarbe
Alkoholgehalt: 8 Vol.-%
Serviertemperatur: 10 °C
Passt gut zu: Enten- oder Wildbraten

Blanche de Namur

Blanche de Namur ist ein mildes, erfrischendes, goldenes Weizenbier mit einem weichen, fruchtigen Geschmack und einem Hauch von Koriander und Bitterorange.

Es gehört zum regulären Sortiment der Brauerei Du Bocq, deren Anfang bis ins Jahr 1858 zurückgeht, als der Landwirt Martin Belot auf seinem Bauernhof in Purnode bei Dinant begann, Bier zu brauen. Grund dafür war zunächst, dass er die Arbeiter während der Wintermonate beschäftigen musste, doch im Laufe der Jahrzehnte wurde die Brauerei immer größer, sodass der landwirtschaftliche Betrieb 1960 eingestellt wurde. Auch heute noch ist die Brauerei Du Bocq ein unabhängiges Familienunternehmen.

WISSENSWERTES

Brauerei: Brasserie du Bocq
Standort: Purnode, Namur
Sorte: Belgisches Witbier/ Weizenbier
Farbe: trübes Goldgelb
Alkoholgehalt: 4,5 Vol.-%
Serviertemperatur: 6 °C
Passt gut zu: Fisch, Fleisch und Geflügel

La Gauloise Blonde

Viele Jahre lang war La Gauloise Brune das wichtigste Produkt der Brauerei Du Bocq. 1994 wurde das Sortiment durch die Einführung dieses blonden Ale erweitert.

Es hat ein duftig-hopfiges Aroma, das auf dem Gaumen einem weichen, reifen Malzprofil weicht und dann mit einem Hauch erfrischender Hopfenbittere endet. Das dritte Bier in der Reihe La Gauloise ist Ambrée, das ebenfalls 1994 herauskam. Es ist ein moussierendes, bernsteinfarbenes Bitter mit einem Hauch Lakritz. Außer seinem eigenen umfangreichen Sortiment braut Du Bocq eine Reihe anderer Biere im Unterauftrag, vor allem Spezialitätenbiere in kleinen Chargen für größere Brauereien.

WISSENSWERTES

Brauerei: Brasserie du Bocq
Standort: Purnode, Namur
Sorte: Belgisches Pale Ale
Farbe: helles Goldgelb
Alkoholgehalt: 6,3 Vol.-%
Serviertemperatur: 8–12 °C
Passt gut zu: Fisch, Fleisch und Geflügel

La Gauloise Brune

La Gauloise Brune kam in den 1920er-Jahren heraus und war das erste Bier, das von der Brauerei Du Bocq kommerziell vertrieben wurde – zuerst nur auf dem lokalen Markt und später auch im weiteren Umkreis.

Dieses obergärige Bier wird nach alter Rezeptur gebraut und in kühlen Tanks mehrere Wochen gelagert. Anschließend wird es der Tradition entsprechend ungefiltert und nicht pasteurisiert in Flaschen abgefüllt. Das Ergebnis ist ein Bier mit reichem Hefearoma mit einem Hauch Korianderwürze. Auf dem Gaumen hat es einen zwischen Malz und Hopfen wohl ausgewogenen, runden Körper. Im Abgang besitzt es eine leichte Bittere.

WISSENSWERTES

Brauerei: Brasserie du Bocq
Standort: Purnode, Namur
Sorte: starkes dunkles Belgisches Ale
Farbe: dunkles Rotbraun
Alkoholgehalt: 8,1 Vol.-%
Serviertemperatur: 8–12 °C
Passt gut zu: Wild und sonstigen Fleischgerichten

Triple Moine

Obwohl als Triple bezeichnet, ist dies ein relativ leichtes Bier mit einem recht niedrigen Alkoholgehalt. Sein Aroma zeigt eine kräftige Hopfenherbe, während auf dem Gaumen eine spritzige, erfrischende Hopfenbittere vor fruchtigen Malzen dominiert.

Triple Moine ähnelt dem Deugniet aus derselben Brauerei. Das Deugniet ist jedoch etwas stärker und hat eine grüne Apfelnote im Aroma. Du Bocq braut auch zwei Saisonbiere unter der Marke Regal. Diese gehörte ursprünglich der Brauerei Marbaix-la-Tour, die Du Bocq aufgekauft und 1983 geschlossen hat. Das Sortiment wird durch zwei Biere der Marke St Benoit vervollständigt: ein leichtes, süffiges Blonde und ein fruchtigeres Brune.

WISSENSWERTES

Brauerei: Brasserie du Bocq
Standort: Purnode, Namur
Sorte: Belgisches Abteibier Triple
Farbe: Kupfergold
Alkoholgehalt: 5,5 Vol.-%
Serviertemperatur: 8–12 °C
Passt gut zu: Pasta mit kräftiger Sauce, Pizza, kräftigem Käse

Pauwel Kwak

In Belgien ist es Tradition, dass jede Brauerei ihr eigenes, charakteristisch geformtes Bierglas hat, das angeblich das beste Gefäß für das eigene Bier ist.

Kein Bierglas ist jedoch so außergewöhnlich wie das runde, an eine Sanduhr erinnernde Glas, in dem Pauwel Kwak serviert wird. Seine Form ist an das Gefäß angelehnt, aus dem der legendäre Wirt Pauwel Kwak den berittenen Kutschern im 18. Jahrhundert ihren Abschiedstrunk servierte und das sie in ihren Steigbügel klemmen konnten. Pauwel Kwak war berühmt für sein starkes Ale, das jenem sehr ähnlich war, das heute seinen Namen trägt. Mit drei Malzsorten gebraut und mit Kandiszucker gesüßt, ist es voll und wärmend, mit einem Karamellmalzcharakter.

WISSENSWERTES

Brauerei: Brouwerij Bosteels
Standort: Buggenhout, Flandern
Sorte: starkes Belgisches Ale
Farbe: goldenes Bernsteinrot
Alkoholgehalt: 8 Vol.-%
Serviertemperatur: 13 °C
Passt gut zu: dunkler Schokolade

Tripel Karmeliet

Die Brauerei Bosteels, gegründet 1791, ist seit sieben Generationen im Besitz der Familie Bosteels. Ihre reiche Brauerfahrung hat sie dazu befähigt, einige ausgesprochen individuelle starke Ales zu produzieren.

Das Tripel Karmeliet ist von einem Bier inspiriert, das im 17. Jahrhundert im Karmeliterkloster des benachbarten Dendermonde gebraut wurde. Es ist mit einer Mischung aus gemalzten und ungemalzten Getreiden – Weizen, Hafer und Gerste – gebraut und erhält durch starke Würze einen faszinierend komplexen Geschmack, der im Antrunk süß, im Abgang jedoch trocken ist.

WISSENSWERTES

Brauerei: Brouwerij Bosteels
Standort: Buggenhout, Flandern
Sorte: Belgisches Abtei Tripel
Farbe: dunkles Orange
Alkoholgehalt: 8 Vol.-%
Serviertemperatur: 10–14 °C
Passt gut zu: einem aromatischen Dessert wie Zitronentorte

Chimay Rouge

Chimay Rouge (Rot), auch bekannt als Première, ist ein kupferfarbenes Ale mit einem leichten, fruchtigen Aroma mit einem Hauch Aprikose und schwarze Johannisbeere. Auf dem Gaumen hat es eine seidenweiche Textur.

Die fruchtigen Nuancen treten wieder im Abgang hervor, wo sie durch eine angenehm adstringierende Bittere ausgewogen werden. Chimay Cinq Cents (Weiß, auch als Tripel bekannt) hat eine blassere, goldorangene Farbe und wird durch sein Hopfenaroma mit Muskattraube und Zitrus dominiert. Der Hopfen dominiert weiter auf dem ausgewogenen Gaumen, wo fruchtige Malze durch einen Hauch Bittere ergänzt werden. Das Chimay Rouge und das Tripel fermentieren ein zweites Mal in der Flasche.

WISSENSWERTES

Brauerei: Bières de Chimay SA
Standort: Abbaye de Notre Dame de Scourmont, Chimay, Hennegau
Sorte: Belgisches Abtei Dubbel (Trappistenbier)
Farbe: Kupfer
Alkoholgehalt: 7 Vol.-%
Serviertemperatur: 14 °C
Passt gut zu: gebratenem Fisch oder Meeresfrüchten

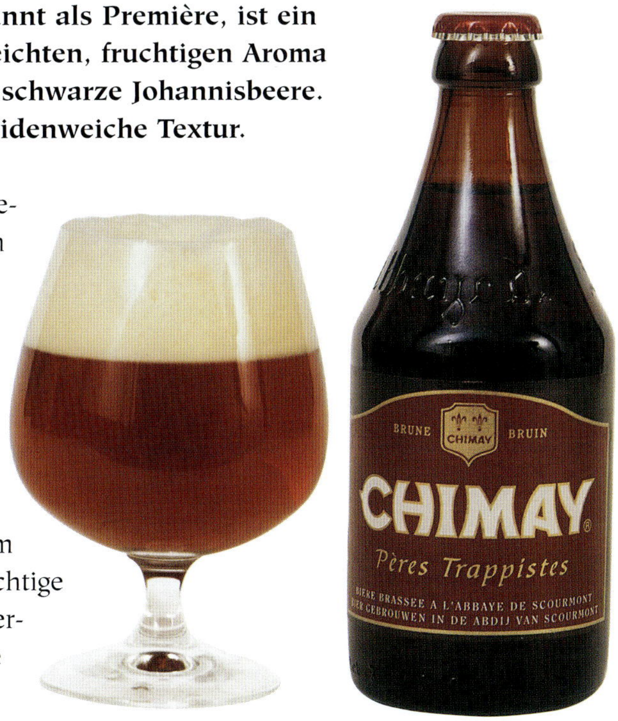

Chimay Bleue

Ursprünglich als Weihnachtsbier gebraut, ist Chimay Bleue das stärkste, aber auch das beliebteste der drei Biere der berühmtesten aller Trappistenbrauereien. Es ist ein klassisch starkes, dunkles, wärmendes obergäriges Winter-Ale, das ein zweites Mal in der Flasche gärt. Es kann gut fünf Jahre lang aufbewahrt werden. Während der zweiten Reifung wird es weicher und trockener und nimmt den Charakter eines guten Portweins an.

Ein Hauch von Karamell und ein frisches, leicht blumiges und hefiges Aroma gehen in volle Frucht-, Würz- und Röstmalznoten auf dem Gaumen über, jedoch mit einer Leichtigkeit, die seine Stärke Lügen straft. Der Name Bleue stammt von dem charakteristischen blauen Verschluss der Flasche (die anderen Chimay-Biere haben rote und weiße Kronkorken). Chimay Bleue ist jedoch auch in größeren, verkorkten Flaschen erhältlich und trägt dann die Bezeichnung Chimay Grande Reserve.

Die Abtei Notre Dame de Scourmont wurde im Jahr 1850 gegründet, als 17 Mönche die Trappistenabtei in Westvleteren verließen, um ein Kloster zu gründen. Der Prinz von Chimay hatte ihnen in der Nähe des Dorfes Forges-les-Chimay in der südbelgischen Provinz Hennegau Land geschenkt.

Die Brauerei wurde 1862 eröffnet, um der Abtei eine Einkommensquelle zu erschließen und den Lebensunterhalt der Mönche sicherzustellen. Seit 1925 sind Chimay-Biere weithin auf dem Markt erhältlich. Nachdem die Mönche das Unternehmen, das heute der größte Arbeitgeber der Region ist, auf die Beine gestellt hatten, zogen sie sich wieder in ihr religiöses Leben zurück. Die Brauerei wird heute als ein eigenständiges Unternehmen geführt.

WISSENSWERTES

Brauerei: Bières de Chimay SA
Standort: Abbaye de Notre Dame de Scourmont, Chimay, Hennegau
Sorte: starkes dunkles Belgisches Abteibier (Trappistenbier)
Farbe: tiefe Kupferfarbe
Alkoholgehalt: 9 Vol.-%
Serviertemperatur: 14 °C
Wird gereicht: nach dem Essen, zu einer Zigarre

Mort Subite Framboise

Das Payottenland westlich von Brüssel ist die Heimat der Lambic-Biere, die durch das Einwirken wilder, in der Luft vorkommender Hefen fermentieren. Die wohl berühmtesten Lambic-Biere werden von der Brauerei De Keersmaeker und unter der Marke Mort Subite produziert.

Um den ungewöhnlichen moschusartigen Geschmack ihrer Biere für ein größeres Publikum genießbar zu machen, mischt De Keersmaeker seine Lambic-Biere mit konventionell fermentierten Gebräuen und aromatisiert sie mit Fruchtextrakten. Die wichtigsten Varianten sind das Framboise oder Frambozen (Himbeere) und Kriek (Kirsche). Die Brauerei produziert aber auch die Stile Cassis (schwarze Johannisbeere) und Pêche (Pfirsich). Mort Subite Framboise ist ein süß duftendes, fruchtiges Bier, vielleicht nicht so komplex wie manches andere Lambic-Fruchtbier, aber mit einem angenehm scharfen, erfrischenden Geschmack. Das traditionellere Kriek wird mit Kirschen produziert, die in speziell beauftragten Obstplantagen angebaut werden. Das Ergebnis ist ein ausgewogenes, süßsaures Bier mit Kirsch-Mandel-Noten. Weniger verbreitet ist das Mort Subite Fond Gueuze, ein Bier, das aus einer Mischung aus ungefiltert reifem Lambic-Bier mit frischem, jungem Lambic entsteht, wodurch es ein sehr komplexes Aroma bekommt. Der Name Mort Subite (zu Deutsch: Plötzlicher Tod) geht auf ein im 17. Jahrhundert beliebtes Würfelspiel zurück, das man in einem Café in Brüssel spielte, in dem auch dieses Bier ausgeschenkt wurde.

WISSENSWERTES

Brauerei: Brouwerij De Keersmaeker
Standort: Kobbegem, Flämisch Brabant
Sorte: Frucht-Lambic
Farbe: kräftiges Pink
Alkoholgehalt: 4,3 Vol.-%
Serviertemperatur: 8–9 °C
Passt gut zu: Desserts mit Früchten, frischem Obstsalat

De Koninck Antoon Blond

Die einzige Brauerei Antwerpens wurde 1833 durch die Familie De Koninck gegründet und belieferte das familieneigene Gasthaus.

Obwohl die Brauerei 1912 an die Van Den Bogaerts verkauft wurde und heute in der fünften Generation im Besitz dieser Familie ist, trägt sie immer noch den Namen der Familie De Koninck. Das Originalbier der Brauerei ist ein rundes, bernsteinfarbenes Pale Ale – und viele sind der Meinung, dass es eines der besten Vertreter seiner Art in Belgien ist. Geschmacklich liegt es zwischen einem englischen Bitter und einem deutschen Alt – und es ist immer noch einfach als De Koninck bekannt. In Antwerpens Bars und Cafés wurde es schon immer aus dem Fass ausgeschenkt und in einem charakteristischen Glas serviert, das Bolleke genannt wird. Das Bier ist auf der ganzen Welt auch als Flaschenbier zu kaufen. 1993 kam eine stärkere Version namens Cuvée de Koninck heraus, und 1998 erweiterte die Brauerei ihr Sortiment noch um eine blonde Version namens Antoon. Trotz seiner blassgoldenen Farbe handelt es sich eher um ein Ale als um ein Lager, da es obergärig und bei wärmeren Temperaturen fermentiert ist. Es besitzt einen leichten Körper mit vollem Geschmack und Aroma und ist vorrangig süßmalzig mit einer subtilen Hopfennote im Hintergrund. Das kräftige, bernsteinfarbene Winterkoninck wird in den Wintermonaten in einer mit einem Champagnerkorken verschlossenen, 75-cl-Flasche verkauft.

WISSENSWERTES

Brauerei: Brouwerij De Koninck NV
Standort: Antwerpen, Antwerpen
Sorte: Belgisches Pale Ale
Farbe: klares, helles Goldgelb
Alkoholgehalt: 6 Vol.-%
Serviertemperatur: 8–10 °C
Passt gut zu: reichhaltigen, aromatischen Desserts

Moinette

Mit Moinette, abgeleitet von dem französischen Wort für Mönch – Moine – bezeichnet die Brauerei Dupont ihre starken Ales. Wie bei belgischen Brauern üblich, bringt Dupont seine Ales als Blonde- und als Brune-Version auf den Markt, beide mit 8,5 Vol.-% Alkoholgehalt.

Das Blonde hat ein würziges Hopfenaroma, das durch einen süßen Malzgeschmack ausgewogen wird. Das Brune dagegen zeichnet sich durch einen Röstmalzcharakter mit einem Hauch von gebranntem Karamell und einer natürlichen Würze im Geschmack aus. Dupont ist ein Familienbetrieb, der 1920 gegründet wurde, als Alfred Dupont für seinen Sohn die Brauerei Rimaux-Deridder erwarb, um ihn davon abzubringen, nach Kanada auszuwandern. Rimaux-Deridder bestand seit 1844 und war wegen seines auch heute noch produzierten, mit Honig aromatisierten Bière de Miel berühmt. Dieses Bier besitzt einen intensiv blumigen Hopfengeschmack und eine subtile Honigsüße.

Dupont braut nach traditionellen Methoden, lässt alle Biere zwei Monate lang in warmen Kellern reifen und füllt sie ungefiltert und nicht pasteurisiert in Flaschen ab. So erhalten die Biere ihre Trübung. Seit 1990 ist die Brauerei auch Vorreiter bei der Produktion biologischer Biere. Sie hat mehrere Marken in ihrem Sortiment, einschließlich dem Bière de Miel. Manche Biere sind als biologische und nichtbiologische Version erhältlich.

WISSENSWERTES

Brauerei: Brasserie Dupont sprl.
Standort: Tourpes-Leuze, Hennegau
Sorte: starkes Ale
Farbe: blasses Goldgelb
Alkoholgehalt: 8,5 Vol.-%
Serviertemperatur: 10–12 °C
Passt gut zu: Grillfleisch

Saison Dupont Vieille Provision

Saison (zu Deutsch: Jahreszeit) bezeichnet einen Bierstil, den es nur in der belgischen Region Wallonien gibt. Es wird im Frühjahr gebraut und während der heißen Sommermonate getrunken, wenn nicht gebraut werden kann, weil die Wirkung der Hitze auf die Hefe das Brauen zu einem unvorhersehbaren Abenteuer macht.

Typisch für diese Biere ist der hohe Hopfenanteil (der für die Haltbarkeit der Biere sorgt) und dass sie voll vergoren sind, was ihnen einen erfrischenden Charakter verleiht. Duponts Version Vieille Provision ist eines der besten und traditionellsten Beispiele für diesen Stil. Es besitzt ein kräftiges Hopfenaroma und eine trockene Hopfenherbe auf dem Gaumen, mit einem intensiv trockenen, würzigen Abgang.

WISSENSWERTES

Brauerei: Brasserie Dupont sprl.
Standort: Tourpes-Leuze, Hennegau
Sorte: Saison
Farbe: Eichengold
Alkoholgehalt: 6,5 Vol.-%
Serviertemperatur: 10 °C
Passt gut zu: frischem grünem Salat, gegrilltem Fisch

Ellezelloise Quintine Blonde

Ellezelloise begann 1993 als kleine Brauerei und bringt ein überschaubares Sortiment sehr charakterstarker Biere in ausgefallenen Flaschen mit Bügelverschluss heraus.

Dieses Blonde ist ein starkes Ale mit vollem Körper, starkem Zitrus- und Kräuteraroma und einer Hefe-Bananen-Note. Auf dem Gaumen dominiert eine kräftige Hopfenbittere über einem süßmalzigen Hintergrund. Quintine ist auch als Ambrée (Pale Ale) erhältlich, bei dem eine dominierende, süße Mälze mit einer Hopfenbittere ausgewogen wird und zu einem trocken-bitteren Karamellabgang führt. Zum Sortiment gehören auch ein Black Stout namens Hercule, ein mildes Weizenbier und ein süßes, erfrischendes Saison.

WISSENSWERTES

Brauerei: Ellezelloise
Standort: Ellezelles, Hennegau
Sorte: Belgisches Pale Ale
Farbe: goldenes Gelborange
Alkoholgehalt: 8 Vol.-%
Serviertemperatur: 10 °C
Passt gut zu: Grillwürsten oder Burger

Fantôme

Die 1988 von Dany Prignon gegründete Brauerei wirbt mit dem Spruch, die „Brauerei, die ihresgleichen sucht“. Er wollte die Tradition der Dorfbrauerei wiederbeleben, die wie der Bäcker und der Schlachter von alters her zum Dorfleben gehörte.

Alle Arbeitsschritte werden von Hand erledigt, und es wird nur in kleinen Mengen produziert. Auch das Abfüllen in Flaschen erfolgt manuell. Pro Woche wird nur eine kleine Charge einer einzigen Sorte produziert. Fantôme, das Flaggschiff-Bier, ist ein starkes, fruchtiges Ale mit Apfel- und Birnennote. Außerdem braut Fantôme ein Saisonbier, das ganzjährig hergestellt, dessen Geschmack aber der Jahreszeit angepasst wird, und einmalige Biere mit Namen wie Pissenlit und Black Ghost.

WISSENSWERTES

- **Brauerei:** Brasserie Fantôme
- **Standort:** Soy, Luxemburg
- **Sorte:** starkes, dunkles Belgisches Ale
- **Farbe:** dunkles Bernsteinrot
- **Alkoholgehalt:** 8 Vol.-%
- **Serviertemperatur:** 12 °C
- **Passt gut zu:** kräftigem Käse

Gildenbier

Gildenbier ist ein kräftiges braunes Ale der Brauerei Haacht mit einem recht süßen Karamellmalzgeschmack. Haacht ist die größte Privatbrauerei Belgiens. Sie wurde 1898 in der kleinen Stadt Boortmeerbeek nördlich von Leuven gegründet. In den 1990er-Jahren besaß Interbrew Anteile an der Brauerei. 1998 gewann Haacht aber seine Unabhängigkeit zurück.

Die meisten Biere von Haacht sind einfache Lagerbiere für den Massenmarkt. Dazu gehören ein Standard-Pilsner namens Primus, das süße Lager im Dortmunder Stil Adler, und das würzige Weizenbier Witbier Haacht. Diese Biere werden vor allem in den brauereieigenen Gastronomiebetrieben getrunken. Zu ihrem Ale-Sortiment gehören auch Biere im Stil der Abteibiere, die unter der Marke Togerlo verkauft werden.

WISSENSWERTES

- **Brauerei:** Brouwerij Haacht NV
- **Standort:** Boortmeerbeek, Flämisch Brabant
- **Sorte:** kräftiges braunes Belgisches Ale
- **Farbe:** Walnussbraun
- **Alkoholgehalt:** 7 Vol.-%
- **Serviertemperatur:** 10 °C
- **Passt gut zu:** gegrilltem Steak mit deftiger Sauce

Steenbrugge Dubbel

Die erste Brauerei am heutigen Standort wurde 1455 von Jan Hugheins erbaut. Im Lauf der Zeit wechselten sich hier Brauerei und Schnapsbrennerei ab: Die heutige Brauerei entstand 1872, als Jules Vanneste die Schnapsbrennerei 't Hamerken kaufte und obergäriges Ale zu brauen begann.

Als in den 1930er-Jahren die Pilsner in Belgien immer beliebter wurden, begann die Brauerei, untergärige Biere zu produzieren. Zu ihrem Sortiment gehörten ein Bock, ein Export im Dortmunder Stil und ein Pilsner. Im Jahr 1983 wurden im Unternehmen tief greifende Umstrukturierungsmaßnahmen durchgeführt und es bekam den Namen Gouden Boom (zu Deutsch: Goldener Baum) verpasst. Gleichzeitig wurden wieder obergärige Biere gebraut. Am berühmtesten war das Brugs Tarwebier. Inzwischen wurde diese Marke an Alken-Maes verkauft, und die Mehrheit der Brauereianteile ging an Palm über. Gouden Boom braut aktuell zwei Biere nach Abteibier-Art unter der Marke Steenbrugge, ein Dubbel und ein Tripel, die nach der Abtei vor den Toren der Stadt benannt sind. Das dunkel-rotbraune Dubbel hat einen vollen Körper mit weicher Textur und einen reichen, fruchtig-nussigen Karamellmalzgeschmack, der zu einem scharfbitteren Fruchtabgang führt. Das Tripel ist von goldblonder Farbe und hat ein würzig-blumiges Aroma mit einem süßen, auf dem Gaumen dominierenden Malzcharakter. Aktuell konzentriert die Brauerei sich auf die Produktion des Brugge Tripel und eines weiteren Strong Ale namens Brugge Blond. Das Tripel – das übrigens 9 Vol.-% Alkohol hat – ist mit seinem vollmalzigen Geschmack und dem reifen, aromatischen Nachgeschmack das interessantere dieser beiden.

WISSENSWERTES

Brauerei: Brouwerij de Gouden Boom
Standort: Brügge, Westflandern
Sorte: Belgisches Abteibier Dubbel
Farbe: Walnussbraun
Alkoholgehalt: 6,5 Vol.-%
Serviertemperatur: 10–12 °C
Passt gut zu: scharfer Pizza oder Pasta mit Tomatensauce

Hoegaarden Blanche

Östlich von Brüssel liegt das größte Weizenanbaugebiet Belgiens. Einst gab es hier über 30 Brauereien, die alle ein charakteristisch gewürztes Weizenbier produzierten. Ende der 1950er-Jahre waren alle Brauereien verschwunden, und der Weizenbierstil war völlig ausgestorben – das Pilsener hatte ihm den Rang abgelaufen.

Glücklicherweise erlebte das Weizenbier bald wieder eine Renaissance. Rettung kam durch Pierre Celis. Er war in Hoegaarden neben der Tomsin-Brauerei aufgewachsen, die als letzte Weizenbierbrauerei ihre Tore schloss. Bereits als Teenager lernte er hier zu brauen. Er wollte seinen Lieblings-Bierstil wiederbeleben, und so brachte er ab 1966 das Hoegaarden heraus. Dass das Weizenbier heute weltweit so hohes Ansehen genießt, ist sein Verdienst. Mit Koriandersamen und Schalen der Curaçao-Orange gewürzt, ist das Hoegaarden leicht und erfrischend. Die Variante Hoegaarden Grand Cru wird mit einem höheren Malzanteil gebraut. Nach einem Brauereibrand im Jahr 1980 unterstützte Interbrew die Brauerei zunächst beim Wiederaufbau, um sie dann zu kaufen. Pierre Celis ging in die USA, wo er ein neues Unternehmen gründete, das unter dem Namen Celis White ein dem Hoegaarden sehr ähnliches Bier braut. So ist er heute einer der wenigen Brauer, die in zwei der wichtigsten Biernationen der Welt große Erfolge aufzuweisen haben.

WISSENSWERTES

Brauerei: Brouwerij van Hoegaarden
Standort: Hoegaarden, Flämisch Brabant
Sorte: Belgisches Weizenbier
Farbe: trübes goldenes Orangegelb
Alkoholgehalt: 5 Vol.-%
Serviertemperatur: 9–10 °C
Passt gut zu: gegrilltem Huhn mit Gemüsebeilage

Delirium Tremens

Die Brauerei Huyghe mit Sitz in der kleinen Stadt Melle in der Nähe von Gent wurde 1906 von Léon Huyghe gegründet, als er die Brauerei Appelhoek übernahm, deren Anfänge bis 1654 oder noch weiter zurückreichen.

Bis 1913 besaß die Brauerei ihre eigene Mälzerei. Diese wurde aber durch einen Abfüllbetrieb ersetzt. 1928 wurde die Brauerei in großem Stil umgebaut und in den 1930er- und 1960er-Jahren wesentlich erweitert. Bei einer Restrukturierung 1985 teilte man das Unternehmen in vier Teile auf und trennte den Brauereibetrieb von dem Geschäftsbereich rund um die Cafés. Seitdem hat die Brauerei gewaltigen kommerziellen Erfolg. In all der Zeit blieb sie in der Hand von Léons Nachfahren. Huyghes umfangreiches Sortiment – es umfasst 60 Marken – ist das Ergebnis einer gezielten Politik. Die Brauerei kaufte Marken von Bankrott gegangenen Brauereien oder brachte vergessene Marken neu heraus, andere beliebte Biere wurden nachgeahmt. Die wohl berühmtesten Biere sind die Delirium-Reihe, die in Steingut-Flaschen mit pinkfarbenen Elefanten auf dem Etikett präsentiert werden – außer dem Delirium Tremens gehören das Jahreszeitenbier Delirium Noël und eine dunkle Version namens Delirium Nocturnum dazu. Delirium Tremens kam 1989 heraus. Es ist ein hellgoldenes Bier mit einem markanten würzigen Charakter, der durch die Mischung dreier Hefen und reichlicher Hopfung entsteht. Der Abgang hat eine intensiv-trockene Hopfenbittere.

WISSENSWERTES

Brauerei: Brasserie Léon Huyghe
Standort: Melle, Ostflandern
Sorte: starkes Belgisches Pale Ale
Farbe: trübe, goldene Bernsteinfarbe
Alkoholgehalt: 9 Vol.-%
Serviertemperatur: 10 °C
Passt gut zu: Miesmuscheln und Pommes frites

Floreffe Double

Unter dem Namen Floreffe wird vom Familienbetrieb Lefèbvre in der Nähe von Quenast südwestlich von Brüssel eine Reihe von in der Flasche gegorenen Ales für die Abtei Norbertine Floreffe bei Namur gebraut. Gegründet 1876, produziert die Brauerei ein traditionelles Dubbel und Tripel, ein einfaches blondes Ale und ein starkes, dunkles, mit Anis gewürztes Bier, das als Meilleur oder Prima Melior verkauft wird. Floreffe Double ist ein mittelstarkes, dunkelbraunes Ale mit einem dominanten, süßen Malzaroma, das an kandierte Früchte erinnert. Der Körper ist voll und weich. Malze sind weiterhin führend, und süße Rosinennoten werden durch einen fast rauchigen, schokoladigen Röstmalzgeschmack ausgewogen.

Floreffe Triple besitzt eine ähnlich weiche Textur mit weichem Körper und reichem Malzgeschmack, obwohl es eine stärkere Hopfennote hat, die ihm eine durstlöschende Bitterqualität verleiht. Es hat etwas mehr Alkohol, ist aber nicht so stark wie die klassischen Tripel anderer Brauereien. Dieses Bier genießt man am besten in der umgebauten Mühle aus dem 14. Jahrhundert, die zur Abtei gehört. Zum Glück ist das ganze Sortiment aber auch in Flaschen abgefüllt erhältlich. Lefèbvre braut auch ein würziges, ungefiltertes Weizenbier, Blanche de Bruxelles, das eine zitronige Fruchtsäure hat, ein geradliniges hopfiges Pilsner namens La Quenast und ein Pale Ale namens Barbãr mit Honiggeschmack.

WISSENSWERTES

Brauerei: Brasserie Lefèbvre SA
Standort: Quenast, Wallonien
Sorte: Belgisches Abtei Dubbel
Farbe: dunkel Mahagonibraun
Alkoholgehalt: 6,5 Vol.-%
Serviertemperatur: 10–12 °C
Passt gut zu: gegrilltem Rind, Lamm oder Wild

Jan van Gent

Jan van Gent ist ein kupferfarbenes Pale Ale mit körnigem Röstaroma, einem Hauch dunkler Frucht und Karamell und einem milden, süßen Malzgeschmack, der durch leichte Säure ausgewogen wird.

Liefmans produziert auch ein Kriekbier mit Kirschgeschmack und ein Frambozen mit Erdbeergeschmack. Die Heimatstadt der Brauerei, Oudenaarde, ist seit alters her berühmt für das Oud Bruin, ein kräftiges, rotbraunes, obergäriges Bier, das aus einer Mischung alter und junger Ales hergestellt wird – ein Bier mit einem leicht sauren Geschmack, verglichen mit dem süßen, malzigen Geschmack der braunen Ales aus anderen Regionen. Der Stil lebt weiter, auch wenn er heute nur noch von einer Hand voll Brauereien produziert wird. Eine davon ist Liefmans, deren Version als Goudenband bekannt ist.

Liefmans Geschichte reicht bis 1679 zurück. Damals wurde erstmals eine Brauerei in Oudenaarde schriftlich erwähnt. Jacobus Liefmans erwarb diese Brauerei 1770. Bis 1868 blieb sie in derselben Familie, dann wurde sie nach dem frühen Tod von Camille Liefmans, Jacobus' Enkel, an Pierre van Geluwe de Berlaere verkauft. Im Kaufvertrag wurde festgelegt, dass der Name Liefmans erhalten bleiben muss. Die originale Brauerei wurde im Ersten Weltkrieg weitgehend zerstört, danach aber an derselben Stelle neben dem Fluss wieder aufgebaut. 1990 ging Liefmans an Riva über, und der Braubetrieb wurde in die Riva-Braustätte im nahe gelegenen Dentergem verlegt. Nach dem Brauen wird die Stammwürze aber zum Gären und Reifen nach Oudenaarde zurücktransportiert, was gewährleistet, dass die Biere ihren originalen Charakter behalten.

WISSENSWERTES

Brauerei: Brouwerijgroep Liefmans-Riva
Standort: Oudenaarde, Ostflandern
Sorte: Belgisches Pale Ale
Farbe: rotbraune Kupferfarbe
Alkoholgehalt: 5,5 Vol.-%
Serviertemperatur: 10–13 °C
Passt gut zu: einfachem Brot und Käse

Lindemans Framboise

Südwestlich von Brüssel, in der ruhigen belgischen Kleinstadt Vlezenbeek, hat die Familie Lindemans seit Menschengedenken einen Landwirtschafts- und Brauereibetrieb.

Der kommerzielle Braubetrieb begann 1811 in dieser scheunenartigen Brauerei. Lambic-Biere, so genannte wild vergorene Biere, gehören zu den edelsten Bieren der Welt. Eher nach der Méthode champenoise denn wie ein typisches Bier hergestellt, reifen diese Getränke fast zwei Jahre lang in Eichenfässern, bevor sie in den Handel gelangen. Bevor man damit begonnen hatte, Bier mit Hopfen zu würzen, hatte man Früchte und Gemüse dafür verwendet. So harmonisiert die Säure der Lambic-Biere perfekt mit Himbeeren. Framboise besitzt ein wunderbares Aroma, einen delikaten Himbeer-Gaumen mit Fruchtsäure-Unterbau und einen elegant moussierenden, natürlich reinen Geschmack.

WISSENSWERTES

Brauerei: Brouwerij Lindemans
Standort: Vlezenbeek, Flämisch Brabant
Sorte: Erdbeer-Lambic
Farbe: Rosé
Alkoholgehalt: 3,8 Vol.-%
Serviertemperatur: 7,2 °C
Passt gut zu: Schokoladendesserts, frischen Himbeeren, Eiscreme mit Himbeersauce, Crème caramel, gebackenen Alaska- und Olympia-Austern, Kaviar

Lindemans Gueuze

Lindemans Gueuze (Geuzza), vielleicht die älteste Biersorte der Welt, ist ein ungewürztes, wild gegorenes Weizenbier.

Es ist bei belgischen Feinschmeckern, die es wie Wein in ihren Kellern lagern, heiß begehrt. Charakteristisch sind seine goldene Farbe, der an Apfelwein gemahnende Gaumen und sein etwas an moussierend-trockenen Wermut erinnernder Geschmack, der jedoch komplexer und natürlicher ist. Traditionell wird es in einem großen, dicken Glas ausgeschenkt und mit Würfelzucker gesüßt. Es eignet sich hervorragend als Aperitif. Das Bier hat einen faszinierenden und historisch interessanten Geschmack und ist so gut, dass ihm bei den World Beer Championships eine Goldmedaille verliehen wurde.

WISSENSWERTES

Brauerei: Brouwerij Lindemans
Standort: Vlezenbeek, Flämisch Brabant
Sorte: Gueuze-Lambic
Farbe: Gold
Alkoholgehalt: 3,8 Vol.-%
Serviertemperatur: 7,2 °C
Passt gut zu: Carbonnade (mit Bier und Zwiebeln gekochtes Rindfleisch), Muscheln in Weißwein, kräftigem Käse

Lindemans Kriek

Lindemans Kriek ist ein gefiltertes Lambic, das mit ganzen Kirschen aus heimischem Anbau aromatisiert wird und einen erfrischend scharfen, dennoch nicht sauren Geschmack hat. Es stammt aus einer der wenigen noch verbliebenen Brauereien, die authentische Lambic-Biere produzieren. Diese entstehen durch spontane Gärung und haben einen ungewöhnlich trockenen, weinartigen Geschmack.

Die 1809 gegründete Brauerei Lindemans ist die kommerziell erfolgreichste unabhängige Lambic-Brauerei – nur Belle-Vue, das zu Interbrew gehört, und De Keersmaeker, das zu Scottish & Newcastle gehört, sind noch größer. In seinen Anfängen war Lindemans ein landwirtschaftlicher Betrieb mit Brauerei, der im Winter Bier braute und im Sommer Gerste und Weizen anbaute. Um das Jahr 1930 war die Brauerei so erfolgreich, dass der landwirtschaftliche Betrieb eingestellt wurde. Eine neue Brauerei wurde 1991 errichtet, um die Kapazität zu erhöhen, und Lindemans produziert heute ein großes Sortiment aromatisierter und gemischter Lambic-Biere. Das Cuvée René (benannt nach dem heutigen Inhaber, der das Unternehmen in der achten Generation leitet) ist ein Klassiker des Oude-Gueuze-Stils, bei dem ein junges und ein altes Bier, das eine lange Reifung in einem Eichenfass hinter sich hat, gemischt werden. Obwohl das Mischen der Biere mit Kirschen (Kriek) oder Erdbeeren (Framboise oder Frambozen) eine altehrwürdige Tradition ist, hat Lindemans in den vergangenen Jahren auch mit neuen Geschmacksrichtungen experimentiert – zum Beispiel Pfirsich und sogar Tee. Letztere ergab ein Bier mit einem erfrischenden süßsauren Zitronenaroma.

WISSENSWERTES

Brauerei: Brouwerij Lindemans
Standort: Vlezenbeek, Flämisch Brabant
Sorte: Kriek Lambic
Farbe: klares, helles Rotbraun
Alkoholgehalt: 4 Vol.-%
Serviertemperatur: 8–10 °C
Passt gut zu: Entenbraten mit Sauce auf Früchtebasis

Saison 1900

Der französischsprachige südliche Teil Belgiens ist nicht nur die Heimat der berühmten Trappistenbiere, sondern auch der einfachen Biere, die Saison genannt werden.

Diese leichten, erfrischenden Biere wurden traditionell im Frühjahr gebraut und im Sommer getrunken, wenn das Brauen aufgrund der Wärme nicht möglich war. Lefèbvres Version ist jedoch ganzjährig im Handel. Wie die anderen Biere dieser Brauerei ist es weich und mild und etwas süßer als andere Vertreter dieses Stils. Auf ein würziges Fruchtaroma folgt ein vorherrschend fruchtiger Malzcharakter mit Karamellaroma auf dem Gaumen, der durch einen subtilen trockenen Hopfenhintergrund ausgewogen wird.

WISSENSWERTES

Brauerei: Brasserie Lefèbvre SA
Standort: Quenast, Wallonisch Brabant
Sorte: Saison
Farbe: sattes Goldgelb
Alkoholgehalt: 5,2 Vol.-%
Serviertemperatur: 8–10 °C
Passt gut zu: Truthahnbraten und Preiselbeersauce

Hapkin

Das Hapkin ist benannt nach einem Grafen aus Flandern, der Ende des 11., Anfang des 12. Jahrhunderts gelebt hat und Baudouin Hapkin à la Hache („mit der Axt") genannt wurde.

Dieser Graf Baudouin Hapkin befahl den Mönchen der Abtei Ter Duinen, ein starkes, helles Ale für ihn zu brauen. Der Legende nach machte dieses Bier den Grafen und seine Truppen unbesiegbar. Keine Brauerei würde ihren Bieren heutzutage solche Kräfte andichten, aber die moderne Version des Hapkin ist immer noch ein kräftiges Gebräu, mit Hopfenakzenten über einem scharfen, fruchtigen Malzunterbau vor einem trocken-bitteren Abgang. Die Brauerei Louwaege wurde 1877 gegründet und ist heute Teil der einflussreichen britischen Brauerei Scottish & Newcastle.

WISSENSWERTES

Brauerei: Brouwerij Louwaege
Standort: Kortemark, Westflandern
Sorte: starkes blondes Belgisches Ale
Farbe: blassgoldenes Orangegelb
Alkoholgehalt: 8,5 Vol.-%
Serviertemperatur: 10 °C
Passt gut zu: leichten Gemüsesuppen

Duvel

Duvel ist für sein kräftiges Hopfenaroma berühmt. Doch trotz des hohen Alkoholgehalts ist es ein überraschend erfrischendes, süffiges Bier, strohtrocken mit duftend-würzig-fruchtigem Aroma und Geschmack.

Albert Moortgat wollte 1918 ein Bier brauen, das den Pales Ales ähnelte, die die englischen Truppen im Ersten Weltkrieg mitgebracht hatten. Nach vielen Experimenten kam das Bier 1923 als Victory Ale heraus. Als ein Brauereiarbeiter das neue Bier probierte, soll er ausgerufen haben, „Da's nen echten duvel" („Das ist ein echter Teufel"), und so wurde es Duvel genannt.

WISSENSWERTES

Brauerei: Brouwerij Duvel Moortgat NV
Standort: Breendonk-Puurs, Antwerpen
Sorte: starkes blondes Belgisches Ale
Farbe: blassgoldenes Strohgelb
Alkoholgehalt: 8,5 Vol.-%
Serviertemperatur: 10 °C
Wird gereicht als: Aperitif

Duvel Verde

Das ungefilterte, in der Flasche gegorene Duvel gibt es in großen (3 Liter) oder kleinen (33 cl) Flaschen mit rotem Verschluss und roten Lettern auf dem Etikett – deshalb wird es auch als Duvel Rood bezeichnet.

Duvel Verde ist eine pasteurisierte, gefilterte Version des Biers, das nur in kleinen Flaschen erhältlich ist und einen etwas geringen Alkoholgehalt hat. Moortgat produziert auch ein spritziges, trockenes Pilsner im belgischen Stil namens Vedette sowie das Bel Pils, ein stärkeres Pilsner im bayrischen Stil mit deutlicherem Hopfencharakter. Ferner gehört ein blondes, bernsteinfarbenes Ale namens Passendale zum Sortiment, das 2000 als Joint Venture mit einer Käsesorte desselben Namens herausgebracht wurde.

WISSENSWERTES

Brauerei: Brouwerij Duvel Moortgat NV
Standort: Breendonk-Puurs, Antwerpen
Sorte: starkes blondes Belgisches Ale
Farbe: bassgoldene Strohfarbe
Alkoholgehalt: 8 Vol.-%
Serviertemperatur: 10 °C
Passt gut zu: knackigem grünem Salat

Orval

Mit seinem kräftigen hopfenherben Aroma und dem intensiv trockenen Geschmack mit säuerlicher Beerenfruchtnote ist Orval ein klassisches Abteibier.

Dreifach vergoren und mit bayrischem Hallertauer und Styrian-Goldings-Hopfen trocken gehopft, wird diesem Bier vor dem Abfüllen flüssiger Kandiszucker zugegeben, um die weitere Gärung anzuregen. Das Symbol der Brauerei, die Forelle mit einem Ring im Maul, verweist auf die Legende und die Gräfin Matilda aus der Toskana, die 1076 die italienischen Mönche besuchte, die hier siedelten. Nachdem ihr Ehering in den Brunnen gefallen war, betete sie, dass sie ihn zurückbekäme, und sogleich erschien eine Forelle mit ihrem Ring im Maul. Dankbar schenkte sie den Mönchen Geld, damit sie eine Abtei bauen konnten, und nannte den Ort „Val d'Or" (goldenes Tal). Die italienischen Mönche zogen später weiter, und 1132 ließ sich eine neue Religionsgemeinschaft hier nieder, die zunächst den Zisterziensern und später dem strengeren Zweig des Ordens, den Trappisten, angehörte.

1637, auf dem Höhepunkt des Dreißigjährigen Kriegs, wurde das Kloster geplündert. Davon erholte es sich zwar, wurde aber 1793 erneut geplündert und im Zuge der Französischen Revolution zerstört. Bis in die 1930er-Jahre war es eine Ruine. Dann kehrten die Trappisten zurück und bauten die Abtei wieder auf. Die Brauerei wird nun als separates Unternehmen betrieben, aber sie gehört immer noch der Abtei und folgt ihren Werten in Hinsicht auf Qualität und Beschränkung des kommerziellen Wachstums.

WISSENSWERTES

Brauerei: Brasserie d'Orval SA
Standort: Abbaye de Notre Dame d'Orval, Villers-devant-Orval, Luxemburg
Sorte: Belgisches Klosterbier (Trappisten)
Farbe: Golden-Kupferrot
Alkoholgehalt: 6,2 Vol.-%
Serviertemperatur: 10–14 °C
Passt gut zu: Brot und kräftigem Käse

Maredsous 6

Die Abtei Maredsous in Dinant beauftragte die Brauerei Moortgat 1963, ihre Biere zu produzieren. Die Produktreihe unter der Marke Maredsous umfasst drei Biere, die sich voneinander durch eine Zahl unterscheiden, die ihrem Alkoholgehalt (nach Volumenprozent) entspricht.

Maredsous 6 ist ein blondes Ale mit blumigem Aroma und leicht süßem, schön abgerundetem Geschmack, der zwischen fruchtiger Mälze und Hopfenwürze ausgewogen ist. Maredsous 8 ist ein starkes, karamellsüßes Dubbel, das mit dem Alter die Röstmalzcharakteristiken eines Stout annimmt, während Maredsous 10 ein kühnes Tripel mit Malzsüße und 10 Vol.-% Alkohol ist.

WISSENSWERTES

Brauerei: Brouwerij Duvel Moortgat NV
Standort: Breendonk-Puurs, Antwerpen
Sorte: helles Belgisches Abtei-Ale
Farbe: goldenes Gelborange
Alkoholgehalt: 6 Vol.-%
Serviertemperatur: 6–8 °C
Passt gut zu: Chili con Carne

Steendonk

Steendonk ist ein ungefiltertes, trübes, würziges Weizenbier mit einer milden, weichen Süße. Es wird von Palm produziert, das seit 1747 seinen Sitz in Steenhuffel hat, einem Dorf bei Londerzeel nördlich von Brüssel.

Ursprünglich braute die Brauerei nur für das Dorfgasthaus, aber nach dem Ersten Weltkrieg wuchs sie schnell und ist heute eine der größten Privatbrauereien Belgiens, die an vielen kleineren Brauereien Anteile hält oder sie ganz übernommen hat. Das reguläre Sortiment der Brauerei umfasst auch das Palm Speciale, ein Pale Ale mit reinem Geschmack; Aerts 1900, ein ungewöhnliches, kupferfarbenes Ale, das eine zweite Gärung durchläuft; und Bock, das allerdings kein Bockbier ist, wie man meinen könnte, sondern ein trockenes, hopfiges Pilsner.

WISSENSWERTES

Brauerei: Brouwerij Palm
Standort: Londerzeel, Flämisch Brabant
Sorte: Belgisches Weizenbier
Farbe: trübes Goldgelb
Alkoholgehalt: 4,5 Vol.-%
Serviertemperatur: 8 °C
Passt gut zu: Pasta mit leicht würziger Sauce

Rodenbach Grand Cru

Im Jahr 1714 ließ sich der österreichische Adlige Ferdinand Rodenbach in den unter österreichischer Herrschaft stehenden Gebieten nieder, die heute zu Belgien gehören.

Die ursprüngliche Brauerei Rodenbach wurde 1821 durch seinen Nachfahren Ferdinand Gregoor Rodenbach gegründet. Im Jahr 1836 bezog sie unter der Leitung von Maria Wauters, der Frau von Pedro Rodenbach, ihren heutigen Standort. Bis 1998 blieb die Brauerei im Besitz dieser Familie, dann verkaufte die letzte Rodenbach-Generation sie an Palm.

Die traditionelle Rezeptur von Rodenbach ergibt ein rotbraunes Ale mit einem milden, leicht hopfigen Geschmack. Es wird immer noch am Standort Roeselare gebraut und fermentiert, und ein großer Teil davon reift dann bis zu zwei Jahre lang in den 300 gigantischen Eichenfässern der Brauerei. Das Endprodukt wird in der Brauerei Palm in Londerzeel abgefüllt. Wenn das gereifte Bier pur abgefüllt wird, erhält es die Bezeichnung Rodenbach Grand Cru und gilt bei Kennern als eines der besten Biere der Welt. Die ausgedehnte Reifezeit verleiht Rodenbach Grand Cru eine charakteristische Säure, die durch die natürliche Oxidation und Milchsäuregärung entsteht, während die Eiche für einen vanilleartigen Geschmack sorgt, der den fruchtigen Malzcharakter ergänzt.

Rodenbach produziert auch eine Basisversion, bei der gereiftes Bier mit Jungbier, das nur fünf Wochen in Metalltanks reifen durfte, im Verhältnis 25 zu 75 vermischt wird. Obwohl weniger anspruchsvoll als das Grand Cru, ist dies ein Bier mit einem reichen Charakter, parfümierter Fruchtigkeit und einem scharfen, trockenen Abgang.

WISSENSWERTES

Brauerei: Brouwerij Rodenbach NV
Standort: Roeselare, Westflandern
Sorte: Flämisches rotes Ale
Farbe: tiefes, dunkles Rotbraun
Alkoholgehalt: 6 Vol.-%
Serviertemperatur: 10 °C
Passt gut zu: Moules et frites

Lucifer

Die 1880 gegründete Brauerei Riva wächst beständig durch den Aufkauf kleinerer Brauereien – darunter Liefmans aus dem nahe gelegenen Oudenaarde.

Ihr eigenes Dentergem Witbier ist eines der meistverkauften trüben, würzigen Weizenbiere mit einem weichen, trockenen Geschmack. Lucifer ist ein starkes, goldenes Ale, das seinen Konkurrenten Duval nicht nur durch den diabolischen Namen ähnelt. Das Aroma ist würzig und fruchtig mit Nelken-, Zitrusfrucht- und Apfelnote, während der weiche Gaumen mit mittlerem Körper wohl ausgewogen ist zwischen frischem Hopfen und süßen Röstmalzen.

WISSENSWERTES

Brauerei: Brouwerij Riva SA
Standort: Dentergem, Westflandern
Sorte: starkes blondes Belgisches Ale
Farbe: goldenes Gelborange
Alkoholgehalt: 8 Vol.-%
Serviertemperatur: 10 °C
Passt gut zu: scharfen, pikanten Gerichten wie indische oder chinesische Currys

Sloeber

Die Brauerei, die 1930 in dem Örtchen Mater in der Nähe von Oudenaarde erbaut wurde, ist relativ modern. Die Familie Roman führt den Beginn ihres Brauereibetriebs bis ins Jahr 1545 zurück.

Sloeber kam 1983 heraus, als die Brauerei die Produktion obergäriger Biere wieder aufnahm. Seit dem Ende des Zweiten Weltkriegs hatte sie nur Pilsner-Biere gebraut. Sloeber ist ein bernsteinfarbenes Ale mit mildem Geschmack und dominierendem Malzaroma, das durch eine leichte Hopfigkeit ausgwogen wird. Der Name des Bieres ist Flämisch und bedeutet Joker, ein anderer Name für den Teufel, was darauf hindeutet, dass Moortgats berühmtes Duvel auch bei diesem Bier Pate gestanden hat. Seit Roman 1998 mit der Yorkshire-Brauerei ein Lizenzabkommen getroffen hat, produziert sie auch verschiedene Biere unter der Marke John Smith's.

WISSENSWERTES

Brauerei: Brouwerij Roman NV
Standort: Mater-Oudenaarde, Ostflandern
Sorte: starkes helles Belgisches Ale
Farbe: goldenes Bernsteinrot
Alkoholgehalt: 7,5 Vol.-%
Serviertemperatur: 10–12 °C
Passt gut zu: scharfen mexikanischen Gerichten

La Divine

Die Privatbrauerei Silly ist nach ihrem Standort in der Stadt Silly nördlich von Mons benannt. Bei ihrer Gründung 1850 hieß sie Mynsbrugen, wurde aber bei der Fusion mit der Brauerei Tennstedt-Decroes im benachbarten Enghien umgetauft. Heute ist sie in fünfter Generation in der Hand der Eigentümer-Familie.

Die Brauerei überrascht mit einem großen und abwechslungsreichen Sortiment. Bemerkenswert ist auch dieses kräftige, bernsteinfarbene Ale, dem Hopfen aus Kent, der Hallertau und Saaz ein frisches, zitroniges Aroma und einen wohlausgewogenen Gaumen verleihen. Ein süßer Rosinen- und Malzgeschmack im Antrunk geht in einen trockenen, würzigen, hopfendominierten Abgang über.

WISSENSWERTES

Brauerei: Brasserie de Silly SA
Standort: Silly, Hennegau
Sorte: starkes helles Belgisches Ale
Farbe: Bernstein
Alkoholgehalt: 9,5 Vol.-%
Serviertemperatur: 7–10 °C
Passt gut zu: gegrilltem Fisch und Schalentieren

Scotch Silly

Das Scotch Silly ist ein vollmundiges Ale im Stil eines schottischen „Wee heavy" mit süßem Malzaroma und Alkohol, der kräftig einheizt.

In dem umfangreichen und abwechslungsreichen Sortiment der Brauerei steht dieses Ale in einer Reihe mit Titje Blanche, einem würzigen, mit Hafermalz gebrauten Weizenbier, und einem Bier namens Saison, das tatsächlich ein „oud bruin" ist, ein altes braunes Ale in dem traditionell im nördlichen, flämischsprachigen Teil Belgiens üblichen Stil. Außerdem braut Silly zwei Double Enghien, die von Tennstedt-Decroes übernommen sind. Das Brune hat eine cremige Textur und einen nussig-malzigen Geschmack, während das Blonde einen trockenen, fruchtigeren Charakter hat.

WISSENSWERTES

Brauerei: Brasserie de Silly SA
Standort: Silly, Hennegau
Sorte: Scotch Ale
Farbe: Walnussbraun
Alkoholgehalt: 8 Vol.-%
Serviertemperatur: 12 °C
Passt gut zu: Schweinebraten mit Apfelsoße

St. Bernardus Prior 8

Die ersten Biere dieser 1946 gegründeten Brauerei erschienen unter der Marke Sint Sixtus und waren lizenzierte Reproduktionen der echten Trappistenbiere der Abtei Sint Sixtus in Westvleteren. Nachdem die Lizenz abgelaufen war, nahm die Abtei ihren eigenen Brauereibetrieb wieder auf, während die Brauerei Sint Sixtus Bier auf der Basis einer leicht abgewandelten Rezeptur braute.

Die Brauerei heißt heute St. Bernard, setzt aber die Tradition fort, die Biere ihrer Stärke entsprechend nach der klösterlichen Hierarchie zu benennen: Pater 6 für die leichtesten, Abt 12 für die stärksten und Prior 8 für die mittleren Biere. (Die Zahlen beziehen sich auf das belgische System, das den Alkoholgehalt eines Biers in Grad angibt, ein grober Hinweis auf seine alkoholische Stärke.) Prior 8 ist ein klassisches Dubbel-Abteibier mit weichem Körper und reifem, süßfruchtigem Geschmack, der durch leichte Hopfenbittere ausgewogen wird. Pater 6 ist ebenfalls ein Dubbel, hat aber mehr Röstmalzcharakter, während Abt 12 ein walnussfarbenes, starkes Tripel (mit 10,5 Vol.-% Alkohol) mit süßen Rosinen-Frucht-Aromen ist, das auf dem Gaumen einen vollen Körper und Nuss-, Karamell- und Schokoladennoten hat. St. Bernard braut für Pierre Celis, der Hoegaarden groß gemacht hat und nun Celis White in den USA leitet, das Grottenbier, ein leichtes braunes Ale, das in Kellern in Kanne nahe der niederländischen Grenze reift.

WISSENSWERTES

Brauerei: Brouwerij St. Bernard
Standort: Watou, Westflandern
Sorte: Belgisches Abtei Dubbel
Farbe: dunkel Schokoladenbraun
Alkoholgehalt: 8 Vol.-%
Serviertemperatur: 10–14 °C
Passt gut zu: Grillsteaks oder Lammkoteletts

Timmermans Kriek

Obwohl der Begriff Kriek inzwischen jedes mit Kirschen aromatisierte Bier bezeichnet, ist das Kriek von Timmermans ein sehr authentisches Lambic-Bier, das mit natürlichen Hefen produziert wird und dem während der Reifung ganze Kirschen beigegeben werden.

Dieses Bier ist ein relativ süffiges Beispiel für den Stil, mit einem angenehm süßen Kirschgeschmack, der durch eine trockene, Sherry-ähnliche Säure ausgewogen wird, die für echte Lambic-Biere typisch ist. Timmermans produziert auch Lambics in anderen Geschmacksrichtungen, so ein trockenes, vollmundiges Erdbeer-Lambic, ein Cassis-Lambic mit schwarzer Johannisbeere und ein Pêche (Pfirsich). Außerdem braut die Brauerei ein innovatives „weißes" Lambic, eine Mischung aus Lambic- und Weizenbier, und ein Bier namens Bourgogne de Flandres im Stil eines traditionellen belgischen Red Ale. Konventioneller sind ihr Gueuze Caveau, eine Mischung aus altem und jungem Lambic-Bier, und Doux Lambic, ein Faro, das ein mit braunem Zucker gesüßtes Lambic-Bier ist. Die Brauerei wurde 1832 gegründet. Dokumente belegen jedoch, dass an diesem Standort bereits viel früher Bier gebraut wurde. Im Jahr 1993 wurde die Brauerei von dem Unternehmen John Martin übernommen, wird aber immer noch von der Familie der ehemaligen Eigentümer geleitet.

WISSENSWERTES

Brauerei: Brouwerij Timmermans-John Martin NV
Standort: Itterbeek, Flämisch Brabant
Sorte: Kriek-Lambic
Farbe: helles Kirschrot
Alkoholgehalt: 5 Vol.-%
Serviertemperatur: 8–9 °C
Passt gut zu: leichten, fruchtigen Desserts wie Soufflés

Trappistes Rochefort 8

Von den sechs Trappistenklöstern, die kommerziell Bier brauen, ist die Abbaye de Notre Dame de Saint-Rémy in der Nähe von Rochefort die traditionellste und auch die verschwiegenste. Nur wenig ist über die Mönche bekannt, die das Bier brauen. Gut dokumentiert ist, dass an diesem Ort bereits 1230 ein Konvent gegründet wurde, das 1464 in ein Mönchskloster umgewandelt wurde. Seit Ende des 16. Jahrhunderts wird hier Bier gebraut. Das heutige Brauhaus stammt zum größten Teil aus den 1960er-Jahren, als das Unternehmen expandierte. Die Biere sind sehr individuell – reichhaltig, dunkel und malzig – und mit einer streng geheimen Kräutermischung gewürzt.

Vor dem Abfüllen wird dem Bier Kandiszucker beigefügt, der eine zweite Gärung anregt. Jede Produktionscharge reift bis zu zehn Wochen. Drei Biere werden gebraut, alle nach derselben Rezeptur. Sie unterscheiden sich nur durch ihre Stärke. Tatsächlich ist der Alkoholgehalt jedes Biers etwas höher als seine Nummer: 6 hat 7,5 Vol.-%, 8 hat 9,2 Vol.-% und 10 kommt auf 11,3 Vol.-% Alkohol. Am besten verkauft sich Nummer 8, ein recht süßes, fruchtiges Bier, bei dem Rosinen und Sultaninen dominieren. Alle drei Biere lassen sich sehr gut lagern. Erst nach sechs Monaten erreichen sie die volle Reife, und nach zwölf Monaten werden sie noch besser.

WISSENSWERTES

Brauerei: Brasserie de Rochefort
Standort: Abbaye de Notre Dame de Saint-Rémy, Rochefort, Namur
Sorte: Belgisches Abtei Tripel (Trappisten)
Farbe: Kupferbraun
Alkoholgehalt: 9,2 Vol.-%
Serviertemperatur: 10–14 °C
Passt gut zu: Wurst

Grimbergen Blonde

Dieses starke blonde Bier, das von Alken-Maes gebraut wird, besitzt auf dem Gaumen eine Hefeweichheit, die an Trappistenbier erinnert, und eine zähe Schaumkrone.

Das Grimbergen Blonde hat ein leicht hopfiges Aroma, das im Geschmack weniger deutlich ist. Recht süß, aber nicht zu sehr, mit einem starken Hauch Vanille im Nachgeschmack, ist es sehr süffig, sollte aber wegen seiner Stärke nicht in zu großen Mengen getrunken werden. Es handelt sich hierbei um ein komplexes und angenehmes belgisches Ale. Entsprechend der Tradition basiert das Grimbergen Blonde auf einer alten Rezeptur, nach der schon 1128 in der Abtei Grimbergen gebraut wurde. Die Brauerei Alken-Maes entstand erst 1880 durch den Zusammenschluss von zwei lokalen Brauereien.

WISSENSWERTES

Brauerei: NV Brouwerijen Alken-Maes Brasseries SA
Standort: Jumet, Hennegau
Sorte: starkes Ale
Farbe: kräftige Walnussfarbe
Alkoholgehalt: 6,7 Vol.-%
Serviertemperatur: 7,2 °C
Passt gut zu: Lammbraten, Eintopf mit Rindfleisch

Grimbergen Double

Das Double ist ein dunkles braunes Ale mit fruchtigem Malzaroma und einem vollen Malzkörper mit süßem Karamell, reifer, dunkler Frucht und Röstkaffeenoten.

Die Abtei in der kleinen Stadt Grimbergen im flämischen Brabant nördlich von Brüssel wurde 1128 von Sankt Norbert als Refugium für Pilger gegründet. Sie wurde zweimal durch Feuer zerstört. Seit man die Abtei 1629 zum zweiten Mal wieder aufgebaut hat, ist auf einem Kirchenfenster ihrer schönen Barockkirche ein Phoenix dargestellt. Dieses Symbol schmückt auch die Etiketten der Biere der Abtei Grimbergen.

Nach der Französischen Revolution wurde die Abtei zerstört, aber 1845 wieder aufgebaut. Die neu gegründete mönchische Gemeinschaft lizenzierte die Brauerei Janseens und Peeters, eine Reihe von Bieren unter dem Namen Grimbergen zu produzieren und zu vertreiben. Seit damals hat die Verantwortung für die Produktion der Grimbergen-Biere mehrmals gewechselt und liegt im Augenblick bei Alken-Maes, jetzt ein Tochterunternehmen von Scottish & Newcastle.

Die Marke Grimbergen umfasst aktuell fünf Biere: ein Blonde, ein Double, ein Triple, das Optima Bruno und die Cuvee L'Ermitage. Bei der Cuvee handelt es sich um ein Winterbier mit 7,5 Vol.-% Alkohol, das über einen Schokoladenoberton und ein weiches Hopfenaroma verfügt, sowie reichem Malz im Abgang.

WISSENSWERTES

Brauerei: NV Brouwerijen Alken-Maes Brasseries SA
Standort: Jumet, Hennegau
Sorte: Belgisches Abtei Dubbel
Farbe: dunkles Burgunderrot
Alkoholgehalt: 6,5 Vol.-%
Serviertemperatur: 10–12 °C
Passt gut zu: Fleischgerichten mit reichhaltigen Saucen und pikanten Eintöpfen

Grimbergen Triple

Das starke Tripel, das von Alken-Maes in Lizenz für die Abtei Grimbergen gebraut wird, hat einen prickelnden, vollen, bitter-süßen Geschmack und einen langen Abgang.

Dieses kräftig goldene Tripel besitzt ein trocken-würziges Aroma und einen weichen, ausgewogenen, vollen Malzgeschmack. Es ist recht süß, darin aber gemäßigt, mit einem kräftigen Hauch Vanille im Nachgeschmack. Außerdem ist es sehr süffig, kann aber wegen seiner Stärke nur in kleinen Mengen getrunken werden. Mit seinem komplexen, angenehmen Geschmack gehört das Grimbergen Triple zu den belgischen Ales, die zu kennen sich lohnt. Ungewöhnlicher ist Grimbergens Optimo Bruno, das auf einer Originalrezeptur basiert, die in der Abteibrauerei entdeckt wurde. Dieses dunkle, bernsteinfarbene Ale hat ein komplexes Bukett mit einer reichen, weinfruchtigen Weichheit, die durch pfeffrigen Hopfen und wärmende 10 Vol.-% Alkohol ausgeglichen wird.

WISSENSWERTES

Brauerei: NV Brouwerijen Alken-Maes Brasseries SA
Standort: Jumet, Hennegau
Sorte: starkes Ale
Farbe: Gold
Alkoholgehalt: 9 Vol.-%
Serviertemperatur: 6 °C
Passt gut zu: Austern und anderen Schalentieren

St-Feuillien Tripel

Die Brauerei Friart wurde 1873 in Le Roeulx zwischen Charleroi und Mons gegründet. Im Jahr 1920 bezog sie ein damals moderneres Betriebsgelände.

Schließlich wurde sie 1977 geschlossen, sechs Jahre später aber wieder eröffnet. Man strich die meisten ihrer alten Lagerbier-Marken aus dem Sortiment und konzentrierte sich auf die Abteibiere der St-Feuillien-Reihe. Viele Biere der Marke St-Feuillien werden aber tatsächlich in Lizenz der Brasserie Du Bocq in Namur produziert, deren Biere einen tendenziell anderen Charakter haben. Das St-Feuillien Tripel aus Le Roeulx ist ein volles, komplexes Getränk mit einem fruchtigen Bukett, das mit Gewürzen und Hopfen kombiniert ist und dessen Gaumen durch einen fruchtigen Malzgeschmack mit einem lang anhaltenden Abgang dominiert wird.

WISSENSWERTES

Brauerei: Brasserie St-Feuillien
Standort: Le Roeulx, Hennegau
Sorte: Belgisches Abtei Tripel
Farbe: blassgoldene Bernsteinfarbe
Alkoholgehalt: 8,5 Vol.-%
Serviertemperatur: 10–14 °C
Passt gut zu: Hummer oder Languste vom Grill

Judas

Judas gehört zum umfangreichen Sortiment der Union-Brauerei, die 1864 gegründet wurde und heute Teil der Alken-Maes-Gruppe ist. Diese wiederum gehört zu Scottish & Newcastle. Weitere Biere in dieser Reihe sind das berühmte Grimbergen, das Ciney Abtei sowie mehrere andere Marken.

Nach der Gärung reift Judas eine längere Zeit in den Kellern der Brauerei, bis es einen weichen, runden Körper entwickelt. Dann wird es mit aktiver Hefe versetzt und reift bei einer zweiten Gärung weiter. Leicht mit böhmischem Saazer Hopfen aromatisiert, hat es einen duftend-würzigen süßen Charakter, bei dem saftig-fruchtiger Malz auf dem Gaumen dominiert.

WISSENSWERTES

Brauerei: Brasserie de l'Union
Standort: Jumet, Hennegau
Sorte: starkes blondes Belgisches Ale
Farbe: blasses Goldgelb
Alkoholgehalt: 8,5 Vol.-%
Serviertemperatur: 10–12 °C
Passt gut zu: gegrillten Schinkensteaks

Pater Lieven Bruin

Die Keimzelle der Brauerei war sehr weltlich. Ihr Gründer, Arthur Van Den Bossche, heiratete in die Schokoladen- und Bierproduzentenfamilie Callebaut ein. Obwohl der Familienbetrieb seit über 100 Jahren besteht, ist er erst in Hand der dritten Generation. Die Pater-Lieven-Abteibiere kamen 1957 heraus und sind heute als Blond, als Bruin – beide mit 6,5 Vol.-% Alkohol – und als stärkeres Tripel erhältlich. Ferner gehört in die Reihe ein saisonales „Kerstpater" Christmas Ale, mit 9 Vol.-% Alkohol ein sehr starker Winterwärmer mit einem vollen, würzigen Geschmack. Das Bruin ist ein recht unkompliziertes, aber exzellentes, starkes braunes Ale, das mit hellem Pilsener sowie Karamell-, Schokoladen- und Röstmalzen gebraut ist, die ihm ein dunkles, aber mildes Röstkaffeearoma und einen anhaltenden Nachgeschmack verleihen. Das Blonde ist viel leichter in Geschmack und Aroma, mit einem trockenen Hopfencharakter. Man braut auch ein trockenes Schwarzbier, das dem Stout ähnelt und Buffalo heißt, nach der Wildwestlegende Buffalo Bill, der mit seinem Wanderzirkus 1907 den Ort besuchte. Eines der Zirkusmitglieder sollte das Maischen des Biers überwachen. Doch das Malz brannte an, was dem Bier jedoch einen nicht unangenehmen, leichten Röstgeschmack verschaffte.

Die Brauerei Van Den Bossche wurde 1897 als Teil eines landwirtschaftlichen Betriebs gegründet. Sie liegt in dem kleinen Ort Sint-Lievens-Esse in der Nähe von Oudenaarde, und zwar direkt am Marktplatz neben der Kirche. Obwohl der Name des Dorfes und der des Biers eine Verbindung zu einem Kloster vermuten lassen, ist das nicht der Fall.

WISSENSWERTES

Brauerei: Brouwerij Van Den Bossche
Standort: Sint-Lievens-Esse, Ostflandern
Sorte: Belgisches Strong Brown Ale
Farbe: dunkles, klares Schokoladenbraun
Alkoholgehalt: 6,5 Vol.-%
Serviertemperatur: 10–12 °C
Passt gut zu: gebratenem Lamm

Het Kapittel Prior

Seit die Familie Van Eecke die Brauerei Golden Lion in Watou 1862 übernommen hat, braut sie ausschließlich obergärige Biere.

Dieses starke helle Ale erhält durch drei Hopfensorten einen bitteren, erfrischenden Geschmack. Berühmter noch sind die Het-Kapittel-Biere, die nach dem Zweiten Weltkrieg auf den Markt kamen. Der Name bedeutet einfach „das Kapitel“ – ein Hinweis auf die Hierarchie von Priestern in einer Abtei. Die Brauerei ist jedoch mit keiner Klostergemeinschaft verbunden. Die Biere sind in aufsteigender Folge entsprechend ihrem Alkoholgehalt nach der klösterlichen Rangordnung benannt: Pater, Prior und Abt. Es gibt auch noch ein viertes Bier, Dubbel, das eine dunkle, aromatische Mischung aus Pater und Prior mit zusätzlicher Würze ist. Prior ist ein starkes Dunkles mit einem bittersüßen Geschmack im traditionellen Stil eines Tripel, das es bereits vor der heutigen Mode für helle Tripel gab. Ein Malzcharakter im Antrunk mit einer grünen Apfelnote, Rosinen und Karamell im Aroma und ein nussiger Karamellgeschmack auf dem Gaumen führen zu einem würzigen Abgang mit Nelken-, Zimt und Muskatnussnoten. Abt ist mit 10 Vol.-% Alkohol nur etwas stärker und heller, mit einem kräftigen Hefearoma, das nach Bananenbrot, Orangenfrucht und Gewürzen duftet. Am unteren Ende der Skala steht mit 6,5 Vol.-% Alkohol das Pater, ein dunkles Ale mit Pflaumen, Kirschen und Rosinen im Aroma und Karamellmalzcharakter.

WISSENSWERTES

Brauerei: Brouwerij Van Eecke NV
Standort: Watou, Westflandern
Sorte: Belgisches Abtei dunkles Tripel
Farbe: dunkles Rubinrot
Alkoholgehalt: 9 Vol.-%
Serviertemperatur: 10–14 °C
Passt gut zu: kräftigem, reifem Käse

Blanche de Watou

Watou, in der Nähe von Poperinge in Westflandern gelegen, ist eine alte Brauereistadt. Im Jahr 1629 wurde sie zur Grafschaft unter der illustren Familie Yedegem, der im Ort ein Schloss und eine Brauerei gehörte.

Das Schloss und die Brauerei wurden während der Französischen Revolution zerstört. Anschließend wurde nur die Brauerei wieder aufgebaut. Diese kam 1862 in den Besitz der Familie Van Eecke und wurde in Gouden Leeuw (zu Deutsch: Goldener Löwe) umbenannt. Das Blanche de Watou, auch bekannt als Watou's Witbier, ist ein naturtrübes, ungefiltertes Weizenbier mit einem erfrischenden Zitrusgeschmack. Es kam 1998 heraus.

WISSENSWERTES

Brauerei: Brouwerij Van Eecke NV
Standort: Watou, Westflandern
Sorte: Belgisches Weizenbier
Farbe: goldenes Strohgelb
Alkoholgehalt: 5 Vol.-%
Serviertemperatur: 8–10 °C
Passt gut zu: Apfelkuchen

Kasteelbier

***Kasteelbier* ist Flämisch und bedeutet Schlossbier. Dieser kräftige Barley Wine ist auch unter seinem französischen Namen „Bière du Château" bekannt.**

Sein Geschmack ist so reich wie der eines Malzbrots mit getrockneten Früchten. Der Abgang ist sehr trocken. Das Bier ist nach einer Burg benannt, die 1075 von Robrecht de Fries, dem Herzog von Flandern, erbaut wurde. Sie wurde später zerstört und durch einen von einem Burggraben umgebenen Herrensitz ersetzt. Die Brauerei besteht seit 1900. In den Schlossgewölben werden die Biere während ihrer zwölfwöchigen Reifezeit gelagert. Das originale Kasteelbier ist ein braunes Bier, aber es ist auch in einer blonden Version mit Vanillenote erhältlich.

WISSENSWERTES

Brauerei: Brouwerij Van Honsebrouck
Standort: Ingelmunster, Westflandern
Sorte: Barley Wine
Farbe: kräftiges, dunkles Schokoladenbraun
Alkoholgehalt: 11 Vol.-%
Serviertemperatur: 12 °C
Passt gut zu: reichhaltigem Schokoladenkuchen

Gentse Tripel

Van Steenberge gibt es seit 1784, wurde aber erst ein wirklich kommerzielles Unternehmen, nachdem Paul Van Steenberge 1922 die Leitung übernommen hatte.

Er änderte den Namen der Brauerei zu Bios und führte moderne Brautechniken ein, um ein Bier mit Milchsäuregärung zu produzieren, ähnlich dem von Rodenbach. Gentse Tripel, ein starkes, in der Flasche vergorenes bernsteinfarbenes Ale mit bittersüßem Honiggeschmack und einem leicht würzigen Aroma, ist neu im Sortiment der Brauerei, das inzwischen über 40 Biere umfasst. Die meisten werden im Auftrag anderer Brauereien produziert.

WISSENSWERTES

Brauerei: Brouwerij Bios-Van Steenberge NV
Standort: Ertvelde, Ostflandern
Sorte: Belgisches Abtei Tripel
Farbe: blassgoldene Bernsteinfarbe
Alkoholgehalt: 8 Vol.-%
Serviertemperatur: 10–14 °C
Passt gut zu: scharfen chinesischen Gerichten

Gulden Draak

Gulden Draak (zu Deutsch: Goldener Drache) ist nach der goldenen Statue auf dem Kirchturm in Gent benannt. Der Drache war ein Geschenk des Norwegischen Königs Sigurd Magnusson an die Stadt Konstantinopel (heute Istanbul), das er ihr 1111 beim ersten Kreuzzug machte.

Boudewijn IX., der Graf von Flandern und spätere Kaiser von Konstantinopel, brachte ihn nach Belgien zurück. Der exotische Name ist passend für dieses individuelle Bier, das in einer undurchsichtigen weißen Glasflasche verkauft wird. Gulden Draak hat ein kräftiges Hopfenaroma, und auf dem Gaumen dominieren dunkle Röstmalze mit Kaffee- und Schokoladencharakter. Durch die Flaschengärung wird das Bier mit dem Alter immer besser und erreicht seine volle Reife nach zwei Jahren.

WISSENSWERTES

Brauerei: Brouwerij Bios-Van Steenberge NV
Standort: Ertvelde, Ostflandern
Sorte: Barley Wine
Farbe: dunkles Schokoladenbraun
Alkoholgehalt: 10,5 Vol.-%
Serviertemperatur: 12–14 °C
Passt gut zu: Pastete mit Rindfleisch und Austern

Westmalle Trappist Tripel

Die Abtei Westmalle hat die Dubbel- und Tripel-Biere hervorgebracht. Besonders das Tripel ist ungewöhnlich.

Die Regel beim Bierbrauen lautet, je stärker das Bier, desto dunkler seine Farbe. Westmalle schrieb die Regel mit seinem starken goldenen Ale neu: Es ist mit hellen Pilsner-Malzen, anderen Getreidesorten und Kandiszucker gebraut, die einen höheren Alkoholgehalt ergeben, ohne Farbe zuzugeben. Westmalle Trappist Tripel hat einen weichen, ausgewogenen und doch komplexen Geschmack mit blumigem Hopfenaroma und spritziger Zitrusnote auf dem Gaumen, die durch eine würzige Hopfennote ergänzt werden. Das dunkle Dubbel (6 Vol.-% Alkohol) hat einen mehr schokoladigen, fruchtigen Charakter mit einem trockenen, malzigen Abgang.

Mit vollem Namen Abtei Unserer Lieben Frau des Heiligen Herzens genannt, wurde die Abtei Westmalle 1794 von Mönchen gegründet, die vor den Truppen der Französischen Revolution geflohen waren, die schon mehrere Klöster im Süden des Landes zerstört hatten. 1836 nahm es als erstes Trappistenkloster nach der Französischen Revolution wieder den Braubetrieb auf. Ab den 1860er-Jahren verkaufte es seine Biere auch außerhalb der Abtei, aber die Geschäfte erlebten erst einen Aufschwung, als 1921 für den Brauereibetrieb ein separates Unternehmen gegründet wurde.

WISSENSWERTES

Brauerei: Brouwerij Westmalle
Standort: Abdij der Trappisten van Westmalle, Malle, Antwerpen
Sorte: Belgisches Abtei Tripel (Trappisten)
Farbe: Goldorange
Alkoholgehalt: 9 Vol.-%
Serviertemperatur: 10–14 °C
Ideal als: Aperitif

Westmalle Trappist Dubbel

Das Westmalle Trappist Dubbel, das in der Trappistenabtei von Westmalle nördlich von Antwerpen gebraut wird, bekommt beim Ausschenken eine etwas trübe, kräftige, dunkle Farbe mit Bernsteinspuren und einer großen, elfenbeinfarbenen, stabilen Schaumkrone, die Spitzen ähnelnde Spuren auf dem Glas hinterlässt.

Das Bier hat einen guten Kohlensäuregehalt, und viele winzige Bläschen steigen auf. Die Aromen im Antrunk sind malzig-süß mit einem hefig-brotigen Ton. Die starke Hopfenpräsenz wird dennoch vom Malz überwältigt, das eine fruchtige Qualität reifer Bananen mit einem Hefe-Unterbau hat. Westmalle ist die größte der sechs Trappistenbrauereien Belgiens und konkurriert mit Chimay um den Titel der kommerziellsten Brauerei (obwohl der Gewinn guten Zwecken dient). In den letzten Jahren hat die Brauerei kräftig expandiert, und heute exportiert sie ihre Biere in 14 Länder, darunter auch die Vereinigten Staaten und nach Japan.

WISSENSWERTES

Brauerei: Brouwerij Westmalle
Standort: Abdij der Trappisten van Westmalle, Malle, Antwerpen
Sorte: Trappistenbier
Farbe: kräftige Bernsteinfarbe
Alkoholgehalt: 6,5 Vol.-%
Serviertemperatur: 6 °C
Passt gut zu: Hase, Kaninchen, Kleinwild mit Fruchtbegleitung (z. B. Pflaumen)

Oben

Wie Belgien besitzen auch die Niederlande eine reiche Brautradition – und die geht ebenfalls auf die jahrhundertealten Braumethoden der Trappisten zurück. Das Bavaria Pilsner auf diesem Bild gehört zu den am häufigsten getrunkenen Flaschenbieren der Niederlande. Trotz der marktbeherrschenden Stellung der Großbrauereien gibt es jedoch auch hier zahlreiche Kleinbrauereien, die komplexere, dunklere Ales produzieren.

Niederländisches Bier

Durch die Nähe zu Deutschland im Osten und Belgien im Süden könnte man annehmen, dass die Brauindustrie der Niederlande von dem positiven Einfluss ihrer Nachbarn profitiert hat. Dies ist aber leider nicht unbedingt der Fall, denn wo sich die Belgier um Qualität bemühen, setzen die Holländer eher auf Quantität.

Oben

Die Brauerei De Hooiberg (Der Heuberg) in Amsterdam ist heute ein Museum. Hier hat die Brauerei Heineken ihren Ursprung, als 1863 Gerard Adriaan Heineken diese Brauerei kaufte.

DAS BESTE BEISPIEL hierfür ist Heineken, früher ein kleiner Familienbetrieb, heute jedoch ein gigantisches multinationales Unternehmen und der zweitgrößte Brauer der Welt. Inzwischen ist Heineken in über 170 Ländern der Welt aktiv. Das Unternehmen verdankt seinen Erfolg im Wesentlichen einem Mann: Alfred „Freddie“ Heineken, dem Enkel des Brauereigründers, der einen ausgeprägten Geschäftssinn und den Glauben an die Kraft der Werbung einbrachte, als er die Leitung des Unternehmens in den 1950er-Jahren übernahm.

Es gibt zwar neben Heineken noch andere Brauereien in den Niederlanden, doch sind es überraschend wenige für ein Land mit so langer Biertradition. Seit den 1970er-Jahren hat sich jedoch viel getan. Damals gab es nur zwei große Brauereien – Heineken und Skol – sowie eine Hand voll kleiner Brauer, die ziemlich durchschnittliche blonde Lagerbiere produzierten. Inzwischen haben die Niederländer jedoch ihre Vorliebe für interessantere Biere entdeckt. Die zunehmende Einfuhr von Importbier aus Belgien hat die Brauer in den Niederlanden dazu veranlasst, kreativer zu werden und eine größere Vielfalt an Ales, Lagerbieren und sogar Weizenbieren zu produzieren. Auch traditionelle Saisonbiere, die in Vergessenheit geraten waren, wurden neu aufgelegt.

Obwohl Heineken weiterhin den Markt beherrscht, kann man der Zukunft der Braukunst in den Niederlanden mit Optimismus entgegensehen. Zu den neuen Marken, die dem Gaumen des Publikums ein komplexeres Geschmackserlebnis verschaffen, gehören beispielsweise die La-Trappe-Serie von starken Ales und Christofells rubinrotes Lagerbier Robertus.

RUND UMS BIER

Produktionsmenge: 25 124 000 Hektoliter pro Jahr

Pro-Kopf-Verbrauch: 81 Liter pro Jahr

Berühmte Brauereien: Bavaria Brouwerij NV; Bierbrouwerij de Koningshoeven; Bierbrouwerij Sint Christoffel; Grolsch Bierbrouwerij NV; Heineken Brouwerij BV; Lindeboom Bierbrouwerij NV; Oranjeboom Bierbrouwerij

Berühmte Marken: Bavaria Premium Pilsner; Christoffel Robertus; Grolsch Premium Lager; Gulpener Dort; Heineken; Lindeboom Pilsener; Oranjeboom Premium Pilsener

Bavaria Premium Pilsner

Trotz des Namens hat die größte niederländische Privatbrauerei keine Verbindung zu Bayern – jedoch werden ihre Biere nach dem deutschen Reinheitsgebot gebraut.

Das Premium Pilsner ist das Flaggschiff-Bier von Bavaria. Sein frisches Honig-Zitronen-Aroma mit dem prickelnden, leicht süßen, grasigen Geschmack wird durch eine scharfe Hopfenbittere ausgewogen, die zu einem trockenen Abgang führt. Das Bier wird mit Wasser aus dem eigenen Brunnen gebraut. Die Brauerei wurde 1719 von Laurentius Moorees gegründet. Die Swinkels, denen die Brauerei seit dem Ende des 19. Jahrhunderts gehört, sind seine direkten Nachfahren. Im Laufe der letzten Jahre ist Bavaria expandiert, indem es kleinere Brauereien übernommen hat – darunter auch die berühmte Kroon-Brauerei in Oirschot.

WISSENSWERTES

Brauerei: Bavaria Brouwerij NV
Standort: Lieshout, Nordbrabant
Sorte: Pilsner
Farbe: Goldgelb
Alkoholgehalt: 5 Vol.-%
Serviertemperatur: 6–8 °C
Passt gut zu: Entenbraten

Bavaria 8.6

Benannt nach seinem Alkoholgehalt, ist das 8.6 das stärkste Bier der Bavaria Brouwerij, und auch ihr aromatischstes.

Obwohl es sich hier um ein obergäriges Lager handelt, ähnelt es einem Barley Wine. Es hat ein körniges Biskuitaroma mit Vanille- und Honignoten, und einen süßen, malzigen Geschmack, der im Abgang durch eine leichte Hopfenbittere ausgewogen wird. Durch den hohen Alkoholgehalt riskiert man, den Geschmack zu dominieren. Die Bavaria-Brauerei produziert vor allem untergärige Lager, aber auch ein vollmundiges obergäriges Bockbier namens Hooghe Bock mit einem milden, bittersüßen Geschmack. Auch ein Oud Bruin ist im Sortiment, ein altes Braunbier mit einem Karamellmalzgeschmack, ähnlich den Bieren, die die Brauerei in ihren Anfängen produziert hat.

WISSENSWERTES

Brauerei: Bavaria Brouwerij NV
Standort: Lieshout, Nordbrabant
Sorte: starkes Lager
Farbe: gelbgoldene Bernsteinfarbe
Alkoholgehalt: 8,6 Vol.-%
Serviertemperatur: 10–12 °C
Passt gut zu: Kuchen mit Mürbeteig

Gulpener Dort

Die Stadt Gulpen liegt in der südöstlichsten Spitze der Niederlande, nahe der Stadt Maastricht, und nicht weit von den Grenzen nach Deutschland und nach Belgien.

Gulpen ist die Heimat der unabhängigen Familienbrauerei Gulpener Bierbrouwerij, die seit ihrer Gründung im Jahre 1825 von der Familie Rutten geführt wird – inzwischen in der fünften Generation. 1995 erwarb Grolsch einen bedeutenden Anteil an der Brauerei. Dies stellt sicher, dass Gulpener Biere sich nun recht breiter Distribution erfreuen, sowohl im Inland als auch auf dem Exportmarkt. Obwohl es Gegenstand eines solch massiven kommerziellen Interesses ist, bleibt Gulpener seiner Tradition treu und experimentiert weiterhin mit unterschiedlichen Biersorten, ganz im Gegensatz zum nationalen Trend, nur die einfachen hellen Pilsener zu produzieren.

Gulpener Dort etwa ist im Stil der starken Dortmunder Exportbiere gebraut, mit einem volleren Körper und einem süßeren Geschmack als ein Pilsener. Es hat ein Aroma aus dunkler Frucht mit Pflaumen- und Rosinennoten und einen ebenso fruchtigen Geschmack, der durch eine duftende Hopfenbittere ausgewogen wird. Zu den vollen Gulpener Bieren gehört auch das Oud Bruin, ein traditionelles braunes Ale, und ein nicht pasteurisiertes, ungefiltertes Pilsner namens Château Neubourg mit einem deutlichen Hopfenprofil. Zu seinen ungewöhnlicheren Produkten zählen ein höchst individuelles, säuerliches Rotbier im belgischen Stil namens Mestreechs Aajt, das mit Lambic-Hefe produziert ist, und ein blonder Barley Wine namens Gladiator.

WISSENSWERTES

Brauerei: Gulpener Bierbrouwerij
Standort: Gulpen, Limburg
Sorte: Dortmunder Export
Farbe: klares Orangebraun
Alkoholgehalt: 6,5 Vol.-%
Serviertemperatur: 8–10 °C
Passt gut zu: Hühnchen oder Lammsteaks vom Holzkohlengrill

Heineken

Heineken Pilsner ist die bekannteste Marke des niederländischen Brauereigiganten. Es schmeckt leicht, ist aber anders als viele Durchschnitts-Lager nur mit Malz und ohne Zusätze gebraut. Weitere Heineken-Marken sind das charaktervollere Tarwebok, ein dunkler, süßer, untergäriger Weizenbock und das fruchtige dunkle Lager Oud Bruin.

Heineken, das den niederländischen Biermarkt seit 1968 beherrscht, ist nicht nur der größte Braubetrieb der Niederlande, sondern nach dem amerikanischen Giganten Anheuser-Busch die zweitgrößte Brauerei der Welt. Heineken-Bier wird weltweit in über hundert Brauereien hergestellt. Das Unternehmen wurde 1864 gegründet, als Gerard Adriaan Heineken die Brauerei De Hooiberg (Der Heuberg) in Amsterdam kaufte. Seit 1942 ist die Brauerei Heineken eine Aktiengesellschaft und wird somit nicht mehr durch die Familie kontrolliert.

Alfred Henry Heineken, der Enkel Gerards, war entschlossen, den Familiennamen zurückzukaufen, und begann seine Karriere damit, dass er in der Heineken-Brauerei Gerstensäcke schleppte. Er arbeitete sich bis in die Konzernzentrale hoch und konnte Stück für Stück Firmenanteile zurückkaufen. Im Jahr 1954 hatte er sein Ziel erreicht: Mit seiner Mehrheitsbeteiligung konnte er nun die Geschicke des Unternehmens lenken. Diese Geschichte ist der Schlüssel zum heutigen Erfolg von Heineken. In der Folge kaufte das Unternehmen viele kleinere Brauereien auf, darunter auch berühmte Marken wie Amstel, Affligem und Brand. Die ursprüngliche Brauerei, die in Amsterdam steht, ist heute ein Museum. Inzwischen braut Heineken den Großteil der niederländischen Biere in zwei gigantischen Brauanlagen in Hertogenbosch und Zoeterwoude.

WISSENSWERTES

Brauerei: Heineken Brouwerij BV
Standort: Hertogenbosch, Brabant
Sorte: Pilsner
Farbe: blasses Goldgelb
Alkoholgehalt: 5 Vol.-%
Serviertemperatur: 6–8 °C
Passt gut zu: Lamm-Burgern mit Minzsauce

Grolsch Premium Lager

Die Premiummarke der Brauerei Grolsch aus Enschede, dem größten unabhängigen Brauer der Niederlanden, ist ein vollmundiges goldenes Pilsner, das etwas bitterer als die meisten Durchschnitts-Lager schmeckt.

Das erste Bier der Brauerei soll 1615 von Peter Cuyper gebraut worden sein, um die Hand der Tochter eines Brauers im Ort zu gewinnen. Die Brauerei pflegt ihr traditionsreiches Image und verkauft viele ihrer Biere in markanten Prägeflaschen mit Bügelverschluss. Außer dem Lager braut Grolsch mehrere andere Biere für den Inlandsmarkt, darunter den vollen, bernsteinfarbenen, malzigen Barley Wine Het Canon.

WISSENSWERTES

Brauerei: Grolsch Bierbrouwerij NV
Standort: Enschede, Overijssel
Sorte: Pilsner
Farbe: tiefes Goldgelb
Alkoholgehalt: 5 Vol.-%
Serviertemperatur: 6–8 °C
Ideal als: Aperitif

La Trappe Dubbel

La Trappe Dubbel ist noch heute das originale Bier, das die Abtei braute, als sie 1881 den Braubetrieb aufnahm.

Nach dem Zweiten Weltkrieg verkaufte die Abtei die Brauerei an Stella Artois, die dann mit der Produktion eines „Trappisten-Pilsner" begann. Dieses Unternehmen scheiterte jedoch, und die Mönche kauften die Brauerei zurück, um ihr Premium-Bier neu herauszubringen. Ob es nun ein authentisches Trappistenbier ist oder nicht – es hat die echten Merkmale eines klassischen Dubbel, mit einem kräftigen Orangenfruchtaroma, das durch würzig-blumigen Hopfen ausgewogen wird. Auf dem Gaumen dominiert ein komplexer, reicher, weinähnlicher Malzgeschmack, im Abgang eine kräftige, erfrischende Dosis würzigen Hopfens.

WISSENSWERTES

Brauerei: Bierbrouwerij de Koningshoeven
Standort: Berkel-Enschot, Nordbrabant
Sorte: Abtei Dubbel
Farbe: dunkles Rubinrot
Alkoholgehalt: 6,5 Vol.-%
Serviertemperatur: 10–12 °C
Passt gut zu: Schweinefleisch in Orangensauce

La Trappe Blond

Als die Trappistenmönche während der Revolution aus Frankreich fliehen mussten, gingen die meisten in die damaligen Niederlande und ließen sich im heutigen Belgien nieder.

Eine Gruppe zog noch weiter nach Norden und errichtete in der Nähe von Tilburg eine Abtei. Die Brauerei, die Schaapskooi (zu Deutsch: Schafspferch) hieß, wurde 1881 gegründet. Heute ist ihr Status als echte Trappistenbrauerei jedoch umstritten. Sie gehört inzwischen zu Bavaria, das die Biere trotz des geringen Beitrags der Mönche Trappistenbiere nennt. Jedenfalls genießen diese Biere ein hohes Ansehen. La Trappe Blond ist ein obergäriges goldenes Ale mit einem bitteren Hopfenaroma mit zitronigen Untertönen, und einem erfrischenden bitteren Geschmack, der durch fruchtige Malze ausgewogen wird. La Trappe ist in zunehmendem Maße auch auf den Exportmärkten präsent – unter anderem in Großbritannien, Irland und den Vereinigten Staaten. Wie viele Trappistenbiere trinkt man La Trappe Blond am besten aus einem großen Trappistenkrug oder einem Pokalglas.

WISSENSWERTES

Brauerei: Bierbrouwerij de Koningshoeven
Standort: Berkel-Enschot, Nordbrabant
Sorte: blondes Abteibier
Farbe: trübes, helles Strohgelb
Alkoholgehalt: 6,5 Vol.-%
Serviertemperatur: 8–10 °C
Passt gut zu: Fleischklößchen

La Trappe Quadrupel

La Trappe Quadrupel ist mit 10 Volumenprozent Alkohol ein äußerst starkes Bier. Mit dem Begriff Quadrupel werden sehr starke Abtei- oder Trappistenbiere bezeichnet. Die andere Sorte starker Abteibiere heißt Abt. Der Unterschied zwischen Abt und Quadrupel besteht darin, dass das Abt eine dunklere Farbe hat und in Geschmack und Aroma tiefer und komplexer ist; das Quadrupel besitzt eine hellere Farbe und eine leichtere Textur mit Pfirsichnote. Abt und Quadrupel sind jedoch gleich stark: Normalerweise verfügen sie über 10 Volumenprozent Alkohol und werden im Allgemeinen in Flaschengärung hergestellt.

La Trappe Quadrupel ist ein Saisonbier, das im Herbst und Winter angeboten wird. Sein starkes Aroma ist verschiedentlich schon als „ledrig" und „erdig" beschrieben worden, und es verbreitet in der Nase auch eine dunkle Süße. Sein Geschmack ist malzig-würzig, mit einer angenehmen Bittere im Nachgeschmack. Quadrupel gehört zu einer ganzen Serie von La-Trappe-Bieren von Koningshoeven. Keines der anderen Biere kommt dem Quadrupel jedoch in Stärke gleich. Die weiteren Marken heißen La Trappe Blond (6,5 Vol.-%), La Trappe Bockbier (7 Vol.-%), La Trappe Dubbel (6,5 Vol.-%) und La Trappe Tripel (8 Vol.-%).

Dieses Bier wird von der Bierbrouwerij de Koningshoeven gebraut und gehört zu den stärksten Trappistenbieren.

WISSENSWERTES

Brauerei: Bierbrouwerij de Koningshoeven
Standort: Berkel-Enschot, Nordbrabant
Sorte: Abtei Quadrupel
Farbe: tiefe Bernsteinfarbe
Alkoholgehalt: 10 Vol.-%
Serviertemperatur: 10–12 °C
Passt gut zu: pikanter Wurst

Lindeboom Pilsener

Der Name der kleinen Familienbrauerei bedeutet Lindenbaum. Gegründet wurde sie 1870 von Willem Geenen, und sein erstes Produkt war ein würziges obergäriges Bier, das er Geenen's nannte.

Damals war allerdings das Pilsener populär und deshalb wurde die neue Braustätte, die Geenens Nachfolger Bernard und Christien 1912 eröffneten, mit dem Lindeboom Pilsener eingeweiht. Mit einer Mischung aus zwei Sorten heller Malze gebraut und mit ganzem deutschem Hopfen aromatisiert, ist das Lindeboom Pilsener ein geschmacklich angenehmes Bier, das mehr Bittere zu bieten hat als die meisten Durchschnitts-Pilsener.

Das umfangreiche Sortiment der Brauerei umfasst außerdem das Oud Bruin, ein malziges braunes, süßes Ale, und Venloosch Alt, ein echtes rotbraunes Ale im Stil der obergärigen Altbiere aus Düsseldorf; außerdem drei Biere unter der Marke Gouverneur – Gouverneur Bier, Blonde und Brune –, obergärige Biere, die mit Gersten- und Roggenmalz hergestellt werden. Diese Biere genießen eine ausgedehnte Reifezeit bei kühler Lagerung, bevor sie ungefiltert abgefüllt werden, damit sie in der Flasche weiter reifen können. Obwohl größere Brauereien immer wieder an Lindeboom Interesse gezeigt haben, ist es der kleinen Brauerei gelungen, unabhängig zu bleiben. Gegenwärtig wird sie von dem Enkel des Gründers geleitet, der ebenfalls Willem Geenen heißt.

WISSENSWERTES

Brauerei: Lindeboom Bierbrouwerij NV
Standort: Neer, Limburg
Sorte: Pilsner
Farbe: blasses Goldgelb
Alkoholgehalt: 5 Vol.-%
Serviertemperatur: 6–8 °C
Passt gut zu: Quiche Lorraine

Oranjeboom Premium Pilsener

Oranjeboom wurde 1528 gegründet und hieß einst „Drei Pferde“, da sie neben einer Schmiede stand, die auf ihrem Schild drei Pferde zeigte. Noch heute produziert die Brauerei ein leichtes Lager namens Drei Pferde, auf dessen Etikett das Schild des Schmieds abgebildet ist. Der heutige Name Oranjeboom (zu Deutsch Orangenbaum) deutet eine Verbindung zum niederländischen Königshaus an, dessen Symbol ein Orangenbaum ist. Die Brauerei gehört dem belgischen Brauereigiganten Interbrew und ist die größte seiner drei niederländischen Töchter – die anderen beiden sind Hertog Jan und Dommelsch.

Das Oranjeboom Premium Pilsener ist ein erfrischendes goldenes Pilsener mit einem wenig spektakulären Geschmack. Das Aroma ist grasig, mit einem Hauch Hopfen, während der Gaumen durch trockene, körnige Mälze mit einer sanft bitteren Hopfenpräsenz im Abgang charakterisiert ist. Oranjeboom produziert auch ein Oud Bruin, ein untergäriges altes Braunbier mit einem vollmundigen, süß-malzigen Körper, und Premium Malt, ein erfrischendes, alkoholfreies Bier.

Zu den saisonalen Bieren der Brauerei gehört Herfstbock, ein starkes, untergäriges Frühlingsbier mit einem malzigen, leicht gehopften Geschmack. Obwohl Oranjeboom nie den weltweiten Ruhm mancher anderer niederländischer Biermarken erreicht hat, hat Interbrews Marketing-Macht ihr internationales Ansehen beträchtlich steigern können.

WISSENSWERTES

Brauerei: Oranjeboom Bierbrouwerij
Standort: Breda, Brabant
Sorte: Pilsner
Farbe: blasses Goldgelb
Alkoholgehalt: 5 Vol.-%
Serviertemperatur: 6 °C
Passt gut zu: in Olivenöl gebratenem Hühnchen

Christoffel Blond

Das erste Bier der Brauerei Sint Christoffel hieß einfach Christoffel Bier, wurde aber in Christoffel Blond umbenannt, als das Robertus dazukam.

Blond ist ein vollmundiges, blassgoldenes Lager im Pilsner-Stil mit einem wohl ausgewogenen Geschmack. Eine robuste, duftende Hopfenbittere entsteht durch die Verwendung von ganzem frischen Hopfen. Das Bier ist ungefiltert und nicht pasteurisiert, sodass es in der Flasche reifen kann. Die Brauerei Sint Christoffel, die den Namen des Schutzpatrons ihrer Heimatstadt trägt, wurde 1986 in der früheren Bergbau-Stadt Roermond durch Leo Brand gegründet, einem Mitglied der berühmten Brauerfamilie Brand.

Nach ihren Anfängen als winziger Betrieb, der im Hinterhof eines Hauses lag, wuchs die Brauerei schnell, sodass sie 1995 auf ein größeres Betriebsgelände umziehen musste, das mehr Platz für Brau-, Gär- und Lageranlagen bot. Heute gehört sie zu den erfolgreichsten der jungen niederländischen Brauereien, die seit Anfang der 1980er-Jahre entstanden sind und die mit traditionellen Methoden Qualitätsbiere herstellen – wodurch sie sich deutlich von der Massenware der großen Brauereikonzerne absetzen. Alle Biere von Sint Christoffel werden übrigens nach dem deutschen Reinheitsgebot gebraut.

Im Jahr 2001 verkaufte Brand die Brauerei an ein Freizeitunternehmen namens Hillebrand Beheer, das die Distribution und das Marketing managt. Der Braubetrieb wird jedoch immer noch unabhängig betrieben.

WISSENSWERTES

Brauerei: Bierbrouwerij Sint Christoffel
Standort: Roermond, Limburg
Sorte: Pilsner
Farbe: blass Goldgelb
Alkoholgehalt: 6 Vol.-%
Serviertemperatur: 8 °C
Passt gut zu: Lasagne

La Trappe Tripel

Tripel, das stärkste der regulären Biere in der La-Trappe-Reihe, hat einen strengen, bitteren Hopfencharakter, in dem scharfer Goldings-Hopfen das Aroma dominiert, während auf dem Gaumen Hopfenschärfe und reiche, fruchtige Malze mit Orangen- und Honignoten ausgewogen werden.

Der hohe Alkoholgehalt führt zu einem trockenen Abgang. Die Brauerei produziert auch ein Winterbier namens Quadrupel, einen starken, vollmundigen, walnussbraunen Barley Wine mit 10 Volumenprozent Alkohol und einem vollen, bittersüßen Geschmack, sowie das Witte Trappist, ein ungefiltertes goldenes Weizenbier.

WISSENSWERTES

Brauerei: Bierbrouwerij de Koningshoeven
Standort: Berkel-Enschot, Nordbrabant
Sorte: Abtei Tripel
Farbe: Kupfer-Rotbraun
Alkoholgehalt: 8 Vol.-%
Serviertemperatur: 10–12 °C
Passt gut zu: Toastbrot mit kräftiger Pâté

Christoffel Robertus

Christoffel Robertus ist ein reiches, rubinrotes Bier im Stil eines traditionellen Münchner Dunkel.

Es hat einen volleren, malzigeren Charakter als Sint Christoffels Pilsner, mit einem reichen, fruchtig-würzigen Aroma, einem nussig-erdigen, leicht süßen Karamellgeschmack und nur angedeuteter Hopfenpräsenz. Sint Christoffel verkauft beide Biere in kleinen Flaschen mit Bügelverschluss oder alternativ in attraktiven Zwei-Liter-Flaschen mit Henkeln. Die gesamte Bierproduktion erfolgt an dem einzigen Standort in Roermond. Die Sint-Christoffel-Biere, deren Fangemeinde beständig wächst, werden in viele Länder Europas und nach Nordamerika exportiert.

WISSENSWERTES

Brauerei: Bierbrouwerij Sint Christoffel
Standort: Roermond, Limburg
Sorte: Münchner Dunkel
Farbe: dunkles Rubinrot
Alkoholgehalt: 6 Vol.-%
Serviertemperatur: 8–10 °C
Passt gut zu: Pizza mit Meeresfrüchten

Oben
Eine typische Straßenszene in Zürich, der größten Stadt der Schweiz. Das beliebteste Bier im Ostteil der Schweiz ist ein helles, süffiges Lager, das im Allgemeinen nach deutscher Art als „Helles“ bezeichnet wird. Beim Schweizer Bier bezieht sich der Begriff jedoch auf die helle Farbe. In anderen europäischen Ländern wird dieseser Bierstil „Pils“ genannt, ein Begriff, der in der Schweiz kaum gebräuchlich ist.

Schweizer Bier

Die Bierproduktion ist in der Schweiz noch eine sehr lokale Angelegenheit. Die verschiedenen Regionen werden durch Brauereien vor Ort versorgt. Auch Kleinbrauereien sind darunter. Im Allgemeinen überwiegen in der Schweiz die leichten Lagerbiere. Obwohl die Schweizer gerne Bier trinken, hat zwischen 1998 und 2003 der Bierverbrauch landesweit um immerhin 0,4 Prozent abgenommen.

OBEN

In einer typischen Schweizer Gaststätte, wie dieser hier, werden alle gängigen Lager-Marken serviert. Die Brauereigaststätten schenken zusätzlich ihr Hausbier aus.

DAS IN DER SCHWEIZ GEBRAUTE BIER hat sehr starke Ähnlichkeit mit den bayerischen und österreichischen Bieren. Zwei Bierregionen lassen sich in der Alpennation unterscheiden: die Kantone des französischsprachigen Westens und die des deutschsprachigen Ostens. Im Westen der Schweiz ist der Markt durch Importe aus Belgien und anderen französischsprachigen Regionen der Erde – etwa Québec – geprägt. Überraschenderweise gibt es auch mehrere Kleinbrauereien, die Bier im britischen Stil produzieren. In der Ostschweiz dagegen werden unter dem Einfluss der starken deutschen Tradition vor allem Lagerbiere getrunken, und tatsächlich halten sich viele Schweizer Brauer an das strenge deutsche Reinheitsgebot. In der Schweiz sind die Verwendung von Mais und Reis sowie bis zu 10 Prozent Zucker und 20 Prozent Stärke erlaubt.

Die Schweizer Bierlandschaft ist aufgrund der vielen kleinen Gasthausbrauereien sehr abwechslungsreich. Diese Kleinbrauereien werden in Hinsicht auf ihre Produkte und ihr Marketing zunehmend professioneller. So nutzen sie beispielsweise das Internet, um ihre Biere auf dem regionalen und sogar internationalen Markt zu verkaufen. So haben heute selbst Mikrobrauereien die Möglichkeit, in Zukunft wie die Großen international zu agieren und gleichzeitig die besten Traditionen der Schweizer Bierproduktion am Leben zu erhalten. Im Jahre 2003 waren die größten drei Bierproduzenten in der Schweiz Feldschlösschen, Heineken und Eichhof. Natürlich sind auch die großen internationalen Brauereiunternehmen hier präsent – mehr als zwei Drittel des Schweizer Biermarkts befinden sich in der Hand von Carlsberg und Heineken.

RUND UMS BIER

Produktionsmenge: 3 645 000 Hektoliter pro Jahr

Pro-Kopf-Verbrauch: 57 Liter pro Jahr

Berühmte Brauereien: Brauerei Eichhof; Brauerei Feldschlösschen

Berühmte Marken: Eichhof Hubertus; Feldschlösschen Hopfenperle; Original Draft Cardinal; Original Feldschlösschen

Original Draft Cardinal

Die Brauerei, die heute Cardinal heißt, wurde 1788 in Freiburg gegründet, als der Wirt François Piller neben seinem Gasthaus auch einen Braubetrieb einrichtete.

Im Jahr 1890 wurde der Bischof von Freiburg zum Kardinal geweiht. Zu diesem Anlass braute die Brauerei ein spezielles Bier. Später wurde die ganze Brauerei „Cardinal" genannt. 1996 übernahm Feldschlösschen Cardinal und plante sie zu schließen, Proteste aus dem Ort konnten dies jedoch verhindern. Original Draft Cardinal ist ein ausgewogenes, leicht gehopftes Lager mit einem weichen, reifen Geschmack. Außerdem produziert die Brauerei das vollere Spéciale sowie mehrere Saisonbiere.

WISSENSWERTES

Brauerei: Brasserie du Cardinal
Standort: Freiburg
Sorte: Lager
Farbe: Blassgelb
Alkoholgehalt: 4,9 Vol.-%
Serviertemperatur: 6–8 °C
Passt gut zu: knackigem grünen Salat

Eichhof Barbara

Eichhofs Barbara-Bier ist nach der Schutzpatronin der Artillerie benannt. Es handelt sich um ein tiefgoldenes, starkes Lager mit einer weichen Textur und einem runden Malzgeschmack mit einem Hauch Süße, der durch eine leichte Hopfenbittere ausgewogen wird.

Das Premium Lager wird von der größten unabhängigen Brauerei der Schweiz hergestellt, die von Johann Guggenbühler 1834 in Luzern als Brauerei zum Löwengarten gegründet wurde. Traugott Spiess übernahm das Gewerbe 1878, und bald wurde es die größte Brauerei der Stadt. Im Jahr 1922 fusionierte sie mit dem kleineren Luzerner Brauhaus, das 1889 auf dem Gelände von Eichhof gegründet worden ist. Seit 1937 heißt das aus diesem Zusammenschluss hervorgegangene Unternehmen Eichhof.

WISSENSWERTES

Brauerei: Brauerei Eichhof
Standort: Luzern
Sorte: Premium Lager
Farbe: tiefes Goldgelb
Alkoholgehalt: 5,9 Vol.-%
Serviertemperatur: 8–10 °C
Passt gut zu: gegrilltem Fisch wie Lachs oder Forelle

Eichhof Hubertus

Hubertus ist ein starkes Lager aus der Luzerner Eichhof-Brauerei, einem der größten Bierproduzenten der Schweiz. Seine goldbraune Farbe mit leicht rötlicher Tönung erhält das Bier durch Röstmalze, die auch ein volles, reiches Röstmalzaroma bilden.

Für ein Lager, das für den Massenmarkt gebraut wird, ist das Eichhof Hubertus mit 7,5 Vol.-% Alkohol recht stark – die meisten Flaschenbiere bewegen sich im Bereich von 4,5–5 Vol.-%. Trotz der hohen Prozentzahl überdeckt der Alkohol von Hubertus nicht Aroma und Geschmack dieses Biers. Eichhof produziert ein umfangreiches Sortiment von Bieren unterschiedlicher Sorten und Stärken. Braugold ist ein hellgoldenes Lager mit herb-kräftigem Hopfenaroma und -geschmack, das auf dem Gaumen durch eine weiche Malzigkeit ausgewogen wird, gefolgt von einem appetitanregenden, bitteren, hopfendominierten Abgang. Ein weiteres beliebtes Bier ist das pilsähnliche Pony, das einen noch deutlicheren Hopfencharakter hat, mit einer frischen, krautigen Note im Aroma und einem komplexen Geschmack, der durch eine erfrischende Bittere charakterisiert ist. Andere beliebte Eichhof-Marken sind Braugold (helles Lager), Eichhof Lager (helles Lager) und Barbara (Premiumbier).

Eichhof ist weltweit vielleicht die einzige Brauerei, für die ein Computerspiel entworfen wurde. Ziel dieses Spiels ist es, einfallende „Biere von Großunternehmen" abzuwehren und die sozusagen „feindlichen" Lagerbiere und schließlich alle Arten von Spirituosen und Getränken abzuschießen. Das Spiel kann kostenlos im Internet heruntergeladen werden.

WISSENSWERTES

Brauerei: Brauerei Eichhof
Standort: Luzern
Sorte: dunkles Lager
Farbe: Goldbraun
Alkoholgehalt: 5,7 Vol.-%
Serviertemperatur: 8–10 °C
Passt gut zu: kaltem Braten

Eichhof Klosterbräu Edeltrüb

Eichhof ist eine Brauerei mit einem großen Sinn für Tradition. So braut man hier ein ausgewogenes goldenes Lager namens Spiess Draft nach der originalen Rezeptur von Traugott Spiess aus dem Jahr 1888.

Eichhofs Klosterbräu Edeltrüb ist relativ neu im Sortiment, hat aber eine berühmte Ahnenreihe. Die Bezeichnung „Edeltrüb" ist ein Hinweis darauf, dass es nach einer traditionellen Rezeptur der Mönche aus dem Mittelalter gebraut wird – obwohl weder die Brauerei noch das Bier in irgendeiner formalen Verbindung zu einer Klosterbrauerei stehen. Es handelt sich um ein ungefiltertes und nicht pasteurisiertes dunkelgoldenes Lager mit natürlicher Trübung und einem würzigen Hefecharakter in Aroma und Geschmack, der durch eine weiche Hopfenbittere ausgewogen wird.

WISSENSWERTES

Brauerei: Brauerei Eichhof
Standort: Luzern
Sorte: ungefiltertes Lager
Farbe: tiefgoldenes Gelbbraun
Alkoholgehalt: 4,8 Vol.-%
Serviertemperatur: 8–10 °C
Passt gut zu: Huhn, vom Grill oder gebraten

Feldschlösschen Hopfenperle

Hopfenperle kam 1920 heraus und nimmt den zweiten Platz unter den beliebtesten Bieren der Schweiz ein, nach Feldschlösschen Original.

Es ist ein vollmalziges Lager mit einem volleren Geschmack als das Feldschlösschen Original und einem höheren Hopfenanteil, wodurch es eine erfrischende Bittere bekommt, während die leichte Kohlensäure ein weiches Gefühl auf der Zunge hinterlässt. Feldschlösschen produziert nach Schweizer Tradition eine Reihe leichter, erfrischender, malziger Biere. Seit 1882 braut man ein starkes, dunkelbraunes Lager mit fruchtigem Geschmack, das seit 1981 unter dem Namen Dunkle Perle verkauft wird. Seit 2004 gehört das Urtrüb zum Sortiment – ein goldbraunes, ungefiltertes Lager, das mit einer Mischung aus Gersten-, Weizen- und Roggenmalz hergestellt ist.

WISSENSWERTES

Brauerei: Brauerei Feldschlösschen
Standort: Rheinfelden
Sorte: Premium Lager
Farbe: Goldgelb
Alkoholgehalt: 5,2 Vol.-%
Serviertemperatur: 8 °C
Passt gut zu: Brot und Käse

Feldschlösschen Original

Feldschlösschen Original ist ein ausgewogenes untergäriges Lager und ein echter Durstlöscher mit einem erfrischenden Malzgeschmack und leichter Hopfenbittere.

Feldschlösschen wurde 1877 in Rheinfelden in der Nähe von Basel von Mathias Wütrich und Theophil Roninger gegründet. Bis in die 1990er-Jahre hinein blieb die Brauerei im Besitz der Familie Wütrich. Seit 1898 ist Feldschlösschen der größte Brauer der Schweiz. Durch Fusionen mit den Rivalen Cardinal im Jahr 1992 und Hürlimann im Jahr 1996 konnte die Brauerei expandieren. Darüber hinaus hat die Feldschlösschen-Gruppe mehrere kleinere Marken übernommen, darunter Warteck und Gurten, und produziert mehrere ausländische Biere in Lizenz für die Schweiz. Dazu gehören das dänische Carlsberg und das deutsche Schneider Weisse.

WISSENSWERTES

Brauerei: Brauerei Feldschlösschen
Standort: Rheinfelden
Sorte: Lager
Farbe: Hellgelb
Alkoholgehalt: 4,8 Vol.-%
Serviertemperatur: 6–8 °C
Passt gut zu: Wurst mit Brezeln

OBEN

Die deutschen Brauer – insbesondere in Bayern – waren von Glück gesegnet. Ihre natürliche Umgebung bot ihnen die besten Bedingungen für die Lagerung von Bier: die eiskalten Keller am Rande der Alpen. Wenn sie im März das letzte Bier brauten, reichte der Vorrat bis Oktober. Das überschüssige Bier wurde in den Kellern eingelagert und am Ende des Sommers feierte man ein großes Fest. Das größte Bierfest ist das weltbekannte Oktoberfest.

Deutsches Bier

Wie kein anderes Land ist Deutschland stolz auf die Qualität seines Biers – ein Stolz, der sich im deutschen Reinheitsgebot widerspiegelt. Das Gebot, das 1516 durch Wilhelm IV. Herzog von Bayern erlassen wurde, verfügte, dass Bier nur mit drei Zutaten gebraut werden darf: Wasser, Gerste und Hopfen. Diese Vorschrift wurde später ergänzt, als man entdeckte, welch bedeutende Rolle die Hefe spielt. Auch Weizen wurde später als Zutat erlaubt.

DAS DEUTSCHE REINHEITSGEBOT geriet jedoch in Gefahr, insbesondere durch Frankreich, das 1987 das Europäische Parlament dazu brachte, das Reinheitsgebot als Handelsbarriere anzuerkennen. Trotzdem halten sich die deutschen Brauer weiterhin an das Gebot, weil es ihnen ermöglicht, ihr Bier von billiger Massenware zu unterscheiden. Im internationalen Vergleich besitzen die deutschen Biere daher eher einen konservativen Charakter, da ihnen das innovative Element der modernen Biere aus Belgien, Großbritannien und den Vereinigten Staaten fehlt.

Dieser Traditionalismus findet seine Entsprechung bei den Konsumenten, die besonders treu an den Bieren ihrer Region festhalten. Ganze Biersorten sind eng mit ihrem Herkunftsort verbunden – etwa das starke, malzige Exportbier mit Dortmund, das Altbier mit Düsseldorf, das obergärige Kölsch mit Köln und das Dunkel mit München. Gleichzeitig hat Deutschland einige der unverwechselbarsten Biere der Welt hervorgebracht – zum Beispiel das Rauchbier, eine Spezialität aus Bamberg in Franken, oder das Schwarzbier aus Ostdeutschland, das nach der Wiedervereinigung eine Renaissance erlebte.

Weltbekannt ist das Münchner Oktoberfest. Es dauert 16 Tage und endet am ersten Wochenende im Oktober. Zum ersten Mal gefeiert wurde es im Jahre 1810, anlässlich der Vermählung von Kronprinz Ludwig von Bayern mit Prinzessin Therese von Sachsen-Hildburghausen. Nur Brauereien, die ihr Bier in der Stadt München brauen, dürfen Bier auf dem Oktoberfest ausschenken. Die Brauerei Spaten brachte 1882 das Oktoberfestbier heraus, das seither zu den Klassikern gehört. Viele andere Brauereien brauen inzwischen ebenfalls Oktoberfestbier.

Auch in Deutschland hat sich die Bierproduktion in den Händen einiger internationaler Unternehmen konzentriert. Die Treue der Kunden gegenüber ihren lokalen Marken hat es jedoch vielen kleineren Brauereien ermöglicht zu überleben.

OBEN
Deutsches Bier gibt es in einer fast unerreichten Vielfalt. Manche Biere können auf eine jahrhundertealte Tradition zurückblicken.

RUND UMS BIER

Produktionsvolumen: 106 304 000 Hektoliter pro Jahr
Pro-Kopf-Verbrauch: 122 Liter pro Jahr
Berühmte Brauereien: Brauerei Beck; Brauerei Weihenstephan; Dortmunder Hansa Brauerei; Brauerei Gebrüder Maisel; Löwenbräu AG; Paulaner GmbH
Berühmte Marken: Beck's; Bitburger Premium; Dortmunder Export; Augustiner Edelstoff; EKU Pils; Erdinger; Löwenbräu; Maisel's Weisse; Oberdorffer Weissebier; Schneider Weisse; Wernesgrüner

Andechser Bergbock Hell

Seit 1455 wird in dem kleinen Ort Andechs im oberbayrischen Fünf-Seen-Land Bier gebraut. Damals wurde das Benediktinerkloster durch Herzog Albrecht III. von Bayern auf einem Berg in Andechs oberhalb des Ammersees gegründet.

Die Bezeichnung „Klosterbräu" verweist auf die Verbindung zwischen dem Kloster und der Brauerei. Im Kloster selbst wurde bis 1972 Bier gebraut. Dann errichtete man eine moderne Brauerei am Fuße des Berges. Seitdem hat die Brauerei einen enormen Aufschwung erlebt und ist heute nicht nur eine wirtschaftliche Stütze des Klosters, sondern der gesamten Region. Das Sortiment der Brauerei umfasst sieben Biere, die alle im Bräustüberl oder im Klostergasthof vom Fass gekostet werden können. Letzterer ist sogar älter als das Kloster selbst. Das gesamte Sortiment ist auch in Flaschen erhältlich.

Bergbock Hell ist ein typisches helles Bockbier. Beim Ausschenken entwickelt es eine große, cremige Schaumkrone und hat ein klares, blumig-krautiges Aroma mit einem Hauch Zitrusfrucht. Der volle Körper ist auf dem Gaumen reich und körnig, während der Geschmack zwischen süßen, fruchtigen Malzen und Hopfenbittere ausgewogen ist. Der hohe Alkoholgehalt verleiht einen scharfen Abgang und verschafft dem Bier einen angenehmen, genussvollen Nachgeschmack. Die Andechser Klosterbrauerei produziert außerdem dunkle und helle Lager, ein obergäriges dunkles Weizenbier und ein Spezial Hell im klassischen Oktoberfest-Stil.

WISSENSWERTES

Brauerei: Andechser Klosterbrauerei

Standort: Andechs, Bayern

Sorte: Bockbier

Farbe: leuchtend klares, tiefes Goldgelb

Alkoholgehalt: 6,9 Vol.-%

Serviertemperatur: 9–10 °C

Passt gut zu: Leberkäse aus der Klostermetzgerei

Andechser Doppelbock Dunkel

Ein Doppelbock ist stärker als ein Bock, denn ein Dreimaischverfahren verleiht ihm einen volleren Körper und einen höheren Alkoholgehalt (jedoch nicht doppelt so hoch wie bei einem Bock, wie der Name nahelegen könnte).

Dieser Stil ist in Süddeutschland sehr beliebt, besonders im Frühjahr, auch wenn dieses klassische Beispiel ganzjährig erhältlich ist. Das sinnliche Bier überzeugt mit dunkler Frucht, Kräutern und Würze in der Nase und einer weichen, seidigen Textur, die den Gaumen mit Karamell, Schokolade, Rosinen und Kirschen füllt.

WISSENSWERTES

Brauerei: Andechser Klosterbrauerei
Standort: Andechs, Bayern
Sorte: Doppelbock
Farbe: klares, dunkles Kastanienbraun mit üppiger, lohfarbener Schaumkrone
Alkoholgehalt: 7 Vol.-%
Serviertemperatur: 9–10 °C
Ideal als: Mahlzeit

Augustiner Edelstoff

Dieses spritzige Lager stammt aus dem historischen Augustiner Bräu in München. Das Augustinerkloster wurde 1294 gegründet, und es ist belegt, dass die Brauerei bereits im Jahr 1328 existiert hat.

WISSENSWERTES

Brauerei: Augustiner Bräu
Standort: München, Bayern
Sorte: Export
Farbe: hellgoldene Bernsteinfarbe
Alkoholgehalt: 5,6 Vol.-%
Serviertemperatur: 8–9 °C
Passt gut zu: Grillfleisch oder gebratenem Huhn oder Hasen

Im Jahr 1803 ließ Napoleon das Kloster auflösen, doch in der Klosterschenke wurde weiterhin Bier gebraut und ausgeschenkt. Im Jahr 1817 bezog die Brauerei ihren jetzigen Standort. Augustiner gehört zu den Brauereien, die beim Münchner Oktoberfest Bier ausschenken dürfen. Zwar geht dieses Fest zurück auf die Vermählung von Kronprinz Ludwig von Bayern mit Prinzessin Therese von Sachsen-Hildburghausen, doch wegen der strengen Regelung darf nicht mal Prinz Luitpold, ein Nachfahre König Ludwigs I., auf dem Oktoberfest sein Bier ausschenken. Allerdings gibt es neben dem Oktoberfest zahlreiche ähnliche Veranstaltungen, bei denen es keine derartigen Einschränkungen gibt.

Außer dem Edelstoff und dem Oktoberfestbier stellt Augustiner ein leichtes, weich-malziges Lager her; ein Dunkles nach Münchner Art mit einem würzig-aromatischen Geschmack; und in den Wintermonaten ein reichhaltiges, wärmendes Bock im Klosterbierstil namens Maximator.

Ayinger Bräu-Weisse

Dieses ungefilterte Weizenbier ist ein erstklassiges, typisch hefetrübes Beispiel für den Stil, das beim Ausschenken eine hohe Schaumkrone entwickelt. Es besitzt ein kräftiges Bananenaroma über einem dezenten Nelkenunterbau und einen erfrischend spritzig-säuerlichen, an grünen Apfel erinnernden Geschmack.

Ayinger produziert auch ein volles, malziges dunkles Lager im klassischen bayerischen Stil und ein beliebtes Doppelbock namens Celebrator sowie mehrere andere Sorten. Die Brauerei besteht seit 1877. Sie begann sehr klein, steigerte ihre Produktion jedoch sehr bald, und als die Eisenbahnstrecke von München nach Aying führte, kamen immer mehr Touristen in den Ort und übernachteten nach dem Biergenuss im Brauereigasthof.

WISSENSWERTES

Brauerei: Ayinger Brauerei
Standort: Aying, Bayern
Sorte: Hefeweizen/Weißbier
Farbe: naturtrüb, helle Strohfarbe
Alkoholgehalt: 5,1 Vol.-%
Serviertemperatur: 8–10 °C
Passt gut zu: Weißwurst

Unser Bürgerbräu Hefe-Weizen

Bad Reichenhall ist ein berühmtes königliches Kurbad in der Region Bayrisch Gmain am Alpenrand, von München kommend wenige Kilometer vor Salzburg gelegen.

Bad Reichenhall lebt vom Tourismus und den Kurgästen und hat allerhand zu bieten – zum Beispiel ein Philharmonisches Orchester und natürlich auch die Brauerei Unser Bürgerbräu, die seit 1633 besteht. Sie stellt ein umfangreiches Sortiment von Bieren her, darunter dieses ungefilterte goldene Weizenbier mit fruchtigem Aroma, dessen Gaumen eine frische Weizensäuerlichkeit charakterisiert.

WISSENSWERTES

Brauerei: Bürgerbräu Bad Reichenhall
Standort: Bad Reichenhall, Bayern
Sorte: Hefeweizen/Weißbier
Farbe: naturtrübes Goldgelb
Alkoholgehalt: 5,2 Vol.-%
Serviertemperatur: 7–8 °C
Passt gut zu: Salami und Brot

Unser Bürgerbräu Hefe-Weizen Dunkel

Obwohl als Dunkel bezeichnet, hat dieses obergärige Weizenbier aus dem Bad Reichenhaller Bürgerbräu eine etwas hellere Farbe als die üblichen dunklen Weizenbiere.

Dennoch besitzt es ein authentisches Fruchtmalzaroma und den ausgewogenen Geschmack aus saurem Weizen, süßem Malz und trockenem, bitterem Hopfen. Die Brauerei ist stolz auf ihr großes Sortiment klassischer bayerischer Biere, die nach altbewährten Methoden und traditionellen Rezepturen seit 1633 gebraut werden. Die Brauerei empfiehlt, dieses Bier zu drei Vierteln in das Glas zu schenken und dann die Flasche sanft zu schütteln, damit mit dem letzten Schwung die Hefeablagerung ausgeschenkt wird, die dem Bier seinen Charakter verleiht.

WISSENSWERTES

Brauerei: Bürgerbräu Bad Reichenhall
Standort: Bad Reichenhall, Bayern
Sorte: dunkles Hefeweizen
Farbe: naturtrüb, tiefgoldene Bernsteinfarbe
Alkoholgehalt: 5,2 Vol.-%
Serviertemperatur: 7–8 °C
Passt gut zu: deftigen Eintöpfen

Unser Bürgerbräu Suffikator

Die Tradition, einem Doppelbock einen Namen zu geben, der auf „-ator“ endet, stammt von Paulaner, die ihren Doppelbock „Salvator“ nennt – lateinisch für „Retter“.

Viele andere Brauereien produzierten ähnliche Biere und nannten sie Salvator, als wäre dies eine Sortenbezeichnung. Paulaner bereitete dem jedoch 1894 ein Ende, als es den Namen als Handelsmarke schützen ließ. Seitdem wurde der Stil als Doppelbock bekannt, weil er dem eines regulären Bockbiers ähnelt, jedoch mit doppelt so vielen vergärbaren Anteilen gebraut wird und so ein viel stärkeres Bier ergibt. Unser Bürgerbräu Suffikator ist zwar nicht das Original, aber dennoch ein schönes Beispiel für den Stil. Das frische, körnige Aroma und der volle Malzgeschmack werden durch eine starke Hopfenpräsenz ausgewogen, die dem Bier einen trockenen, bitteren Abgang verleiht.

WISSENSWERTES

Brauerei: Bürgerbräu Bad Reichenhall
Standort: Bad Reichenhall, Bayern
Sorte: Doppelbock
Farbe: tiefgoldene Bernsteinfarbe
Alkoholgehalt: 6,8 Vol.-%
Serviertemperatur: 9–10 °C
Passt gut zu: Leberknödel in Rindersuppe

Beck's

Im Jahr 1873 in der norddeutschen Hafenstadt Bremen gegründet, war Beck's schon immer eine der innovativsten Brauereien Deutschlands.

Gegründet unter dem Namen Beck & May, trug die Brauerei die Namen zweier der drei Inhaber, des Braumeisters Heinrich Beck und des Kaufmanns Thomas May. Zu ihren ersten Neuerungen gehörte ein Laboratorium, in dem reine Hefekulturen höchster Qualität gezüchtet wurden, die eine gleichbleibende Qualität der Biere sicherstellten. Weiterhin bedeutsam für Beck's Erfolgsgeschichte war, dass ihre leichten, untergärigen Biere sehr haltbar sind, was dem Export auf den riesigen internationalen Markt die Tür öffnete. Heute gehört Beck's zum Rekordhalter unter den deutschen Bieren auf dem Exportmarkt: 34 Millionen Kästen werden jährlich in über 100 Länder exportiert. 85 Prozent der in die USA ausgeführten deutschen Biere sind Beck's-Biere. Und während viele Brauereien ihr Bier in anderen Ländern in Lizenz brauen lassen, wird jede einzelne Flasche Beck's, die auf der Welt getrunken wird, in der Bremer Brauerei produziert – nach dem deutschen Reinheitsgebot.

Das Standard-Pilsner, das originale Beck's Bier, ist spritzig und trocken mit einem klaren Hopfen- und Heuaroma. Bittere dominiert den Gaumen mit einem Hauch Malzsüße, der Abgang ist trocken und hopfig. Das Bier ist ein echter Durstlöscher. Die Brauerei produziert außerdem ein dunkles Lager im Münchner Stil und ein starkes, trockenes, malziges Oktoberfestbier sowie eine alkoholfreie und eine Light-Version ihres Pilsner.

WISSENSWERTES

Brauerei: Brauerei Beck
Standort: Bremen
Sorte: Pilsner
Farbe: helles Goldgelb
Alkoholgehalt: 5 Vol.-%
Serviertemperatur: 8 °C
Passt gut zu: jeder Art von Fisch

Berliner Kindl Weisse

Als Berlin Ende des 19. Jahrhunderts Hauptstadt des deutschen Kaiserreichs wurde, erlebte es eine Gründerzeit.

Damals wurde auch die Berliner Kindl Brauerei gegründet. Nach der Übernahme der Brauerei Potsdam, die auf die neuen untergärigen Biere spezialisiert war, brachte Berliner Kindl 1896 sein Pilsner heraus. Das Weizenbier ist in einem typisch norddeutschen Stil gebraut, das anders als die süddeutschen Weizenbiere mit Milchsäure vergoren wird und so einen champagnerartigen Zitronengeschmack erhält. Durch seinen geringen Alkoholgehalt eignet sich dieses Bier hervorragend als erfrischendes Sommergetränk.

WISSENSWERTES

Brauerei: Berliner Kindl Brauerei
Standort: Berlin
Sorte: Berliner Weisse
Farbe: Hellgelb
Alkoholgehalt: 2,7 Vol.-%
Serviertemperatur: 8–10 °C
Passt gut zu: Schweine- oder Hühnchenbraten

Clausthaler Alkoholfrei

Das deutsche Reinheitsgebot schreibt vor, dass Bier keine anderen Zutaten als Wasser, Malz, Hopfen und Hefe enthalten darf.

Clausthaler ist von der Frankfurter Binding-Brauerei entwickelt und 1979 auf den Markt gebracht worden. Die Brauerei hatte ein wegweisendes Brauverfahren erfunden, bei dem die Gärung angehalten wird. So entsteht ein echtes Bier, ohne dass sich Alkohol entwickelt (die verbleibenden 0,5 Vol.-% befinden sich innerhalb der erlaubten Definition für alkoholfreies Bier und liegen beispielsweise unter dem Alkoholgehalt einiger Brotsorten). Trotzdem mangelt es ihm nicht an Geschmack, denn es hat einen leichten, angenehm blumigen Hopfencharakter.

WISSENSWERTES

Brauerei: Binding-Brauerei AG
Standort: Frankfurt am Main, Hessen
Sorte: Lager
Farbe: helles Goldgelb
Alkoholgehalt: 0,5 Vol.-%
Serviertemperatur: 8 °C
Passt gut zu: delikaten Suppen und Pasta-Gerichten

Römer Pils

Dieses vollmundige Bier der Frankfurter Binding-Brauerei kam 1939 auf den Markt und ist nach dem Alten Rathaus der Stadt, dem Römer, benannt. Es ist ein klassisches Pilsner mit einem spritzigen, erfrischenden Geschmack und würziger Hopfenherbe, die zu einem trocken-bitteren Hopfenabgang führt.

Das Römer ist auch in einer Premium-Version namens Römer Pilsener Spezial erhältlich. Des Weiteren gehören zu Bindings umfassendem Sortiment ein vollmundiges, malziges Exportbier, ein dunkles, fruchtiges Altbier namens Kutscher Alt sowie ein starker, dunkler Doppelbock mit einem komplexen fruchtigen Geschmack namens Carolus der Starke nach Karl dem Großen, einem der Gründer von Frankfurt. Die Etiketten der Binding-Biere zeigen das Adler-Symbol der Stadt Frankfurt am Main, und das Bier gilt in der Stadt und in der Region als Pilsner schlechthin. Weitere Produkte von Binding sind unter anderem BBK Marzen, Binding Lager und Binding Export.

WISSENSWERTES

Brauerei: Binding-Brauerei AG
Standort: Frankfurt am Main, Hessen
Sorte: Pilsner
Farbe: Goldgelb
Alkoholgehalt: 4,9 Vol.-%
Serviertemperatur: 8 °C
Ideal als: Aperitif

Schöfferhofer Hefeweizen

Binding gehört zu den größten Brauereigruppen in Deutschland und wurde 1870 in Frankfurt gegründet.

Binding fusionierte 1921 mit der Frankfurter Bürgerbrauerei und der Hofbierbrauerei Schöfferhof. So entstand die Schöfferhof-Binding-Bürgerbräu AG. Der Name Schöfferhofer wird heute als Markenname für die Weizenbiere im bayrischen Stil verwendet. Das meistproduzierte unter diesen Bieren ist ein Hefeweizen. Dieses belebend sprudelnde, ungefilterte Weizenbier ist kräftig-fruchtig in Aroma und Geschmack, mit Apfel-, Orangenschalen- und leichter Bananennote. Die dezente Würze erinnert an Gewürznelken, und der Abgang besitzt einen Hauch Hopfenbittere. In derselben Reihe erscheinen ein dunkles Weizenbier und ein Kristallweizen.

WISSENSWERTES

Brauerei: Binding-Brauerei
Standort: Frankfurt am Main, Hessen
Sorte: Hefeweizen
Farbe: trübes Goldgelb
Alkoholgehalt: 5 Vol.-%
Serviertemperatur: 8–10 °C
Passt gut zu: knackigem grünem Salat

Bitburger Premium Pils

Dieses trockene, aromatische und hopfige Pilsener, das drei Monate in Kellern reift, ist nicht nur ein klassisches Beispiel für diesen Stil, sondern beansprucht für sich, als erstes Bier in Deutschland bereits 1883 als Pilsener bezeichnet worden zu sein.

Die Brauerei selbst wurde 1817 durch den Brauer und Gutsbesitzer Johann Peter Wallenborn gegründet. Als sein Enkel geeignete Lagerkeller bauen ließ, konnte die Brauerei die untergärigen Biere produzieren, die sich über die warmen Sommermonate gut hielten. Dazu zählen die dunklen Biere im bayrischen Stil, leichtes Lagerbier im Wiener Stil sowie die Pilsener, die damals noch eine relativ neue Erfindung waren.

Heute ist das Bitburger Premium Pils eines der meistverkauften Pilsener Deutschlands und das Flaggschiff eines Sortiments, das alkoholfreie und Light-Biere umfasst. Seit der deutschen Wiedervereinigung hat Bitburger auch eines der berühmtesten Biere der ehemaligen DDR in sein Sortiment aufgenommen, nämlich das Köstritzer Schwarzbier, das im Kurort Bad Köstritz in Thüringen gebraut wird. Dabei handelt es sich um ein klassisches Schwarzbier im Stil jener Region, das seine Ursprünge im 16. Jahrhundert hat. Es ist voller würziger, schokoladiger Aromen, die auch in seinem reichen, vollen und wohlausgewogenen Geschmack und dem weichen Körper deutlich hervortreten.

WISSENSWERTES

Brauerei: Bitburger Brauerei
Standort: Bitburg, Rheinland-Pfalz
Sorte: Pilsener
Farbe: Gold
Alkoholgehalt: 4,8 Vol.-%
Serviertemperatur: 8–9 °C
Ideal als: Aperitif

DAB Original

Im 19. Jahrhundert besaß Dortmund eine blühende Kohle- und Stahlindustrie. Alle lokalen Brauereien produzierten ein vollmundiges, malziges untergäriges Bier, das den Durst der Arbeiter löschte.

Das Bier aus Dortmund war etwas dunkler und weniger hopfig als das typische Pilsener. Dortmund wurde schnell eine der führenden Brauereistädte in Deutschland, und das Dortmunder Bier erfreute sich auch außerhalb der Region großer Beliebtheit. Bald wurde es sogar bis nach Japan exportiert. Deswegen sind diese Biere nicht nur unter der Bezeichnung Dortmunder, sondern auch als „Export" bekannt geworden. Nicht alle als „Export" oder „Dortmunder" bezeichneten Biere sind jedoch getreu der original Dortmunder Rezeptur gebraut. Die 1868 gegründete Dortmunder Actien Brauerei braut allerdings das originale Bier. Bei den Pariser Weltausstellungen der Jahre 1900 und 1937 gewann das helle DAB den Grand Prix. Bis heute ist es der führende Vertreter dieses Stils. Beim DAB Original handelt es sich um ein helles Lager mit einer feinen Textur, einem nach frischem Heu duftenden Aroma und einer anhaltenden Hopfenbittere.

WISSENSWERTES

Brauerei: Dortmunder Actien Brauerei

Standort: Dortmund, Nordrhein-Westfalen

Sorte: Dortmunder/Export

Farbe: kristallklares Goldgelb

Alkoholgehalt: 4,8 Vol.-%

Serviertemperatur: 6–8 °C

Passt gut zu: kalten Platten mit Fleisch und Käse

DAB Pilsener

Bereits 1937 wurde das Pilsener der Dortmunder Actien Brauerei mit dem Grand Prix der Weltausstellung in Paris ausgezeichnet. Das herbfrische Pilsener hat eine Stammwürze von 11,3 %.

Es gehört zum umfangreichen Sortiment der Dortmunder Actien Brauerei (DAB), nicht zu verwechseln mit ihrem Konkurrenten, der Dortmunder Union Brauerei (DUB), die Ende des 19. Jahrhunderts durch den Zusammenschluss mehrerer kleinerer Brauereien in Dortmund entstand. Die Dortmunder Actien Brauerei ist heute Teil der Binding-Gruppe, führt ihre Geschäfte aber als unabhängige Brauerei weiter.

WISSENSWERTES

Brauerei: Dortmunder Actien Brauerei
Standort: Dortmund, Nordrhein-Westfalen
Sorte: Pilsener, Vollbier
Farbe: Goldgelb
Alkoholgehalt: 4,8 Vol.-%
Serviertemperatur: 8–10 °C
Passt gut zu: Fleischgerichten

Kronen Pilsener

Kronen war die älteste Brauerei Dortmunds. Es gibt Dokumente, die vermuten lassen, dass sie seit 1430 in Betrieb ist und ursprünglich das Gasthaus Krone am Marktplatz mit Bier beliefert hat.

Die Kronen Brauerei braut seit Ende des 19. Jahrhunderts untergäriges Bier. Der damalige Besitzer der Brauerei Heinrich Wenker braute die neuen Pilsener-Biere nicht einfach nach, sondern entwickelte einen eigenen, weicheren und malzigeren Stil, der bald von anderen Dortmunder Brauereien nachgeahmt wurde. Diese Biere wurden als „Dortmunder" oder „Export" bezeichnet. Das Kronen Pilsener wird noch nach der Rezeptur von Heinrich Wenker gebraut.

WISSENSWERTES

Brauerei: Kronen Privatbrauerei Dortmund
Standort: Dortmund, Nordrhein-Westfalen
Sorte: Dortmunder/Export
Farbe: Goldgelb
Alkoholgehalt: 5,3 Vol.-%
Serviertemperatur: 6–8 °C
Passt gut zu: Hase oder Fasan

Diebels Alt

Der tiefe Kupferton und volle, malzig-hopfige Aromen zeichnen das obergärige Diebels Alt aus. Es gilt als Klassiker unter den Altbieren.

Es ist ein Bier mit einem vollen Körper, der den Mund ganz ausfüllt und doch leicht und spritzig wirkt. Der Geschmack ist erfrischend trocken und bitter. Aggressiver Hopfen der Sorten Perle und Hallertauer dominiert die sanfte Süße dunklen Malzes, das braunen Zucker im Unterbau andeutet (die Malzspelze werden entfernt, um den charakteristischen „gebrannten" Geschmack zu reduzieren). Die Brauerei wurde 1878 durch Josef Diebels in dem pittoresken Ort Issum am Niederrhein gegründet – nahe der holländischen Grenze, nicht weit von Düsseldorf. Diese Gegend wird traditionell mit Altbier in Verbindung gebracht. Kein Wunder also, dass die besten Vertreter dieses Stils von hier stammen.

Bereits die Vorfahren des Brauereigründers Josef Diebels waren Brauer, und bis heute ist die Brauerei im Besitz seiner Nachfahren. Noch heute wird sie von Diebels' Urenkel Peter geleitet. Ganz zu Beginn produzierte Diebels zahlreiche Biersorten, doch in den 1960er-Jahren beschloss man, sich auf Altbier zu spezialisieren. Diese Strategie zahlte sich aus, denn Diebels ist der sechstgrößte Bierproduzent Deutschlands. Inzwischen gehört Diebels zum belgischen Konzern InBev (Interbrew).

WISSENSWERTES

Brauerei: Privatbrauerei Diebels
Standort: Issum am Niederrhein, Nordrhein-Westfalen
Sorte: Altbier
Farbe: helle, klare Kupferfarbe mit einer flockigen weißen Krone
Alkoholgehalt: 4,8 Vol.-%
Serviertemperatur: 9–10 °C
Passt gut zu: Weißwurst und Sauerkraut

Hansa Export

Im Deutschen bezeichnet „Export" ein starkes, helles, untergäriges Bier, das gewöhnlich mehr Körper und einen volleren, etwas süßeren Geschmack hat als ein typisches Pilsener.

Dieses in Dortmund gebraute und dort sehr beliebte Bier wird daher auch als Dortmunder bezeichnet. Hansa ist ein klassisches Beispiel dafür – mit einer hellgoldenen Farbe, einer reichen, cremigen Textur und leichter Kohlensäure. Sein malziger Geschmack wird durch eine sanfte Hopfenbittere ausgewogen. Die Hansa Brauerei war eine der drei größten Dortmunder Brauereien, doch heute gehört sie zu ihrem ehemaligen Konkurrenten Dortmunder Actien Brauerei.

WISSENSWERTES

Brauerei: Dortmunder Hansa Brauerei
Standort: Dortmund, Nordrhein-Westfalen
Sorte: Dortmunder/Export
Farbe: Goldgelb
Alkoholgehalt: 5 Vol.-%
Serviertemperatur: 7–10 °C
Passt gut zu: ungarischem Gulasch

St. Bernhard Bräu

Die Engel Brauerei, nicht zu verwechseln mit dem gleichnamigen Familienunternehmen und Gasthaus in Waldstetten, ist ein großes kommerzielles Unternehmen mit einem umfangreichen Sortiment an Bieren.

Viele dieser Biere werden in ungewöhnlichen Flaschen oder Dosen verkauft, wie dieses Pilsner, dessen Flasche die Form eines Mönchs hat. Es besitzt ein herbes Hopfenaroma und einen ausgewogenen, körnigen Malzgeschmack mit einem erfrischend trockenen Hopfenabgang. Weitere Biere aus dem stets wechselnden Sortiment der Brauerei sind die in Aluminiumflaschen mit Bügelverschluss abgefüllten so genannten Fliegerbiere Graf von Zeppelin und General Umberto Nobile, beides Pioniere der Zeppelinluftfahrt, deren Konterfeis zusammen mit Zeppelinen auf dem Etikett dargestellt sind.

WISSENSWERTES

Brauerei: Engel Brauerei
Standort: Schwäbisch Gmünd, Baden-Württemberg
Sorte: Pilsner
Farbe: tiefes Goldgelb
Alkoholgehalt: 5 Vol.-%
Serviertemperatur: 8–10 °C
Passt gut zu: Wildauflauf

Trompe la Mort

Trompe la Mort ist ein Doppelbock aus der Engel Brauerei.

Viele Brauereien wählen für ihr Doppelbock einen Namen, der auf „-ator“ endet nach dem Beispiel des Salvator von Paulaner. Dieses Bier jedoch bildet eine Ausnahme. Sein ungewöhnlicher Name kommt aus dem Französischen und bedeutet frei übersetzt „Schlag dem Tod ein Schnippchen“. Das tiefschwarze Etikett der Flasche zeigt daher auch das Bild des grimmigen Schnitters mit Sense. Trotz seines hohen Alkoholgehalts sind Geschmack und Aroma für ein Bier dieses Stils relativ leicht. Dominant sind Apfel- und Birnennoten, die zu einem hopfig-duftenden Abgang führen.

WISSENSWERTES

Brauerei: Engel Brauerei	**Farbe:** tiefgoldenes Gelborange
Standort: Schwäbisch Gmünd, Baden-Württemberg	**Alkoholgehalt:** 7,4 Vol.-%
	Serviertemperatur: 8–10 °C
Sorte: Doppelbock	**Passt gut zu:** Kalbfleischgerichten

Tyrolian Bräu

Tyrolian Bräu in der auffälligen Flasche ist ein weiteres Bier der Engel Brauerei aus Schwäbisch Gmünd. Die Stadt wurde Mitte des 12. Jahrhunderts gegründet und war als Zentrum der Gold- und Silberschmiede berühmt.

Schwäbisch Gmünd war freie Reichsstadt, bis sie 1803 Teil von Württemberg wurde. Der Name dieses Biers ist jedoch vom österreichischen Tirol inspiriert. Dieses einfache Pilsner ist vielleicht nicht ganz so auffällig wie seine Flasche.

WISSENSWERTES

Brauerei: Engel Brauerei	**Farbe:** tiefes Goldgelb
Standort: Schwäbisch Gmünd, Baden-Württemberg	**Alkoholgehalt:** 5 Vol.-%
	Serviertemperatur: 8–9 °C
Sorte: Pilsner	**Passt gut zu:** Steak

Vamp' Beer

Die Biere der Engel Brauerei zeichnen sich vor allem durch ihre außergewöhnlichen Themen und die auffälligen Verpackungen aus.

Da diese Brauerei vorwiegend im Auftrag anderer Brauereien braut, sind viele ihrer Biere schlicht neu verpackte Versionen der originalen Biere. Engel produziert aber auch eigene Sorten wie das in einer Steinflasche abgefüllte La Cervoise des Ancestres, das intensiv bernsteinfarbene Queen Molly Pale Ale, das Nova Scotia Stout und ein dunkles malziges Lager namens Voodoo Dark. Vamp' Beer ist ein einfaches Pilsner in einer Aluminiumflasche, dessen Etikett eine sexy Vampirdame in einem engen schwarzen Kleid zeigt.

WISSENSWERTES

Brauerei: Engel Brauerei
Standort: Schwäbisch Gmünd, Baden-Württemberg
Sorte: Pilsner
Farbe: Goldgelb
Alkoholgehalt: 5 Vol.-%
Serviertemperatur: 7–8 °C
Passt gut zu: Würstchen mit Kartoffelbrei

Erdinger Weißbier

Erdinger ist die größte Weizenbierbrauerei der Welt und gleichzeitig auch eine der ältesten. Im Jahr 1886 von Johann Kienle gegründet, übernahm Franz Brombach 1935 die Brauerei. Seit 1975 wird sie von seinem Sohn Werner geführt.

Das ungefilterte, in der Flasche vergorene Erdinger Weißbier ist nach wie vor das Flaggschiff der Brauerei. Es handelt sich um ein klassisches bayerisches Weizenbier mit süß-malzigem Geschmack und leichter Hopfenbittere. Zum Sortiment der Brauerei gehören sieben weitere Sorten, darunter das in Feinfiltration hergestellte Erdinger Kristallklar, ferner ein traditionelles dunkles Weißbier mit einem vollmundigen, weichen, leicht würzigen Geschmack und das Pikantus, ein starkes, dunkles Weizenbockbier, das eine lange Reifezeit auszeichnet.

WISSENSWERTES

Brauerei: Erdinger Weißbräu
Standort: Erding, Bayern
Sorte: Hefeweizen/Weißbier
Farbe: trübes Hellgelb
Alkoholgehalt: 5,3 Vol.-%
Serviertemperatur: 10–12 °C
Ideal als: Aperitif

Hacker-Pschorr Weisse

Die Brauerei Hacker wurde 1417 gegründet und blieb über fünf Jahrhunderte im Besitz der Gründerfamilie. Als Joseph Pschorr 1813 die Brauerstochter Therese Hacker heiratete, kaufte er dem Schwiegervater das Unternehmen ab und machte daraus eine der größten Brauereien Münchens.

Einige Jahre später gründete Joseph Pschorr die unabhängige Brauerei Pschorr. Erst 1972 wurden die beiden Unternehmen zur Hacker-Pschorr Bräu AG vereint. Seine erste Unternehmung als neuer Inhaber der Brauerei war der Bau von Deutschlands größtem Brau- und Lagerkeller, „Bierfestung" genannt. So konnte das Bier ganzjährig gebraut und anschließend kühl gelagert werden. In den 1840er-Jahren war die Brauerei Hacker die größte Brauerei Münchens. Am Standort des ursprünglichen Brauhauses befindet sich heute die Gastwirtschaft Altes Hackerhaus. Hacker-Pschorr ist immer noch eine der größten Brauereien der Stadt mit einem großen Sortiment, zu dem auch dieses fruchtige, ungefilterte Weizenbier mit mittlerem Körper gehört.

Des Weiteren braut Hacker-Pschorr ein gefiltertes Kristallweizen und ein dunkles Weißbier mit einem sehr weichen Malzgeschmack. Auch eigene Versionen des klassischen Münchner Biers werden gebraut – Münchner Dunkel, ein cremiges, weiches dunkles Lager mit einem würzigen Geschmack und Münchner Hell, ein süß-malziges leichtes Lager – sowie ein Märzen für das Münchner Oktoberfest.

Doch der kulturelle Einfluss der Familie Pschorr reicht über das Bier weit hinaus. Im Jahr 1864 heiratete Josephine Pschorr Franz Strauss, ihr Sohn, Richard Strauss errang später als Komponist Weltruhm. Er widmete seine Oper „Der Rosenkavalier" seinen „lieben Verwandten, der Familie Pschorr in München".

WISSENSWERTES

Brauerei: Hacker-Pschorr Bräu
Standort: München, Bayern
Sorte: Hefeweizen/Weißbier
Farbe: trübes Goldgelb
Alkoholgehalt: 5,5 Vol.-%
Serviertemperatur: 10–12 °C
Passt gut zu: Münchener Weißwürsten mit süßem Senf und Brezel

Früh Kölsch

Das schöne, hellgold-bernsteinfarbene Kölsch bildet eine kleine, weiße Schaumkrone aus.

Sein Aroma setzt sich aus einer Mischung von Malz und Brot zusammen, mit etwas Hopfenwürze und einer leichten Beerennote. Der Geschmack ist sehr erfrischend und durch die vorherrschenden schönen spritzigen Malze vollkommen ausgewogen. Eine leichte Frucht- und Hopfenbittere ist kaum merklich, ergänzt aber den Stil perfekt. Das Bier hat einen angenehmen leichten Körper und ist sehr süffig. Mit „Kölsch" werden obergärige Biere bezeichnet, die nur in Köln gebraut werden.

WISSENSWERTES

Brauerei: Brauerei P. J. Früh
Standort: Köln, Nordrhein-Westfalen
Sorte: Kölsch
Farbe: helles Zitronengelb
Alkoholgehalt: 4,8 Vol.-%
Serviertemperatur: 5 °C
Passt gut zu: Wurst, Roggenbrot

Hannen Alt

Die Brauerei Hannen, die 1725 gegründet wurde, gehört seit 1988 zur dänischen Brauereigruppe Carlsberg. Ihr klassisches Altbier wird nach wie vor am ursprünglichen Standort Mönchengladbach gebraut.

Altbier ist eine Spezialität dieser Region. Dieses kupferfarbene obergärige Bier reift während einer ausgedehnten Lagerzeit bei kühlen Temperaturen heran. Es wird als „Alt" bezeichnet, weil dieser Stil älter ist als das neuere Pilsner. Hannens Version hat einen weichen, cremigen Körper und einen erdigen Charakter mit dunkler Fruchtnote im Aroma und auf dem Gaumen. Der Abgang ist gemäßigt hopfenherb. Hannen braut auch Carlsberg-Biere.

WISSENSWERTES

Brauerei: Hannen Brauerei GmbH
Standort: Mönchengladbach, Nordrhein-Westfalen
Sorte: Altbier
Farbe: dunkles Kupferrot
Alkoholgehalt: 4,8 Vol.-%
Serviertemperatur: 6–8 °C
Passt gut zu: Hamburgern oder Wurst

Hasseröder Premium Pils

Hasseröder wurde 1872 in Werningerode gegründet, einer wunderschönen mittelalterlichen Stadt, in der zahlreiche Fachwerkhäuser und Teile der Altstadt erhalten sind.

Ernst Schreyer übernahm 1882 die Brauerei, die bald eine der großen deutschen Brauereien wurde. Nach vielen Jahren hinter dem Eisernen Vorhang erlebte Hasseröder nach der Wiedervereinigung 1990 einen neuen Aufschwung und braut nun eines der fünf profitabelsten Pilsner Deutschlands. Die Brauerei produziert nur ein Bier – das Bier, das sie immer gebraut hat: ein vollmundiges goldenes Pils mit einem süßen, erfrischenden Geschmack.

WISSENSWERTES

Brauerei: Hasseröder Brauerei
Standort: Wernigerode, Sachsen-Anhalt
Sorte: Pilsner
Farbe: klares Goldgelb
Alkoholgehalt: 4,8 Vol.-%
Serviertemperatur: 6–8 °C
Passt gut zu: frischem grünem Salat

Aecht Schlenkerla Rauchbier

Der historische Brauereiausschank Schlenkerla wurde 1678 im Herzen der Altstadt von Bamberg gegründet. Bamberg ist eine der bemerkenswertesten Brauereistädte Deutschlands. Neun Brauereien versorgen etwa 70 000 Menschen (zum Höhepunkt der Brauindustrie in Bamberg zu Beginn des 19. Jahrhunderts gab es hier um die 60 Brauereien). Aecht Schlenkerla Rauchbier ist das berühmteste Bier der Stadt. Ursprünglich wurde es in der Schenke gebraut. Seit dem 19. Jahrhundert gibt es eine separate Braustätte auf dem Stephansberg vor der Stadt, wo das Bier mehrere Monate lang in unterirdischen Stollen reift. In der Schenke wird das Bier direkt aus Eichenfässern gezapft, aber es wird auch als Flaschenbier angeboten.

Die Brauerei produziert ihr eigenes Malz, das über Buchenholzfeuer geräuchert wird. Der Rauch bestimmt im Bier Aroma und Geschmack und hält bis zum langen, trockenen Abgang an. Das Bier gibt es in drei Versionen – außer dem regulären Märzen ein leichteres Weizenbier und ein starkes Urbock für die Wintermonate. Der offizielle Name Heller-Bräu geht auf die früheren Eigentümer von Brauerei und Gaststätte, der Familie Heller zurück. Heute heißen die Besitzer Trum, zuvor war die Brauerei aber in den Händen mehrerer anderer Eigentümer. Einer davon war Andreas Graser, der sie 1877 erwarb. Aufgrund einer Behinderung schwenkte er beim Laufen den Arm hin und her, was ihm – und bald auch der Wirtschaft samt Brauerei – den Spitznamen Schlenkerla einbrachte.

WISSENSWERTES

Brauerei: Heller-Bräu
Standort: Bamberg, Bayern
Sorte: Rauchbier
Farbe: dunkles Schokoladenbraun
Alkoholgehalt: 4,8 Vol.-%
Serviertemperatur: 9 °C
Passt gut zu: geräuchertem Schinken oder Wurst

Henninger Export Classic

Henninger geht auf das Jahr 1655 zurück, als die Brauerei Stein in Frankfurt gegründet wurde.

Diese Brauerei blieb 200 Jahre im Besitz derselben Familie, wurde aber nach dem Tod von Johannes Stein, 1873, von Heinrich Christian Henninger übernommen. Seitdem hat sie sich zu einer der fünf größten Brauereien Deutschlands entwickelt.

Henninger braut untergärige Lagerbiere. Die führende Marke der Brauerei ist Kaiser Pilsner, ein trockenes, hopfiges Bier. Das Sortiment umfasst auch das hier gezeigte vollmundige Pilsner im Export-Stil und das rauchige Highlander, das mit Malz produziert wird, der über Buchenholz geröstet wurde.

Henninger Premium Lager ist eines der in den Vereinigten Staaten bekanntesten deutschen Biere und dort als Dosenbier, aber auch vom Fass erhältlich.

WISSENSWERTES

Brauerei: Henninger Bräu AG
Standort: Frankfurt am Main, Hessen
Sorte: Pilsner
Farbe: helles, klares Goldgelb
Alkoholgehalt: 4,8 Vol.-%
Serviertemperatur: 6–7 °C
Passt gut zu: frischem grünem Salat

Hopf Helle Weiße

Miesbach, die Heimatstadt der Hopf Weißbierbrauerei, die 1910 gegründet wurde und jetzt von der Familie in dritter Generation betrieben wird, liegt 50 Kilometer südlich von München am Fuße der Alpen.

Der Familienbetrieb produziert acht verschiedene Weizenbiere, meist streng nach Tradition und doch mit innovativem Ansatz. Ihr Flaggschiff ist ein obergäriges, naturtrübes goldenes Weizenbier mit fruchtigem Geschmack und einer stärkeren Hopfennote als viele andere Weizenbiere. Auch das Aroma des dunklen Weizenbiers hat ein deutliches Hopfenprofil, einen frischen hefigen Hauch von Birnen und Bananen und einen fruchtigen Malzcharakter auf dem Gaumen, während der Weiße Bock ein starkes dunkles Bier ist, das mit wärmenden 7 Vol.-% Alkohol für den Winter gebraut wird.

WISSENSWERTES

Brauerei: Hopf Weißbierbrauerei
Standort: Miesbach, Bayern
Sorte: Hefeweizen/Weißbier
Farbe: Goldgelb
Alkoholgehalt: 5,3 Vol.-%
Serviertemperatur: 6–7 °C
Passt gut zu: dezent gewürzten Risotto- oder Pasta-Gerichten

Jever Pilsener

Das Friesische Brauhaus im norddeutschen Jever mit 150-jähriger Tradition produziert dieses berühmte Lager.

Es handelt sich um das vielleicht bitterste aller norddeutschen Pilsener. Sein Aroma von harzigem Hopfen und voll entfaltetem Malz führt zu einem Bier mit einer typisch reinweißen Krone und exakt dem richtigen Kohlensäuregehalt. Der Geschmack ist grasig, und der harzige Hopfen wird durch eine sehr solide Malzbasis getragen. Die Bezeichnung auf dem Etikett sagt schon treffend „friesisch herb". „Herb" hat auch die Bedeutung „bitter" – so auch in diesem Fall. Das Bier ist belebend frisch und durch den hohen Hopfenanteil trocken – und doch sehr vollmundig, bis zum erfrischenden, anhaltenden Hopfenabgang.

WISSENSWERTES

Brauerei: Friesisches Brauhaus
Standort: Jever, Niedersachsen
Sorte: Pilsener
Farbe: Gold
Alkoholgehalt: 4,9 Vol.-%
Serviertemperatur: 5 °C
Passt gut zu: Käse und Schwarzbrot

Prinzregent Luitpold

Prinzregent Luitpold bezeichnet eine Reihe von vier Weizenbieren aus der Schlossbrauerei Kaltenberg.

Dazu gehört ein goldenes Weißbier mit leichtem Geschmack, ein vollmundigeres dunkles Weißbier mit Nelken- und Schokoladennoten, ein Kristall-Weißbier sowie ein Weißbier Light mit lediglich 2,9 Vol.-% Alkohol. Die Biere tragen den Namen von Prinz Luitpold, dem heutigen Inhaber der Brauerei, die in seinem idyllischen Schloss 40 Kilometer westlich von München ihren Sitz hat. Das ursprüngliche Schloss wurde 1292 von Herzog Rudolf errichtet. Das heutige Gebäude stammt aus dem späten 17. Jahrhundert.

WISSENSWERTES

Brauerei: Kaltenberg
Standort: Kaltenberg, Bayern
Sorte: Hefeweizen/Weißbier
Farbe: goldenes Orangegelb
Alkoholgehalt: 5,5 Vol.-%
Serviertemperatur: 9–12 °C
Passt gut zu: Leber und Zwiebeln

Edel Premium

Die Aktienbrauerei Kaufbeuren war bereits im Jahr 1618 gut eingeführt. Vermutlich gehen ihre Anfänge bis ins Jahr 1308 zurück. Eine Urkunde belegt, dass zu jener Zeit ein Bürger der Stadt dem Spital seinen gesamten Besitz einschließlich seines Brauhauses überließ.

Die Brauerei wurde 1799 erweitert. Jonas Daniel Walch erwarb sie damals und bezog 1807 ein neues Betriebsgelände. Heute stellt man hier ein umfangreiches Sortiment verschiedener Biere her, darunter dieses klassische Pils, das ein frisches, blumiges Hopfenaroma mit einem Hauch Apfel und Heu besitzt. Die leicht brotigen Malze werden durch eine trockene Hopfenbittere ausgewogen und führen zu einem leicht süßen, malzigen Abgang.

WISSENSWERTES

Brauerei: Aktienbrauerei Kaufbeuren
Standort: Kaufbeuren, Bayern
Sorte: Pilsner
Farbe: blasses Strohgelb
Alkoholgehalt: 5 Vol.-%
Serviertemperatur: 6–8 °C
Passt gut zu: delikaten Salaten

Jubiläums Pils

Tettnanger Hopfen verleiht diesem klassischen Pils von der Aktienbrauerei Kaufbeuren das typisch trockene, blumige Aroma und seinen Geschmack.

Das Etikett trägt das Datum 1907, das Jahr, in dem das Bier erstmals gebraut wurde. In demselben Jahr ging auch die Löwen-Brauerei in den Besitz der Aktienbrauerei über. Nach den Rückschlägen durch den Ersten und Zweiten Weltkrieg stieg nach Kriegsende die Absatzentwicklung kontinuierlich an. Mit der Übernahme der Rosen-Brauerei im Jahr 1997 wurde die Aktienbrauerei zur einzigen Brauerei der Stadt.

WISSENSWERTES

Brauerei: Aktienbrauerei Kaufbeuren
Standort: Kaufbeuren, Bayern
Sorte: Pilsner
Farbe: helles Strohgelb
Alkoholgehalt: 5 Vol.-%
Serviertemperatur: 8–10 °C
Ideal als: Durstlöscher

St. Martin Dunkler Doppelbock

Durch eine lange Reifezeit bekommt dieser klassische Doppelbock einen weichen, runden Körper und einen sehr komplexen Malzgeschmack. Das Bier hat eine dunkle, mahagonibraune Farbe.

Das Aroma dieses Qualitätsbiers ist süß und erdig mit einem wärmenden Röstmalzcharakter und einem Duft nach dunkler Frucht – Feigen, Pflaume und Karamell. Röstmalze erscheinen wieder auf dem Gaumen, mit schokoladigem, schwarzem Sirup und einer Rauchnote vor einem erfrischenden, trockenen, würzigen Hopfenabgang. Es ist ein Bier mit sehr rundem, fast physisch spürbarem Körper, der fast zum Kauen einlädt. Das Bier ist dennoch nicht zu stark und ist gut trinkbar, trotz seines recht hohen Alkoholgehalts von 7,5 Vol.-% Alkohol.

WISSENSWERTES

Brauerei: Aktienbrauerei Kaufbeuren
Standort: Kaufbeuren, Bayern
Sorte: dunkler Doppelbock
Farbe: dunkles Mahagoni-Rotbraun
Alkoholgehalt: 7,5 Vol.-%
Serviertemperatur: 10–13 °C
Passt gut zu: reichhaltigen Fruchtdesserts

Steingadener Weisse Dunkel

Steingadener Weisse Dunkel ist ein ungefiltertes, in Flaschengärung hergestelltes und nach alter Klosterrezeptur gebrautes Weizenbier – das dunkle Pendant des hellen Weizen Anno 25 von derselben Brauerei.

Dieses Bier zeichnet sich durch ein fruchtig-nussiges, brotiges Malzaroma mit süßem Karamellunterbau aus. Karamell und weiche dunkle Frucht kehren auf dem Gaumen wieder und treten hier in den Vordergrund. Ein leichter Körper mit spritziger Kohlensäure machen es dennoch zu einem erfrischenden Bier für einen Sommertag. Steingadener gehört zu den regulären Weizenbieren der Aktienbrauerei Kaufbeuren. Die Brauerei produziert auch eine Reihe von Premium-Bieren in Flaschen mit traditionellem Bügelverschluss.

Zu diesen gehört auch das Hefetrübe Weißbier, das man 1885 erstmals braute, in dem Jahr, als die Brauerei Kaufbeuren eine Aktiengesellschaft wurde. Die Bezeichnung „Hefebier" bedeutet, dass das Bier nicht gefiltert ist. Ein weiteres Bier in dieser Reihe, das Naturtrübe Kellerbier, will die Lagerbiere nachempfinden, die in den ersten Tagen der Brauerei produziert wurden, und trägt dementsprechend die Jahreszahl 1308 auf seinem Etikett.

Desgleichen steht das Urbayrisch Dunkel in einer jahrhundertealten Tradition und wird nach einer überlieferten Rezeptur gebraut, während das Edle Radler, eine Mischung aus 50 Prozent Spezialbier Edel und 50 Prozent Zitronenlimonade, mit seinem niedrigen Alkoholgehalt vor allem an heißen Sommertagen ein erfrischendes, Energie spendendes Getränk ist, beispielsweise für den sportlichen Radfahrer, der auf dem Etikett abgebildet ist.

WISSENSWERTES

Brauerei: Aktienbrauerei Kaufbeuren
Standort: Kaufbeuren, Bayern
Sorte: dunkles Weizenbier/ dunkles Weißbier
Farbe: naturtrübes goldenes Walnussbraun
Alkoholgehalt: 5,1 Vol.-%
Serviertemperatur: 10 °C
Passt gut zu: kräftig gewürzter Pizza oder Pasta

Weizen Anno 25

Dieses traditionelle bayrische Spezialitäten-Weißbier ist spritzig und hat einen frischen Geschmack. Der Name Anno 1925 bezieht sich auf das Jahr, in dem es erstmals gebraut wurde.

Dieses Weizen hat einen feinen Hefegeschmack mit Bananen-, Apfel- und Nelkennoten, die in dem fruchtigen, körnigen Malzaroma durchscheinen. Seine kräftige Kohlensäure verleiht ihm eine kribbelige Spritzigkeit und einen vollen Körper, während der geschmackliche Gesamteindruck eine runde, fruchtige Komplexität mit einem trockenen, würzigen Abgang bildet. Das Bier stammt aus der Aktienbrauerei Kaufbeuren, zu deren umfangreichem Sortiment mehrere weitere Weizenbiersorten gehören, darunter das Kaiser Maximilian I. Leichte Weiße.

WISSENSWERTES

Brauerei: Aktienbrauerei Kaufbeuren
Standort: Kaufbeuren, Bayern
Sorte: Hefeweizen
Farbe: naturtrübes Goldgelb
Alkoholgehalt: 5,8 Vol.-%
Serviertemperatur: 8 °C
Passt gut zu: Pasta mit Käsesauce

EKU Pils

Das Flaggschiff der Kulmbacher Brauerei ist dieses klassische EKU Pils, das traditionell in der hohen Longneck-Flasche auf den Markt kommt, die ein Markenzeichen von EKU ist.

Beim Ausschenken ist dieses Bier durchscheinend goldgelb und entwickelt einen belebenden Duft nach frisch geschnittenem Gras mit einem malzsüßen Unterbau. Der Geschmack ist knackig und erfrischend bitter, der Abgang lang und trocken mit subtiler Hopfenbittere. Zur EKU-Reihe zählen außerdem ein helles malziges Lager, ein starkes goldenes Exportbier mit vollem Körper und ein saisonales Festbier mit einem duftenden Hopfenaroma. Weniger konventionell ist die angebotene Mischung aus Cola und Bier, eine süße Alternative zum alkoholarmen Bier.

WISSENSWERTES

Brauerei: Kulmbacher Brauerei
Standort: Kulmbach, Bayern
Sorte: Pilsner
Farbe: klares goldenes Strohgelb
Alkoholgehalt: 4,9 Vol.-%
Serviertemperatur: 6–8 °C
Passt gut zu: kräftig gewürzten vegetarischen Gerichten

EKU 28

Seit Mitte des 19. Jahrhunderts ist die kleine fränkische Stadt Kulmbach für ihre starken, dunklen Biere berühmt, und das alljährliche Bierfest Ende Juli wird häufig mit dem Münchener Oktoberfest verglichen.

Leider hat die einst blühende Kulmbacher Brauindustrie in den vergangenen Jahrzehnten einige große Umbrüche durchmachen müssen mit dem Ergebnis, dass sich die verbliebenen Brauereien zur Kulmbacher Brauerei-Gruppe zusammengeschlossen haben. Mit der Fusion wurde das Sortiment der vereinten Brauereien rationalisiert, und nur wenige der früheren individuellen Stile wurden ins Repertoire von Kulmbacher aufgenommen – darunter das berühmte Kulmbacher Reichelbräu Eisbock. Auch die Brauerei EKU – die Initialen stehen für Erste Kulmbacher Unionbrauerei – wurde durch die Fusion absorbiert. Mehrere ihrer Biere werden noch produziert, darunter das EKU 28, von dem die Brauerei behauptet, dass es das stärkste Bier der Welt sei, obwohl es inzwischen sicherlich von anderen Bieren übertroffen wird.

Nichtsdestoweniger bleibt EKU 28 ein außergewöhnlich starkes Gebräu. Die Zahl 28 im Namen steht für die originale Schwere, die bedeutet, dass das Bier etwa mit der doppelten Menge an Gärzuckern gebraut wird wie ein typisches Starkbier. Die außergewöhnlich hohe originale Schwere führt dazu, dass das fertige Produkt eine dicke, fast sirupartige Konsistenz besitzt. Dennoch ist EKU 28 ein überraschend süffiges Bier mit einem komplexen, würzigen Orangenfruchtgeschmack und einem frischen, klaren, trockenen Abgang.

WISSENSWERTES

Brauerei: Kulmbacher Brauerei
Standort: Kulmbach, Bayern
Sorte: Doppelbock
Farbe: dunkles Rubinrot
Alkoholgehalt: 13,5 Vol.-%
Serviertemperatur: 9 °C
Passt gut zu: Desserts mit Früchten wie Apfelkuchen

Kapuziner

Mit Kapuziner bezeichnet die Kulmbacher Brauerei-Gruppe ihre Weizenbiere, von denen es sechs verschiedene Sorten gibt.

Von diesen sechs Weizenbieren ist das klassische naturtrübe, ungefilterte goldene Kapuziner Weißbier das beliebteste. Es ist recht leicht in Aroma und Geschmack und somit ein perfektes, unkompliziertes, erfrischendes Sommergetränk. Es gibt dieses Weißbier auch als gefiltertes Kristallweizen, als vollmundiges schwarzes Weißbier mit blumigem Malzcharakter und als starke, reichhaltige Winterversion mit schön abgerundetem und würzigem Malzgeschmack.

WISSENSWERTES

Brauerei: Kulmbacher Brauerei
Standort: Kulmbach, Bayern
Sorte: Hefeweizen/Weißbier
Farbe: goldenes Orangegelb
Alkoholgehalt: 5,4 Vol.-%
Serviertemperatur: 8 °C
Passt gut zu: griechischem Salat mit Feta-Käse und schwarzen Oliven

Kulmbacher Premium Pils

Fünf einst unabhängige Brauereien aus Kulmbach, der „heimlichen Hauptstadt des Biers", schlossen sich zur Kulmbacher Brauerei-Gruppe zusammen. Das Kulmbacher Premium Pils ist ihre Topmarke, ein einfaches Lager mit einem leichten Geschmack.

Nach der Fusion der Kulmbacher Brauereien wurde die Produktion auf eine einzige Braustätte konzentriert. Die meisten der ursprünglichen Rezepturen wurden beibehalten. Viele berühmte Marken erscheinen nun auf dem Kulmbacher Etikett, darunter das Reichelbräu Eisbock 24, ein in Eis gegorenes Bier, das einst den Titel des stärksten Biers der Welt für sich beanspruchte.

WISSENSWERTES

Brauerei: Kulmbacher Brauerei
Standort: Kulmbach, Bayern
Sorte: Pilsner
Farbe: helles Strohgelb
Alkoholgehalt: 4,9 Vol.-%
Serviertemperatur: 6–8 °C
Passt gut zu: Sommersalaten

Krombacher Pils

Die Krombacher Brauerei hat ihren Sitz in der kleinen Stadt Krombach im nordrhein-westfälischen Siegerland, eine Gegend, die durch üppig bewaldete Täler charakterisiert ist.

Ihr Pilsner, mit kristallklarem Wasser aus einer natürlichen Quelle vor Ort gebraut, wird auch als „Perle der Natur" bezeichnet und besitzt eine weiche, cremige Textur mit einem milden Geschmack, der durch die ausgewogene Mischung aus Malz und Hopfen hervorgerufen wird. Obwohl es etwas süßer als andere Pilsner ist, hat es einen charakteristisch trockenen, bitteren Hopfenabgang. Das Krombacher Pils gibt es auch als alkoholfreies Bier. Außerdem produziert die Brauerei ein dunkles, obergäriges Altbier namens Rhenania. Alle Krombacher Biere werden streng nach dem deutschen Reinheitsgebot gebraut.

WISSENSWERTES

Brauerei: Krombacher Brauerei
Standort: Kreuztal-Krombach, Nordrhein-Westfalen
Sorte: Pilsner
Farbe: Goldgelb
Alkoholgehalt: 4,8 Vol.-%
Serviertemperatur: 6–8 °C
Ideal als: Aperitif

Lauterbacher Hefeweizen

Im Jahr 1651, kurz nach dem Ende des Dreißigjährigen Krieges gegründet, folgt die Lauterbacher Brauerei dem Motto „Tradition ist unsere Inspiration".

Ihr ungefiltertes goldenes Weizenbier ist ein spritziges obergäriges Bier mit einem feinen Aroma voller Bananen- und Zitrusnoten, die für den hohen Hopfenanteil und den besonderen Hefestrang charakteristisch sind. Bereits seit 1888 verwendet die Brauerei denselben Hefestrang. Der Geschmack ist zwischen körnigem Malz, weichem Weizen und Hopfenbittere ausgewogen. Die Brauerei produziert neun Weizenbiersorten, darunter die Marke Bayrischer Hiasl – nach jahrhundertealter Rezeptur gebraut und benannt nach dem Wilderer Mathias Klostermaier, genannt Bayrischer Hiasl – sowie das hier abgebildete Lauterbacher Brotzeitbier.

WISSENSWERTES

Brauerei: Privatbrauerei Lauterbach L. Ehnle
Standort: Lauterbach, Hessen
Sorte: Hefeweizen/Weißbier
Farbe: goldenes Orangegelb
Alkoholgehalt: 5,1 Vol.-%
Serviertemperatur: 8 °C
Passt gut zu: Schnitzel mit Käsesauce

Maisel's Weisse Original

Bayreuth ist vor allem der jährlichen Wagnerfestspiele wegen bekannt, die in dem von Richard Wagner selbst entworfenen Opernhaus stattfinden. Bierkennern ist die Stadt auch wegen ihrer fünf Brauereien ein Begriff, von denen Maisel die größte ist. 1874 gegründet, ist sie immer noch in Besitz der Familie Maisel. Das frühere Brauhaus ist heute ein Museum – eines der größten Brauereimuseen der Welt – und beherbergt die originale Brauereianlage sowie weitere Exponate von riesigen Dampfmaschinen bis hin zu einer Krug- und Glassammlung.

Neben dem Museum liegt die Brauereikneipe Goldener Löwe, wo das gesamte Maisel-Sortiment vom Fass probiert werden kann. Die meisten Biere gibt es aber auch als Flaschenbiere. Maisels berühmte traditionelle Spezialität ist das Dampfbier, ein obergäriges helles Bier mit reichem Malzgeschmack. In den letzten Jahren hat sich die Brauerei vor allem auf ihre sechs Weizenbiere konzentriert. Maisel's Weisse Original ist ein klassisches ungefiltertes bayrisches Weizenbier mit aktiver Hefe, die dem Bier eine dunkle, goldene Farbe mit einer natürlichen Trübe verleiht und es in der Flasche weiter gären lässt. Es besitzt ein hefiges Bananenaroma und einen weichen, fruchtigen Geschmack mit einem prickelnden, trockenen Hopfenabgang. Außerdem produziert Maisel ein vollmundiges, fruchtiges dunkles Weizenbier, eine alkoholfreies Weizen und ein saisonales Winterweizen mit einem reichen, würzigen Geschmack.

WISSENSWERTES

Brauerei: Brauerei Gebrüder Maisel
Standort: Bayreuth, Bayern
Sorte: Hefeweizen/Weißbier
Farbe: naturtrübes goldenes Orangegelb
Alkoholgehalt: 5,7 Vol.-%
Serviertemperatur: 8–10 °C
Passt gut zu: kalter Pastete mit Schweinefleisch

Löwenbräu Original

Manche Quellen datieren die Gründung von Löwenbräu auf das Jahr 1383, doch das Datum ist nicht unumstritten.

Löwenbräu wurde 1818 von Georg Brey erworben, und er machte es zur größten Brauerei Münchens. 1997 fusionierte Löwenbräu mit Spaten. Löwenbräu Original ist ein klassisches Münchner Helles, weich und malzig mit leichtem Hopfenhintergrund. Zum Sortiment der Brauerei gehören auch ein trockenes, hopfiges Premium Pils, ein alkoholfreies Bier, und ein goldenes, ungefiltertes Weizenbier sowie das stärkere Oktoberfestbier.

WISSENSWERTES

Brauerei: Löwenbräu AG
Standort: München, Bayern
Sorte: Münchner Helles
Farbe: Goldgelb
Alkoholgehalt: 5,2 Vol.-%
Serviertemperatur: 8 °C
Passt gut zu: asiatischen Nudelgerichten

Paulaner Original Münchner

Seit Beginn des 19. Jahrhunderts haben die Münchner Brauereien einen charakteristischen Stil dunkler untergäriger Biere entwickelt, der als Münchner bezeichnet wird.

Seit den 1920er-Jahren haben viele Brauereien auf eine hellere Version dieses Biers (bekannt als Münchner Helles) umgestellt. Im Allgemeinen heißt es, die Paulaner Brauerei habe diesen Trend angestoßen. Die Grundversion zeichnet sich durch ein subtiles blumiges Hopfenaroma mit einem runden Malzkörper aus, der durch eine klare, erfrischende Hopfenbittere ausgewogen wird. Es wird auch als etwas dunklere Urtyp angeboten, mit 5,5 Vol.-% Alkohol und einem volleren, malzigeren Geschmack.

WISSENSWERTES

Brauerei: Paulaner GmbH
Standort: München, Bayern
Sorte: Münchner Helles
Farbe: goldenes Gelborange
Alkoholgehalt: 4,9 Vol.-%
Serviertemperatur: 7–9 °C
Passt gut zu: Lammkoteletts

Paulaner Hefe-Weißbier

Der Stadtname München geht vermutlich auf das Jahr 1158 zurück, als Heinrich der Löwe an der Isar einen Markt „bei den Mönchen" gründete. Im Mittelalter hat es in dieser Gegend zahlreiche klösterliche Gemeinschaften gegeben. Das Paulanerkloster wurde im 16. Jahrhundert auf einem Hügel vor den Toren Münchens von Anhängern des heiligen Franziskus von Paula gegründet. Wie in vielen Klöstern braute man auch hier von Beginn an Bier für den Eigenbedarf. Und was die Mönche nicht selbst verbrauchten, wurde an die umliegenden Wirtschaften verkauft.

Die erste Urkunde, die die Existenz der Paulaner Brauerei belegt, stammt aus dem Jahr 1634. Obwohl die Brauerei für ihre Lagerbiere bekannt ist, hat sie in den letzten Jahren vor allem Weizenbier produziert. Dieses gehört mit zu den geschmacksintensivsten Bieren dieses Stils. Das klassische, ungefilterte goldene Hefe-Weißbier hat ein würziges Nelkenaroma mit Honigsüße und Bananennoten im Hintergrund, während es auf dem Gaumen prickelnd und erfrischend-fruchtig ist. Die Brauerei produziert auch ein dunkles Weißbier und ein gefiltertes Kristallweizen. 1987 brachte Paulaner das erste alkoholfreie Weizenbier der Welt auf den Markt.

WISSENSWERTES

Brauerei: Paulaner GmbH
Standort: München, Bayern
Sorte: Hefeweizen/Weißbier
Farbe: goldenes Orangegelb
Alkoholgehalt: 5,5 Vol.-%
Serviertemperatur: 9–12 °C
Passt gut zu: Hühnchen und Gemüsekuchen

Salvator Doppelbock

Das Salvator der Münchner Paulaner Brauerei ist der originale Doppelbock, Vorbild für alle anderen Doppelbock-Biere, sowohl was die Rezeptur als auch die Namensgebung betrifft.

Die Mönche, die dieses starke alkoholische so genannte „flüssige Brot" ursprünglich als Nahrungsmittel während der Fastenzeit brauten, nannten es Salvator – lateinisch für „Retter". Im 19. Jahrhundert wurde der Name Salvator für jedes Bier dieses Stils verwendet. Nachdem Paulaner 1894 den Namen Salvator als Handelsnamen exklusiv für sein Bier schützen ließ, wurde dieser Bierstil als Doppelbock bekannt. In Anlehnung an das Salvator gaben die anderen Brauereien ihren Doppelbock-Bieren Namen, die ebenfalls auf „-ator" endeten, wie etwa Optimator, Fortunator, Kulminator und Triumphator.

Salvator wird immer noch jedes Jahr gebraut. Anstich ist im Frühjahr, kurz vor Beginn der Fastenzeit. Beim Ausschenken bildet es eine dicke und volle, sahnige Krone und entwickelt ein komplexes, butteriges, fruchtiges, biskuitartiges Malzaroma, das von einem delikaten Hopfenhauch ausgewogen wird. Der Malzgeschmack auf dem Gaumen enthält Karamellmalz-, dunkle Frucht- und Toastnoten. Ein hoher Alkoholgehalt mäßigt die Süße durch eine scharfe Trockenheit. Der überraschend hohe Hopfenanteil sorgt für einen trockenen, bitteren Abgang.

Man trinkt dieses außergewöhnliche Bier am besten zu Beginn des Frühjahrs, wenn sich der Winterfrost gerade verabschiedet hat und der Münchner liebster Treffpunkt, der Biergarten, seine Tore wieder weit öffnet. Zum Glück für all diejenigen, die es nicht nach München schaffen: Salvator gibt es auch in vielen anderen Gegenden als Flaschenbier.

WISSENSWERTES

Brauerei: Paulaner GmbH
Standort: München, Bayern
Sorte: Doppelbock
Farbe: tiefbraune Bernsteinfarbe
Alkoholgehalt: 7,5 Vol.-%
Serviertemperatur: 9 °C
Ideal als: vollwertige Mahlzeit

Pinkus Hefeweizen

In der Stadt Münster gab es einst über 150 Brauereien. Heute existiert nur noch die von Pinkus Müller.

Johannes Müller gründete die Brauerei 1816 als Brauhaus für seine Gaststätte. Inzwischen ist die Brauerei seit fünf Generationen in Familienbesitz. Carl Pinkus Müller, der das Unternehmen von 1944 bis 1979 leitete, gab ihr seinen Namen. Das Bier wird nach Originalrezepturen und nach traditionellen Methoden gebraut, doch verwendet man vorwiegend biologische Zutaten. Das ungefilterte Weizenbier wird mit 60 Prozent Weizenmalz und 40 Prozent Gerstenmalz gebraut und besitzt ein zitronig-hefiges Aroma. Auf dem Gaumen dominiert ein scharfer, klarer Weizengeschmack.

WISSENSWERTES

Brauerei: Brauerei Pinkus Müller
Standort: Münster, Nordrhein-Westfalen
Sorte: biologisches Hefeweizen/Weißbier
Farbe: naturtrübes Goldgelb
Alkoholgehalt: 5,1 Vol.-%
Serviertemperatur: 8 °C
Ideal als: Aperitif

Plankstettener Dinkel

Das Riedenburger Brauhaus besteht seit 1866 und wird nun in vierter Generation von der Familie Krieger betrieben. Seit 1994 braut Riedenburger ausschließlich biologisches Bier.

Biologisch sind auch die Klosterbiere, die die Brauerei unter der Marke Plankstettener nach einer Lizenzvereinbarung von 1997 mit dem Benediktinerkloster Plankstetten braut, dessen Ursprung bis ins 12. Jahrhundert zurückgeht. Das Getreide für diese Biere wird vom Kloster selbst angebaut. Weitere Plankstettener Biere sind ein dunkles Lagerbier und ein außergewöhnliches Dinkelbier. Dies wird mit 50 Prozent Dinkelmalz gebraut und besitzt einen vollen, angenehmen Geschmack mit erfrischenden Orange- und Aprikosenaromen und einem brotähnlichen Korncharakter auf dem Gaumen.

WISSENSWERTES

Brauerei: Riedenburger Brauhaus
Standort: Riedenburg, Bayern
Sorte: biologisches Dinkelbier
Farbe: trübes Goldorange
Alkoholgehalt: 4,9 Vol.-%
Serviertemperatur: 8 °C
Passt gut zu: Pizza mit Peperoni

Plankstettener Spezial

Plankstettener Spezial ist ein bernsteinfarbenes Bier, das mit einer Mischung aus hellen und dunklen Malzen gebraut wird und bei einer längeren Reifezeit einen weichen, würzigen Geschmack entwickelt.

Da es ungefiltert und nicht pasteurisiert ist, besitzt es eine natürliche Trübung ähnlich den bayrischen obergärigen Weizenbieren, obwohl es ein untergäriges Lager ist. Neben den Plankstettener Bieren braut Riedenburger auch eigene Sorten. Dazu gehören ein dunkles und ein helles Weizenbier, ein stärkeres Export-Weizen und ein leichtes Lager im Münchner Stil. Zudem hat die Brauerei einige Spezialitäten im Sortiment wie das 5-Korn-Urbier, das mit einer Mischung aus Weizen- und Gerstenmalzen sowie Einkorn, Emmer und Dinkel gebraut wird.

WISSENSWERTES

Brauerei: Riedenburger Brauhaus
Standort: Riedenburg, Bayern
Sorte: biologisches Bier
Farbe: tiefe orange Bernsteinfarbe
Alkoholgehalt: 5,3 Vol.-%
Serviertemperatur: 8–10 °C
Passt gut zu: Roastbeef

Rostocker Pilsener

Rostocker Pils ist ein leichtes, erfrischendes goldenes Bier mit einer deutlichen Hopfentrockenheit.

Das Bier wird in der Hanseatischen Brauerei Rostock gebraut, die 1258 gegründet wurde. Als Georg Mahn und Friedrich Ohlerich die Brauerei 1878 übernahmen, war sie schon ein gut eingeführter Exporteur. Die Ingenieure errichteten eine Mälzerei mit Kühlaggregaten, die die Grundlagen für ihren enormen Erfolg bildete. Allerdings wurde 1945 die gesamte Anlage durch die sowjetischen Truppen demontiert und in die Sowjetunion transportiert. Doch 1947 war die Brauerei wieder aufgebaut. Trotz eines Großbrandes 1967 wurde der Absatz stetig gesteigert. Im Jahr 2001 expandierte die Rostocker Brauerei und braut vier Biere – außer dem Pilsner ein helles und ein dunkles Bockbier und ein starkes Export.

WISSENSWERTES

Brauerei: Rostocker Brauerei
Standort: Rostock, Mecklenburg-Vorpommern
Sorte: Pilsner
Farbe: Goldgelb
Alkoholgehalt: 4,9 Vol.-%
Serviertemperatur: 6–8 °C
Passt gut zu: Gerichten mit Reiscurry

Altenmünster Premium

Biere mit der Bezeichnung „Alt“ sind obergärige und gewöhnlich kupferfarbene Biere. Dieses weiche, süffige Bier hat jedoch eine goldene Farbe, die eher an ein helles Lager erinnert.

In dieser Hinsicht ist es mit Kölsch vergleichbar. Das Aroma ist voll und fruchtig, während der süßlich-malzige Geschmack an gebutterten Toast erinnert. Der Abgang ist weich und trocken. Die Privatbrauerei Franz Joseph Sailer produziert unter dem Namen Altenmünster ein umfangreiches Sortiment, darunter ein helles und ein dunkles Weizenbier und ein Rauchbier.

WISSENSWERTES

Brauerei: Privatbrauerei Franz Joseph Sailer
Standort: Marktoberdorf, Bayern
Sorte: Altbier
Farbe: helles Gold mit einer lockeren Schaumkrone
Alkoholgehalt: 4,9 Vol.-%
Serviertemperatur: 9–10 °C
Ideal als: Bier in geselliger Runde

Oberdorfer Weissbier

Die Oberdorfer Brauerei stammt aus dem frühen 16. Jahrhundert und war die Brauerei für das Gasthaus der Stadt, nach der sie benannt wurde – Marktoberdorf im bayerischen Teil von Schwaben.

Oberdorfer Weissbier gibt es in einer hellen und einer dunklen Variante. Die helle Version hat ein würziges Weizenaroma mit Bananen-Hefe-Charakter, Nelkennote und leichter Hopfenherbe im Hintergrund. Auf dem Gaumen verbindet sich ein spritziger, leicht saurer Weizen mit kaugummisüßem Malz zu einem ausgewogenen Bier. Das dunkle Weizenbier hat ein volles, fruchtiges Aroma mit Trauben-, Bananen- und Apfelnote sowie einen Hauch Karamell und körnigem Malz. Der Gaumen ist knackig und leicht säuerlich, mit Zitronen- und Nelken über einem malzigen, süßen Unterbau.

WISSENSWERTES

Brauerei: Privatbrauerei Franz Joseph Sailer
Standort: Marktoberdorf, Bayern
Sorte: Hefeweizen/Weißbier
Farbe: helles Goldgelb
Alkoholgehalt: 4,9 Vol.-%
Serviertemperatur: 9–12 °C
Passt gut zu: scharf gewürzter Pizza

Rauchenfelser Steinbier

Dieses höchst individuelle obergärige Bier, das erstmals 1983 auf den Markt kam, entstand im Zuge wieder eingeführter traditioneller Produktionsmethoden im Brauprozess. Diese werden auch durch den Namen des Biers angedeutet – ein rauchender Stein spielt bei der Produktion eine bedeutende Rolle.

Rauchenfelser Steinbier entsteht nach einer Methode, die vor der Einführung von Kupferkesseln üblich war, und wird in Holzbottichen gebraut. Diese können natürlich nicht direkt über offenem Feuer erhitzt werden. Um die Stammwürze (die Flüssigkeit, die beim Maischen aus Malz und Wasser gewonnen wird) zu kochen, werden Steine in einem Ofen glühend erhitzt und dann in den Bottich gelegt. Die Würze beginnt nun stark zu kochen, gleichzeitig karamellisiert ein Teil des Zuckers an ihrer Oberfläche. Auf die Gärung folgt eine dreimonatige Reifezeit, wobei die mit Zucker bedeckten Steine immer noch in der Flüssigkeit liegen und dem Bier einen rauchigen, sirupartigen Geschmack und ein deutlich rauchiges Aroma verleihen.

Anders als die kräftigen untergärigen Rauchbiere aus dem fränkischen Bamberg, die mit Rauchmalz gebraut werden und eine dunkle Farbe haben, ist dieses ein helles, süffiges Bier mit einem lebhaften Charakter, der auch dem relativ hohen Kohlensäuregehalt zu verdanken ist. Der Geschmack von geräuchertem und gebranntem Karamell ist bis zum weichen, trockenen Abgang präsent.

WISSENSWERTES

Brauerei: Privatbrauerei Franz Joseph Sailer
Standort: Marktoberdorf, Bayern
Sorte: Steinbier
Farbe: kristallklares Rotbraun, hohe, cremige Krone
Alkoholgehalt: 4,9 Vol.-%
Serviertemperatur: 9 °C
Passt gut zu: Grillfleisch

Jubelbier

Die so genannten Jubelbiere wurden immer aufgelegt, wenn es einen Anlass zum Feiern gab. Manche waren dann nur eine Saison lang erhältlich. Mindestens zwei Jubelbiere sind aber noch heute im Handel.

Die Privatbrauerei Hoepfner aus Karlsruhe ließ 1982 das Hoepfner Jubelbier wieder aufleben, das 1906 zur goldenen Hochzeit des Großherzogs von Baden erstmals gebraut wurde. Durch die einzigartige Hoepfner-Hefe und ein stärker geröstetes Malz mit leichtem Karamellaroma (Münchner Malz) ist es ein sehr vollmundiges Bier mit einer angenehmen Hopfenbittere im Abgang. Im Jahr 2004 wurde es von der Deutschen Landwirtschafts-Gesellschaft (DLG) mit dem goldenen Preis ausgezeichnet.
Das auf dieser Seite abgebildete Jubelbier in einer Steingutflasche mit Bügelverschluss war bis vor einigen Jahren noch im Handel. Inzwischen haben sich aber auch bei den Jubelbieren Glasflaschen durchgesetzt.
Die Sailer Bräu Franz Sailer KG aus Marktoberdorf war berühmt für ein Jubelbier, das ganz in der Tradition der starken, malzigen Oktoberfestbiere stand. Seit 2005 gehört Sailer Bräu zum Allgäuer Brauhaus und braut und vertreibt unter der Marke Altenmünster verschiedene Bierspezialitäten in unverwechselbaren Bügelverschlussflaschen, darunter das Altenmünster Jubelbier das auf dem Etikett den Namen Franz Joseph Jubelbier trägt. Bei diesem Jubelbier, das ganz der Tradition seines Vorgängers folgt, handelt es sich um ein dunkles, vollmundiges und süffiges Bier mit einer Stammwürze von 13 %.

WISSENSWERTES

Brauerei: Allgäuer Brauhaus
Standort: Leuterschach, Bayern
Sorte: Märzen
Farbe: dunkles Rotbraun
Alkoholgehalt: 5,5 Vol.-%
Serviertemperatur: 10 °C
Passt gut zu: gebratener Ente oder Hähnchen

Schneider Aventinus

Die Brauerei Schneider wurde 1855 durch Georg I. Schneider gegründet, als er das Weisse Brauhaus in München erwarb und damit begann, Weißbier zu brauen.

Im Jahr 1927 wurde die Brauerei unter der Leitung von Georg IV. Schneider (dem Urenkel des Gründers Georg) nach Kelheim verlegt, wo es noch heute seinen Standort hat. Inzwischen wird das Unternehmen von Georg VI. Schneider geleitet, der seit 1982 in der Brauerei tätig ist. Nur ein Mal in der Geschichte des Unternehmens hieß der Geschäftsführer nicht Georg Schneider. Das war zu Beginn des 20. Jahrhunderts, als Mathilde Schneider, die Frau von Georg III., nach dem frühzeitigen Tod ihres Gatten die Geschäfte übernahm.

Unter ihrer Leitung wurde dieses außerordentlich starke Weizendoppelbock kreiert. Er verfügt über einen komplexen, sehr malzigen Geschmack, mit Rosinen-, Feigen- und Pflaumennoten, und sein würziger Charakter erinnert an Gewürznelken und Zimt. Wärmende 8 Vol.-% Alkohol verleihen ihm einen trockenen, pfeffrigen Abgang. Außerdem moussiert der Doppelbock ähnlich wie ein Champagner.

Der Name Aventinus nimmt in doppelter Weise Bezug. Zum einen firmierte die Verwaltung der Brauerei lange Zeit in der Aventinstraße in München. Diese ist benannt nach dem berühmten Historiker Aventinus – der eigentlich Johannes Turmair hieß und aus Abensberg stammte und der Anfang des 16. Jahrhunderts die erste Chronik Bayerns schrieb. Sein Bildnis ist auch auf dem Etikett der Flasche zu sehen.

WISSENSWERTES

Brauerei: Privat Weissbierbrauerei G. Schneider & Sohn
Standort: Kelheim, Bayern
Sorte: Weizendoppelbock/Weizenbock
Farbe: dunkles Rubinrot
Alkoholgehalt: 8 Vol.-%
Serviertemperatur: 9–10 °C
Passt gut zu: Suppe oder Pasta mit einer milden Sauce

Schneider Weisse

Die Geschichte der Privaten Weissbierbrauerei G. Schneider & Sohn zeigt erstaunliche Parallelen mit der Geschichte des Weizenbiers in Deutschland. Als Georg I. Schneider 1855 das Weisse Brauhaus in München übernahm und Weißbier braute, war dieses Bier nicht sehr beliebt und wurde gegen Ende des 19. Jahrhunderts nur noch wenig getrunken.

Indem Georg Schneider 1872 von König Ludwig II. das Recht erwarb, Weißbier zu sieden, rettete er das Bier sozusagen vor dem Aussterben. Nach der Jahrhundertwende expandierte das Unternehmen rasch, und so erwarb es 1927 jeweils eine Braustätte in Kelheim und in Straubing. Erstere ist bis heute Sitz der Brauerei (die ursprüngliche Brauerei in München wurde im Zweiten Weltkrieg zerstört) und Bayerns älteste Weißbierbrauerei, die seit 1607 ununterbrochen produziert. In den letzten Jahren wurde sie umfangreich modernisiert.

Die Schneider Weisse, die nach derselben Rezeptur gebraut wird wie schon vor 150 Jahren unter Georg I. Schneider, gilt bis heute als das Weißbier, das die Maßstäbe setzt. Es ist ungefiltert und erhält durch das Hefesediment eine natürliche Trübung. Das belebende Bier mit einer hohen Schaumkrone verfügt über ein komplexes Fruchtmalzaroma mit Nelken-, Muskat- und Apfelnoten. Auf dem Gaumen ist es erfrischend klar, vollmundig und ausgewogen, und der fruchtige Malzgeschmack weicht einem sanft-bitteren Abgang mit einem leicht sauren Nachgeschmack.

WISSENSWERTES

Brauerei: Privat Weissbierbrauerei G. Schneider & Sohn
Standort: Kelheim, Bayern
Sorte: Hefeweizen
Farbe: Bernstein und Mahagoni
Alkoholgehalt: 5,4 Vol.-%
Serviertemperatur: 9–12 °C
Passt gut zu: Huhn vom Grill

Franziskaner Hefe-Weissbier

Der Name „Franziskaner“ stammt vom Franziskanerkloster, das der alten Weizenbierbrauerei im Stadtzentrum von München gegenüber lag.

Die Brauerei wird 1363 erstmals unter dem Namen Seidel Vaterstetter Brauerei urkundlich erwähnt. Die beiden regulären Franziskaner-Biere – ein Helles und ein Dunkel – sind traditionelle ungefilterte, obergärige, vollmundige Weizenbiere. Anders als beim Weizenbier sonst üblich, das mit jeweils 50 Prozent Weizen- und Gerstenmalz gebraut wird, verwendet man für das Franziskaner 75 Prozent Weizenmalz.

Das helle Weißbier hat ein leicht fruchtiges, würziges Aroma, das auch auf dem Gaumen dominiert, mit einem Hauch Nelke und Banane. Das dunkle Weißbier besitzt einen volleren Geschmack mit einem cremigen Malzcharakter und Schokoladennote.

WISSENSWERTES

Brauerei: Spaten-Franziskaner-Bräu
Standort: München, Bayern
Sorte: Hefeweizen/Weißbier
Farbe: helles Goldgelb
Alkoholgehalt: 5 Vol.-%
Serviertemperatur: 10–12 °C
Passt gut zu: Weißwürsten, gekochtem Fisch, mildem Käse

Spaten Oktoberfestbier

Das Spaten Münchner Hell ist das meistverkaufte Bier der Brauerei, aber zu ihrem Sortiment gehören auch zwei außergewöhnlichere Saisonbiere.

Das erste ist ein Oktoberfestbier, das im Frühjahr für das „größte Volksfest der Welt“ gebraut wird – Spaten gehört zu den sechs Münchner Brauereien, die beim Münchner Oktoberfest ihr Bier verkaufen dürfen. Das zweite Saisonbier ist der Premium Bock, ein starkes, leicht gehopftes, vollmundiges malziges Bier. Mit dem Bockbier wird der Frühlingsbeginn gefeiert, denn dann ist es bald wieder möglich, sein Bier im Biergarten zu genießen. Ein weiteres berühmtes Saisonbier war eine Champagner-Weiße, ein Weizenbier, das erstmals 1964 zum Oktoberfest gebraut wurde.

WISSENSWERTES

Brauerei: Spaten-Franziskaner-Bräu
Standort: München, Bayern
Sorte: Bockbier
Farbe: tiefes Goldgelb
Alkoholgehalt: 6,5 Vol.-%
Serviertemperatur: 8–10 °C
Passt gut zu: leichten Knabbereien wie Erdnüssen und Chips

Spaten Münchner Hell

Spaten braute als erste Brauerei in München ein Lager im Pilsener Stil. Es kam 1894 heraus und sollte ursprünglich nur nach Norddeutschland verkauft werden. Bald lieferte man es jedoch auch in München aus.

Das gleiche Bier wird heute als Spaten Münchner Hell verkauft. Es hat ein feinwürziges Aroma und einen erfrischenden, schlanken, milden Geschmack. Obwohl das wichtigste Produkt der Brauerei relativ jung ist, ist die Brauerei sehr viel älter. Bis 1397 kann ihre Geschichte zurückverfolgt werden, als Hans Welser die „Welser Prew" in der Münchner Neuhausergasse 4 gründete. In den folgenden 125 Jahren wechselten die Besitzer häufig, bevor eine relativ stabile Periode begann. Von 1522 bis 1807 gehörte die Brauerei drei aufeinander folgenden Dynastien. Darunter der Familie Spatt, von 1622 bis 1704 Eigentümer, von denen sich der Name Spaten ableitet.

Im Jahr 1807 erwarb Gabriel Sedlmayr, Braumeister am königlichen bayerischen Hof, die Brauerei. Damals war Spaten eine der kleinsten Brauereien in München, doch bis 1867 ist sie durch eine Reihe von Aufkäufen und Fusionen zur größten Brauerei der Stadt geworden – was sie bis in die 1890er-Jahre bleiben sollte. Im Jahr 1922 hatte sie sich die Stellung als größte Brauerei Münchens zurückerobert, als sie mit Franziskaner-Leist-Bräu, ebenfalls im Besitz der Familie Sedlmayr, fusionierte. Nach dem 600-jährigen Jubiläum 1997 kam es zum Zusammenschluss mit Löwenbräu.

WISSENSWERTES

Brauerei: Spaten-Franziskaner-Bräu
Standort: München, Bayern
Sorte: Pilsner
Farbe: klares Goldgelb
Alkoholgehalt: 5,2 Vol.-%
Serviertemperatur: 6–8 °C
Passt gut zu: Quiche mit geräuchertem Lachs

HB Münchner Kindl

Die Initialen „HB“ stehen für „Hofbräuhaus“, die offizielle königliche Brauerei. Das Hofbräuhaus wurde 1589 von Herzog Wilhem V. von Bayern gegründet. Bis dahin war das Bier für den königlichen Haushalt aus Einbeck herangeschafft worden, weil die Münchner Biere den Ansprüchen der Herrschaften nicht genügten.

Wilhelms Sohn Maximilian I. hatte für das braune Bier der Brauerei jedoch wenig übrig, und so wurde ab 1602 das von ihm bevorzugte Weizenbier gebraut. Außerdem untersagte er allen anderen bayerischen Brauereien, Weizenbier zu brauen, und schuf so für seine eigene Brauerei ein Monopol, das fast 200 Jahre bestand. Daraufhin konzentrierte sich die Nachfrage nach Weizenbier auf diese eine Brauerei, und so ließ der Herzog 1607 eine neue, größere Brauerei an dem Platz errichten, wo sie auch heute noch steht. Inzwischen gehört die Brauerei dem Freistaat Bayern, und das klassische Weizenbier, das in den 1970er-Jahren wieder neu aufgelegt wurde, ist als HB Münchner Kindl im Handel. Es besitzt ein hefig-würziges Aroma und einen erfrischend fruchtigen Geschmack und wird auch als dunkle Version namens Schwarze Weisse angeboten. Das Bier zeichnet sich durch spritzige Kohlensäure und einen würzigen Geschmack mit Lakritznote aus. Bei der Gründung des berühmten Münchner Oktoberfests im 19. Jahrhundert hat das Hofbräuhaus eine tragende Rolle gespielt.

WISSENSWERTES

Brauerei: Staatliches Hofbräuhaus
Standort: München, Bayern
Sorte: Hefeweizen/Weißbier
Farbe: Goldgelb
Alkoholgehalt: 5,1 Vol.-%
Serviertemperatur: 6–8 °C
Passt gut zu: pochiertem oder gedämpftem weißem Fisch

Keiler Weißbier Dunkel

Lohr am Main liegt im Nordwesten Bayerns, näher an Frankfurt als an München, dennoch verfügt die Stadt über einen typisch bayerischen Charme. Das Gleiche trifft auch für ihre Brauerei zu, die seit 1878 in Besitz der Familie Stumpf ist. Damals erwarb Pleikard Stumpf, der Urgroßvater des heutigen Besitzers, die Brauerei von Franz Stephan Vogt.

Stumpfs Keiler Weißbier Hell ist ein überraschend komplexes Bier mit Nelkennoten im Aroma und zitroniger Säure im Hintergrund. Auf dem Gaumen ist das Bier scharf und erfrischend mit einem Zitruscharakter, der durch einen Hauch Karamellsüße ausgeglichen wird. Der Abgang ist intensiv trocken und bitter. Das hier abgebildete Keiler Weißbier Dunkel ist eines der charaktervolleren Beispiele dieses Stils. Es wird in einer ungewöhnlichen Flasche mit Bügelverschluss verkauft.Vanille und Banane dominieren das Aroma. Der Duft ist charakteristisch für den verwendeten Hefestrang. Auf dem Gaumen hat es einen weichen Körper und einen malzigen Schokoladen- und Karamellgeschmack mit Vanille-Unterbau. Das Sortiment der Brauerei umfasst ferner ein leicht gehopftes Bier mit einem weichen, süß-malzigen Geschmack namens Urtyp, das 1978 zum 100-jährigen Bestehen der Brauerei auf den Markt kam.

WISSENSWERTES

Brauerei: Privatbrauerei Stumpf
Standort: Lohr am Main, Bayern
Sorte: dunkles Weizenbier
Farbe: dunkles Rotbraun
Alkoholgehalt: 4,9 Vol.-%
Serviertemperatur: 10 °C
Passt gut zu: Apfelstrudel

Lohrer Pils

Lohrer Pils von der Privatbrauerei Stumpf ist ein authentisches, traditionelles Pilsner, das mit hellen Malzen und einem untergärigen Hefestrang gebraut wird.

Aber ein klassisches Pilsner zeichnet sich vor allem durch den Hopfen aus, und Lohrer Pils hat Hopfen in Fülle. Dieser verleiht ihm ein duftend-herbes Aroma und eine erfrischende Bittere auf dem Gaumen. Das große Sortiment der Brauerei umfasst auch ein weicheres, süßeres und malzigeres Dortmunder Export mit vollem Körper und ein dunkles Märzen namens Lohrer Schwarze, das 1955 zur Feier von gleich drei Jubiläen herauskam: der 700-Jahr-Feier der Stadt Lohr, dem 600. Gründungstag der Kirche St. Maria und dem 50. Jahrestag des Lohrer Stadtfestes.

WISSENSWERTES

Brauerei: Privatbrauerei Stumpf
Standort: Lohr am Main, Bayern
Sorte: Pilsner
Farbe: Goldgelb
Alkoholgehalt: 4,8 Vol.-%
Serviertemperatur: 8 °C
Passt gut zu: Pasta

Thurn und Taxis Pilsener

Die Unternehmenstradition von Thurn und Taxis reicht bis ins 15. Jahrhundert zurück. Franz von Taxis gründete 1490 die Taxissche Post, die in ihrer Blütezeit vor der Französischen Revolution ein Gebiet von der Nordsee bis nach Neapel postalisch und verkehrsmäßig abdeckte. Als 1867 die Thurn und Taxissche Post durch Preußen verstaatlicht wurde, kaufte die Familie Ländereien auf und gelangte so in den Besitz von 120 Brauereien, die zu einem einzigen Unternehmen mit Sitz in Schierling bei Regensburg zusammengefasst wurden.

Ende des 19. Jahrhunderts braute die Brauerei Thurn und Taxis als Erste in Bayern ein Pilsener. Es ist ein delikates Bier mit einem duftenden Hopfenaroma und einem erfrischend trockenen, würzigen und bitteren Geschmack. Im Jahr 1996 wurde die Brauerei von Paulaner übernommen, und alle Brauaktivitäten wurden auf die Standorte München und Rosenheim verlegt. Auch das außergewöhnliche Roggenbier mit seinem würzigen, leicht rauchigen Geschmack wird hier gebraut.

WISSENSWERTES

Brauerei: Thurn und Taxis
Standort: Regensburg, Bayern
Sorte: Pilsener
Farbe: Goldgelb
Alkoholgehalt: 4,9 Vol.-%
Serviertemperatur: 6–8 °C
Passt gut zu: Pasta mit scharfer Sauce

Weihenstephaner Hefeweissbier

Weihenstephan, vermutlich die älteste Klosterbrauerei der Welt, hat ihren Sitz in der Universitätsstadt Freising nördlich von München.

Sie entstand 1040 als Klosterbrauerei für die Benediktinermönche, als Abt Arnold die Lizenz erhielt, Bier zu brauen und zu verkaufen. Im Laufe der Jahrhunderte brannte das Kloster viermal bis auf die Grundmauern ab und wurde mehrmals durch Seuchen, Hunger, Kriege und ein Erdbeben zerstört. Das Kloster wurde 1803 aufgelöst, und der Besitz ging auf den Freistaat Bayern über. Die Brauerei steht noch immer auf demselben malerischen Hügel in Weihenstephan. Seit 1852 befindet sich hier auch die weltweit führende Brauereihochschule, wo Brauer aus der ganzen Welt ihr Handwerk erlernt haben.

Weihenstephan ist nicht nur eine der traditionellsten Brauereien, sondern auch eine der modernsten. Hier wird heute ein sehr großes Sortiment an Bieren gebraut, darunter ein mildes helles Lager, das durch eine lange Reifezeit einen weicheren Geschmack erhält. Es hat ein delikates, blumiges Aroma und einen leichten, erfrischenden Geschmack mit einem trockenen, subtil gehopften Abgang. Weiter umfasst das Sortiment ein vollmundiges, würziges, fruchtiges Hefeweißbier mit einer naturtrüben goldenen Bernsteinfarbe.

WISSENSWERTES

Brauerei: Brauerei Weihenstephan
Standort: Freising, Bayern
Sorte: Hefeweizen
Farbe: leicht trübes Blassgelb
Alkoholgehalt: 5,1 Vol.-%
Serviertemperatur: 8 °C
Passt gut zu: deftigen Suppen und Eintöpfen

Warsteiner Premium Verum

Warsteiner wurde vor mehr als 250 Jahren gegründet und ist in vielerlei Hinsicht eine sehr traditionelle Brauerei, die ihr Biere nach dem deutschen Reinheitsgebot braut.

Doch Warsteiner folgt auch modernen Trends – so verkauft es sein klassisches Pilsner in einer schlanken Longneck-Flasche, weil man herausgefunden hat, dass die jungen Leute das Bier direkt aus der Flasche trinken. Premium Verum ist ein echtes Pilsner mit herb duftendem Hopfenaroma und erfrischend trocken-bitterem Geschmack. Es ist auch als Mixgetränk in den Geschmacksrichtungen Cola, Lemon und Orange sowie als alkoholfreies Bier erhältlich. Die Warsteiner Brauerei ist Sponsor mehrerer Fußballteams der deutschen Bundesliga.

WISSENSWERTES

Brauerei: Warsteiner Brauerei
Standort: Warstein, Nordrhein-Westfalen
Sorte: Pilsner
Farbe: Goldgelb
Alkoholgehalt: 4,8 Vol.-%
Serviertemperatur: 7–8 °C
Ideal als: Bier in geselliger Runde

Weltenburger

Gegründet im Jahr 610 von St. Eustachius, hat die Benediktinerabtei ihren Standort in spektakulärer Lage in der Nähe des Donaudurchbruchs bei Kelheim.

Es ist nicht genau bekannt, wann die Brauerei gegründet wurde. Erstmals urkundlich erwähnt wird sie im Jahr 1050. Vielleicht ist sie etwas jünger als Weihenstephan. Während diese Brauerei im 19. Jahrhundert ein vom Kloster unabhängiges Unternehmen wurde, gehört Weltenburger bis heute zum Kloster. Die Weltenburger Klosterbrauerei hat ein umfangreiches Sortiment, zu dem „das älteste Weizenbier der Welt“ und das hier abgebildete helle Weltenburger gehören, das ein frisches, hefewürziges Aroma und einen gut abgerundeten fruchtigen Geschmack hat. Weiter gehört der Asam Bock zum Sortiment, benannt nach dem Architekten, der das Kloster im 18. Jahrhundert im barocken Stil umbaute.

WISSENSWERTES

Brauerei: Weltenburger Klosterbrauerei
Standort: Kelheim, Bayern
Sorte: Hefeweizen/Weißbier
Farbe: Goldgelb
Alkoholgehalt: 5,4 Vol.-%
Serviertemperatur: 7–8 °C
Passt gut zu: Fajitas

Wernesgrüner Pils Legende

Die Wernesgrüner Pils Legende kommt aus einer der ältesten Brauereien der Welt. Im Jahr 1436 wurde den Brüdern Schorer das Recht zum Brauen und Schenken erteilt.

Ihren einzigartigen Gechmack verdankt Wernesgrüner den erlesenen Hopfendolden, der goldenen Braugerste sowie dem naturbelassenen, kristallklaren Wasser aus den Höhen des Naturparks Erzgebirge-Vogtland in Verbindung mit der hohen Kunst und der Jahrhunderte langen Erfahrung der Wernesgrüner Bierbrauer. Das Bier überzeugt durch seinen ausgesprochen weichen und eleganten Pils-Charakter, die erfrischend spritzige Perligkeit sowie die dezente Hopfennote und die harmonische Bittere.

WISSENSWERTES

Brauerei: Wernesgrüner Brauerei GmbH
Standort: Wernesgrün, OT Steinberg, Sachsen
Sorte: Vollbier
Farbe: helles Goldgelb
Alkoholgehalt: 4,9 Vol.-%
Serviertemperatur: 7–8 °C
Passt gut zu: scharfen asiatischen Gerichten

Wieninger

Das Bier wird in dem kleinen Markt Teisendorf gebraut, tief im Süden Deutschlands nahe der österreichischen Grenze zwischen Chiemsee und Salzburg.

Im Jahr 1601 wird erstmals eine Brauerei in diesem Ort erwähnt. Damals blieb der Brauer Tobias Schaidinger dem Fürstentum Salzburg die Steuer schuldig. Graf Guidobald von Salzburg kaufte 1666 die Brauerei und beauftragte sie, für den königlichen Haushalt Bier zu brauen. Diese Verbindung bestand bis 1810. Dann kam die Region zu Bayern, und die Brauerei wurde von der Familie Wieninger übernommen. Heute braut Wieninger ein umfangreiches Sortiment von Bieren einschließlich diesem traditionellen bayerischen ungefilterten Weizenbier, das über ein kräftiges Aroma und einen mild-bitteren Hopfengeschmack verfügt.

WISSENSWERTES

Brauerei: Privatbrauerei Wieninger
Standort: Teisendorf, Bayern
Sorte: Hefeweizen/Weißbier
Farbe: trübes Goldgelb
Alkoholgehalt: 5,3 Vol.-%
Serviertemperatur: 6–7 °C
Passt gut zu: Linseneintopf mit warmem Brot

Oben

Italienischer Wein ist, anders als italienisches Bier, auf der ganzen Welt bekannt. Durch die Präsenz von Bieren wie Peroni und Nastro Azzurro auf dem internationalen Markt finden jedoch auch die italienischen Brauer zunehmend Anerkennung. Sie produzieren ausgezeichnete reine, klassische helle Lager, die den leichten italienischen Lebensstil ideal verkörpern und bei Italienern und Touristen gleichermaßen beliebt sind.

Italienisches Bier

Italien ist in erster Linie Weinproduzent, der Pro-Kopf-Verbrauch von Bier in diesem Land nimmt in Europa eine nachrangige Stellung ein. Trotzdem haben manche Regionen, vor allem im Norden Italiens, eine lange Brautradition. Diese geht vor allem auf den Einfluss Österreichs zurück, als ein großer Teil Norditaliens unter der Herrschaft der mächtigen Habsburger stand.

OBEN

Während die Italiener immer noch vorwiegend Wein trinken, gewinnt das Bier bei der jüngeren Generation zunehmend an Beliebtheit.

VOR ALLEM IN DER LOMBARDEI und in Venetien machte sich der Einfluss österreichischer Kaufleute, die sich dort niederließen, bemerkbar. Doch lange wurde Bier nur privat und in kleinen Mengen gebraut. Erst 1829 entstand in Brescia die erste kommerzielle Brauerei. Gründer war der Österreicher Peter Wührer. Bis heute produziert und trinkt man in Italien vor allem die typisch österreichischen, süffigen, malzigen goldenen Lager.

Gegen Ende des 19. Jahrhunderts gab es etwa 100 kommerzielle Brauereien. Im 20. Jahrhundert konzentrierte sich die Brauindustrie in der Hand weniger Unternehmen, die wie Perioni expandierten, indem sie kleinere regionale Brauereien übernahmen. In den 1980er-Jahren waren die meisten großen europäischen Brauunternehmen auf dem italienischen Markt präsent, und insbesondere der niederländische Gigant Heineken hatte eine beherrschende Stellung auf dem Markt. Die dänische Brauerei-Gruppe Carlsberg übernahm Poretti, und Peroni schloss Kooperationen mit dem französischen Kronenbourg.

Bier kam in den letzten Jahren vor allem bei der jüngeren Generation in Mode. Die Italiener finden besonders an Importbieren aus England und Deutschland und den interessanteren Bieren aus Kleinbrauereien wie Le Baladin Gefallen. Aber auch Organisationen wie die Slow-Food-Bewegung üben einen positiven Einfluss auf die italienische Nahrungsmittelindustrie aus, denn immer mehr Italiener wehren sich gegen industrielle Massenprodukte auf ihrem Tisch. Trotz Italiens niedrigem Pro-Kopf-Verbrauch kann man der Zukunft des Biers in Italien mit mehr Optimismus entgegenblicken als in manch anderen Ländern mit einer längeren Brautradition.

RUND UMS BIER

Produktionsmenge: 13 672 000 Hektoliter pro Jahr

Pro-Kopf-Verbrauch: 29 Liter pro Jahr

Berühmte Brauereien: Birra Peroni Industriale; Castello di Udine; Dreher; Pedavena; Poretti; Spezialbier-Brauerei Forst; Theresianer Alte Brauerei Triest

Berühmte Marken: Birra Moretti; Crystall Peroni; Forst Sixtus; Nastro Azzurro; Pedavena; Peroni Gran Reserva; Splügen

Le Baladin Super

Super war das erste Bier von Le Baladin (zu Deutsch: Der Troubadour), das der Eigentümer Teo Musso Materino in seiner historischen Kneipe im Dorf Piozzo 1996 gebraut hat.

Materino lernte das Brauhandwerk in Belgien. Super ist ein obergäriges „doppio malto“ (Doppelmalzbier) im Stil belgischer Klosterbiere. Sein intensives blumiges Aroma enthält Aprikosen-, reife Bananen- und bittere Mandelnoten. Der Geschmack ist mit Aprikosen- und Zitrusfruchtnoten wohl ausgewogen. Bei seiner ersten Teilnahme am Great British Beer Festival im Jahr 2000 erhielt es den Titel Bestes Italienisches Bier. Le Baladin stellt außerdem aus seinem Bier Produkte unter dem Namen Kikke Baladin her, etwa ein Biergelee, das zu Käse und kaltem Fleisch serviert wird.

WISSENSWERTES

Brauerei: Le Baladin
Standort: Piozzo, Piemont
Sorte: Belgisches Abtei Dubbel
Farbe: Bernsteinfarbe
Alkoholgehalt: 8 Vol.-%
Serviertemperatur: 10–12 °C
Passt gut zu: Käse und Pasteten

Le Baladin Wayan

Der kleine Ort Piozzo, Standort von Le Baladin, liegt im Nordwesten Italiens, im Herzen des Weinanbaugebiets Le Langhe in der Nähe der Gegend, aus der der berühmte Barolo-Wein stammt.

Es ist ungewöhnlich für eine italienische Brauerei, dass sie nur obergäriges Bier herstellt. Ungewöhnlich ist auch dieses biologische Bier (das erste Italiens), das im Stil eines Belgischen Saison gebraut ist: ein erfrischendes Weizenbier für den Sommer. Es besitzt ein weiches Aroma mit Kamille-, Bergamotte- und anderen Zitrusfruchtnoten, während ihm eine gut gewählte Würzmischung mit Koriander einen sanft pfeffrigen Geschmack und eine scharfe Hopfenbittere verleiht.

WISSENSWERTES

Brauerei: Le Baladin
Standort: Piozzo, Piemont
Sorte: Belgisches Saison
Farbe: blassgoldene Strohfarbe
Alkoholgehalt: 5,8 Vol.-%
Serviertemperatur: 8–10 °C
Passt gut zu: Fisch oder Salaten; ideal auch als Aperitif

Crystall Peroni

Crystall Peroni ist ein erfrischendes goldenes Lager, das mit einer Mischung ausgewählter Malze und aromatischem Hopfen gebraut wird. Das Bier hat ein subtiles Aroma mit einem harmonischen, delikaten Malzgeschmack. Im In- und Ausland ist Crystall Peroni eine der bekanntesten italienischen Premium-Marken.

Crystall Peroni ist ein Premium-Bier aus Peronis „Winning"-Reihe. Peroni produziert auch eine Reihe von normalen „Picknick"-Bieren. Dazu gehört das beliebteste Bier Italiens, Birra Peroni, dessen sprudeliger Charakter und der frische, ausgewogene Geschmack aus Hopfen und Malz gerühmt werden.

WISSENSWERTES

Brauerei: Birra Peroni Industriale
Standort: Rom, Latium
Sorte: Lager
Farbe: Goldgelb
Alkoholgehalt: 5,6 Vol.-%
Serviertemperatur: 7–9 °C
Passt gut zu: Brot und Käse

Itala Pilsen

Trockene Hopfenbittere charakterisiert Aroma und Geschmack dieses klassischen, klaren goldgelben Pilsners.

Itala Pilsen ist die führende Biermarke im Nordwesten Italiens und wurde ursprünglich von der Brauerei Cappellari in Padua hergestellt. Sie war im 19. Jahrhundert eine der größten unabhängigen Brauereien Italiens, die später mehrere kleinere Brauereien übernahm und 1916 die viertgrößte Brauereigruppe Italiens war. Doch in den 1970er-Jahren wurde Cappellari von der Peroni-Gruppe übernommen, damals der größte Brauer Italiens. Die Marke Itala Pilsen wird als regionale Spezialität fortgeführt.

WISSENSWERTES

Brauerei: Birra Peroni Industriale
Standort: Rom, Latium
Sorte: Pilsner
Farbe: Goldgelb
Alkoholgehalt: 4,7 Vol.-%
Serviertemperatur: 9–10 °C
Passt gut zu: gegrilltem weißem Fleisch oder Fisch

Nastro Azzurro

Der Name Nastro Azzurro bedeutet „blaues Band“, das dieses Bier als führende Premium-Biermarke Italiens sowie als die im Ausland bekannteste italienische Biermarke ausweist.

Die Marke beansprucht diesen Platz seit einer umfangreichen Neupositionierung im Jahr 2002. Im selben Jahr wurde eine hochmoderne Brauanlage erworben, und die Flaschenetiketten erhielten einen auffälligen Metallic-Effekt. Nastro Azzurro profitiert auch vom Sponsoring für den Motorrad-Weltmeister Valentino Rossi sowie im Golf- und Segelsport. Das Bier ist ein typisch leichtes, erfrischendes, spritziges italienisches Lager mit einem etwas höheren Alkoholgehalt als die meisten Lager. Es wird mit einer Mischung von Spezialitätenmalzen aus höherwertiger Frühjahrsgerste gebraut.

Nastro Azzurro wurde in den 1960er-Jahren von der Brauerei Peroni herausgebracht. Diese ist nach ihrem Gründer Francesco Peroni benannt, der sie 1846 in dem kleinen Ort Vigevano in der Nähe von Mailand ins Leben rief. Sie expandierte schnell und verlegte einen Großteil der Produktion nach Rom. Bald war sie durch die Übernahme vieler kleinerer Brauereien in ganz Italien präsent. Im Jahr 1988 fusionierte sie mit Wührer. Danach konzentrierte sie ihre Brauaktivitäten auf ihre Brauanlagen in Rom, Padua, Neapel und Bari. Bis 1996 war sie die größte Brauerei Italiens, wurde dann aber durch die Fusion von Dreher und Moretti, die beide zu Heineken gehören, auf Platz Zwei verwiesen.

WISSENSWERTES

Brauerei: Birra Peroni Industriale
Standort: Rom, Latium
Sorte: Lager
Farbe: blasses Strohgelb
Alkoholgehalt: 5,2 Vol.-%
Serviertemperatur: 7–9 °C
Passt gut zu: Leberpastete, geräuchertem Fleisch, trocken geräucherter Wurst

Peroni Gran Riserva

Peroni Gran Riserva kam zur Feier des 150. Jahrestags der Brauerei Peroni, 1996, auf den Markt und wurde 1999 bei der International Beer & Cider Competition sowie im Jahr 2000 bei den Brewing Industry International Awards ausgezeichnet. Es wird in einer eleganten Flasche mit goldenem Etikett präsentiert, das ein Porträt des Brauereigründers Giovanni Peroni zeigt. Angeblich hat Peroni selbst die Rezeptur kreiert. Es ist als „doppio malto" (Doppelmalzbier) klassifiziert und im Stil eines deutschen Maibock gebraut – einem starken, hellen, bernsteinfarbenen Lager, mit dem die Ankunft des Frühlings gefeiert wird. Peronis Version ist jedoch ganzjährig erhältlich.

Das Bier wird ausschließlich mit Pilsner-Malzen gebraut, die ihm seine typische tief goldene Farbe verleihen. In dem komplexen Zweimaischverfahren wird so viel fermentierbares Material wie möglich abgezogen, bevor es mit Saazer Hopfen aromatisiert wird und dann zwei Monate lang reift. Das fertige Produkt ist ein rundes, delikat ausgewogenes Bier mit einem nussig-fruchtigen Malzcharakter und einem außergewöhnlich weichen, festen Körper. Leichte Kohlensäure verleiht ihm einen spritzigen Touch. Ein leicht süßer Malzgeschmack weicht in einem prickelnden, reinen Abgang einer Hopfenbittere von alkoholischer Trockenheit.

WISSENSWERTES

Brauerei: Birra Peroni Industriale
Standort: Rom, Latium
Sorte: Maibock
Farbe: tiefes Goldgelb
Alkoholgehalt: 6,6 Vol.-%
Serviertemperatur: 9 °C
Passt gut zu: pikantem Schweinefleisch, Weichkäse

Raffo

Die Brauerei Raffo wurde 1919 in Taranto durch Vintantonio Raffo gegründet. Er wollte den Brauereien aus Norditalien in der Mittelmeerregion Konkurrenz machen.

Schnell etablierte sich Raffo Bier als eine beliebte Regionalmarke. Es ist ein klassisches goldenes Lager mit einem frischen Hopfenaroma und moderat bitterem Hopfengeschmack. Im Jahr 1961 wurde die Brauerei von Peroni übernommen, Raffo Bier wurde aber in das Repertoire von Peroni aufgenommen und ist bis heute das beliebteste Bier Süditaliens.

WISSENSWERTES

Brauerei: Birra Peroni Industriale
Standort: Rom, Latium
Sorte: Lager
Farbe: Goldgelb
Alkoholgehalt: 4,7 Vol.-%
Serviertemperatur: 8–9 °C
Passt gut zu: Meeresfrüchten, Schalentieren, Oktopus oder Thunfisch vom Grill

Wührer

Dieses leichte, hopfige Pilsner hat ein sanft-krautiges Aroma und einen leicht süßen Geschmack, der in einen trockenen Abgang übergeht.

Die Marke gehört heute zu Peroni. Wührer, 1829 von dem Österreicher Peter Wührer in Brescia im Nordosten Italiens gegründet, war die erste kommerzielle Brauerei Italiens. Damals gehörten die Lombardei und Venetien zum Habsburgerreich, und viele Österreicher ließen sich hier nieder. Im Jahr 1866 wurde das Gebiet Teil des unabhängigen Königreichs Italien. Bier blieb bei der Bevölkerung jedoch weiterhin beliebt, und Wührer konnte sich bis 1988 als unabhängiges Unternehmen behaupten.

WISSENSWERTES

Brauerei: Birra Peroni Industriale
Standort: Rom, Latium
Sorte: Pilsner
Farbe: Goldgelb
Alkoholgehalt: 4,7 Vol.-%
Serviertemperatur: 9–10 °C
Passt gut zu: Brot mit gekochtem Schinken, Pizza

Moretti La Rossa

Moretti La Rossa ist eines der charaktervollsten Biere Italiens. Der Name bedeutet „Das Rote“ und ist angemessen für ein Bier von solch rubinrotem Farbton, der vom Wiener Malz stammt. Das Malz wird so genannt nach dem berühmten Bierstil, der im 19. Jahrhundert in Wien aufkam. Moretti La Rossa wird jedoch als „doppio malto“ (Doppelmalzbier) bezeichnet, da es im Stil eines deutschen Doppelbock, dem starken Frühlingsbier, gebraut wird. La Rossa hat ein volles, süßes Aroma mit Karamell- und Bonbonnoten. Auf dem Gaumen ist es von einer dicken, cremigen Textur und bietet einen vollen, robusten Geschmack mit süßem, butterigem Karamellmalzcharakter, der durch einen Hauch Bitterschokolade abgemildert wird.

Sein relativ hoher Alkoholgehalt verleiht diesem Bier einen würzigen, trockenen Abgang. La Rossa wurde ursprünglich von Moretti gebraut, der 1859 von Luigi Moretti in Friaul nördlich von Venedig gegründeten Brauerei. Über 100 Jahre blieb die Brauerei in der Hand der Familie Moretti. Vor kurzem wurde sie jedoch vom italienischen Zweig der Heineken-Gruppe übernommen und in Castello di Udine umbenannt. Trotz dieser Änderungen will Heineken die historische Brauerei erhalten und deren traditionelles Sortiment weiter produzieren.

WISSENSWERTES

Brauerei: Castello di Udine
Standort: Udine, Friaul-Julisch-Venetien
Sorte: Doppelbock
Farbe: helles Bernsteinrot
Alkoholgehalt: 7,2 Vol.-%
Serviertemperatur: 9 °C
Passt gut zu: Pizza

Moretti Sans Souci

Sans Souci (ist Französisch und heißt „ohne Sorgen“) hat die Brauerei Castello aus Udine ihre Reihe von Lagerbieren genannt, mit der sie vor allem junge Konsumenten ansprechen möchte. Auch hier wahrt sie den hohen Qualitätsstandard, der das Gütesiegel der historischen Brauerei ist.

Es ist das typische hellgoldene Lager, das in Italien den Biermarkt beherrscht und dessen Aroma durch eine leichte, körnige Malzigkeit mit einer Hopfennote im Hintergrund charakterisiert ist. Auf dem Gaumen wird die leichte Malzsüße durch einen sanft krautigen Hopfen und einen feinen, leichten Körper mit spritziger Kohlensäure ausgewogen. Neben dem regulären Sans Souci gibt es Sans Souci Ice und Sans Souci Export. Letzteres hat einen volleren, von Röstmalzen dominierten Geschmack, der durch Honigsüße und eine trocken-bittere Hopfennote ausgewogen wird. Sans Souci Ice wird vor dem Reifen zum Teil gefroren, worauf die Eiskristalle teilweise entfernt werden, um dem Bier einen weicheren Körper und einen prickelnden, reinen, trockenen Geschmack zu geben. Unter der Marke Moretti wird außerdem ein vollmalziges Premium Lager namens Baffo d’Oro produziert, das ein zitroniges Hefearoma und einen befriedigenden Malzgeschmack hat, der durch eine angenehme Hopfenbittere ausgewogen wird. Ungewöhnlicher ist das Birra Friulana, ein hellgoldenes Weizenbier mit einem frischen, würzigen Aroma und einem scharfen, erfrischenden Geschmack mit der charakteristischen Säuerlichkeit des Weizens.

WISSENSWERTES

Brauerei: Castello di Udine
Standort: Udine, Friaul-Julisch-Venetien
Sorte: Lager
Farbe: Goldgelb
Alkoholgehalt: 5,6 Vol.-%
Serviertemperatur: 5–7 °C
Passt gut zu: traditioneller Cotecchino-Wurst mit Linsen

Dreher

Die erste Dreher-Brauerei wurde 1773 in Wien von Franz Anton Dreher gegründet. Seine Familie stammt aus Böhmen und braute bereits seit dem 17. Jahrhundert Bier.

Das Unternehmen expandierte 1865 nach Italien und eröffnete in Triest im Norden des Landes eine Brauerei. Bald folgten mehrere andere Standorte. Im Jahr 1974 wurde die Brauerei von Heineken übernommen – als erstes einer Reihe von Unternehmen, deren Übernahme Heineken zum größten Brauunternehmen Italiens machten. Ihre Flaggschiff-Marke ist ein klassisches goldenes Lager.

WISSENSWERTES

Brauerei: Dreher
Standort: Mailand, Lombardei
Sorte: Lager
Farbe: Goldgelb
Alkoholgehalt: 4,7 Vol.-%
Serviertemperatur: 5–7 °C
Passt gut zu: Huhn und Tomaten mit Mozzarella

Menabrea 150° Anniversario

Dieses einfache, süffige Lager, das 1996 zur 150-Jahr-Feier der Brauerei herausgebracht wurde, überrascht mit einem schön ausgewogenen Hopfen- und Malzgeschmack.

Es wird von der Brauerei Menabrea gebraut, das stolz auf seine sardische, das heißt nicht italienische, Identität ist. Die Brauerei wurde 1846 von den Brüdern Gian Battista und Antonio Caraccio gegründet, die sie 1854 an Jean Joseph Menabrea und Anton Zimmerman verkauften. Diese betrieben bereits als Partner die Brauerei Zimmerman in Aosta. Im Jahr 1872 kehrte Zimmerman nach Aosta zurück und überließ die Brauerei Menabrea und seinen Söhnen. Seitdem ist sie zu einer der größten Brauereien Sardiniens geworden.

WISSENSWERTES

Brauerei: Menabrea
Standort: Biella, Sardinien
Sorte: Lager
Farbe: tiefes Goldgelb
Alkoholgehalt: 4,8 Vol.-%
Serviertemperatur: 6–8 °C
Passt gut zu: weißem Fleisch und mildem Käse

Splügen

Gegen Ende der 1980er-Jahre machte die Brauerei Poretti massiv Werbung für ihre Splügen-Spezialitätenbiere, die seit 1902 gebraut werden.

In den folgenden drei Jahren stieg der Absatz von Splügen um etwa 40 Prozent. Damit wurde dieses Bier eines der führenden Premium-Marken Italiens. Dies war nicht nur der intelligenten Werbekampagne und der Einführung einer innovativen Verpackung zu verdanken (die Splügen-Biere wurden als eine der ersten in Flaschen mit Schraubverschluss verkauft), sondern auch der Qualität ihres Flaggschiff-Biers, einem klassischen goldenen Lager im Pilsner-Stil mit einem leicht körnigen Malzaroma und einem krautigen, bitteren Hopfengeschmack. Poretti braut auch ein etwas stärkeres hellgoldenes Bier namens Poretti Premium. Interessanter sind aber die beiden untergärigen, starken Bockbiere namens Bock 1877 – Chiara (Dunkel) und Rossa (Rot) –, die im Jahr 1961 herauskamen.

Mit dem Erfolg von Splügen konnte sich Poretti, gegründet 1877, wieder als eine der führenden unabhängigen Brauereien Italiens etablieren. Ihr Standort ist immer noch Induno Olona in der Nähe von Varese in der nördlich von Mailand gelegenen Lombardei. Heute gehört sie jedoch zur dänischen Carlsberg-Gruppe.

WISSENSWERTES

Brauerei: Poretti
Standort: Induno Olona, Varese, Lombardei
Sorte: Pilsner
Farbe: Goldgelb
Alkoholgehalt: 4,5 Vol.-%
Serviertemperatur: 7–8 °C
Passt gut zu: pikanten Imbissen wie Pizza

Pedavena

Bereits im Gründungsjahr der Brauerei Pedavena, 1897, kam dieses goldene Pilsner heraus.

Es ist ein ausgewogenes Bier mit einem feinen Hopfenaroma und einer delikaten Hopfenbittere auf dem Gaumen. Die Brauerei, die die Familie Luciani gründete und deren Sitz in Trient ist, wurde nach der pittoresken Region nördlich von Verona am Fuße der Dolomiten benannt. Seit Mitte der 1970er-Jahre gehört Pedavena zum italienischen Zweig der niederländischen Heineken-Gruppe. Die Brauerei produziert auch ein erfrischendes, vollmundiges, bernsteinfarbenes Weizen im bayerischen Stil sowie mehrere Saison- und so genannte Gelegenheitsbiere.

WISSENSWERTES

Brauerei: Pedavena
Standort: Trient, Trentino-Südtirol
Sorte: Pilsner
Farbe: tiefes Goldgelb
Alkoholgehalt: 5 Vol.-%
Serviertemperatur: 4–6 °C
Passt gut zu: gegrillten Thunfischsteaks

Forst Kronen

Das Dorf Lagundo liegt westlich von Meran in der Bergregion Alto Adige (Südtirol) ganz im Norden von Italien – ein Gebiet, das in der Vergangenheit stark unter österreichischem Einfluss stand.

Dieser Einfluss zeigt sich besonders deutlich in den Bieren der Forst-Brauerei – schon der Name ist österreichischen Ursprungs. Eigentümer ist die Familie Fuchs, die österreichische Wurzeln hat. Forst Kronen ist ein typisches goldenes Lager im Wiener Stil mit einem reichen, malzigen Geschmack, der durch eine leichte Hopfennote ausgewogen wird, und einem erfrischend trockenen, leicht bitteren Abgang.

WISSENSWERTES

Brauerei: Spezialbier-Brauerei Forst
Standort: Lagundo, Trentino-Südtirol
Sorte: Lager
Farbe: Goldgelb
Alkoholgehalt: 5,2 Vol.-%
Serviertemperatur: 8 °C
Passt gut zu: geräucherter Wurst, geräuchertem Fleisch

Forst Sixtus

Seit 1901 nach derselben Rezeptur gebraut, ist Forst Sixtus ein „doppio malto" (Doppelmalzbier). Das Bier wurde nach Sankt Sixtus benannt, dessen Statue in einer Kirche in München steht, wo das Doppelbock-Bier erfunden wurde.

Es hat ein süßes, malziges Aroma mit brauner Zuckernote und einem Hauch Torfrauch von den dunklen Röstmalzen, die beim Brauen verwendet werden. Auf dem Gaumen zeigt es eine dicke, vollmundige, den Mund ausfüllende Textur mit einem süßen, erdigen Karamellmalzgeschmack, der einer zunehmend dominanten Hopfenbittere in einem langen, anhaltenden Abgang weicht. Das Sortiment von Forst ist vielseitig und von Österreich beeinflusst. So auch das Forst VIP, das erstmals 1967 zum 60. Geburtstag des Inhabers Luis Fuchs gebraut wurde, der damals Bürgermeister von Lagundo war. Es ist ein klassisches goldenes Lager im Pilsner Stil (die Abkürzung im Namen steht für Very Important Pils), mit einem feinen Hopfenaroma und einem erfrischend bitteren Hopfengeschmack. Die Reihe der Forst-Biere wird durch das Forst Premium vervollständigt, ein ausgewogenes goldenes Lager, das seit Mitte des 19. Jahrhunderts nach derselben Rezeptur gebraut wird und ursprünglich Forster Bayrisch hieß. Obwohl Forst keine besonders große Brauerei ist, kennt man sie doch in ganz Italien, dank ihrer engagierten Sponsortätigkeit im Sport.

WISSENSWERTES

Brauerei: Spezialbier-Brauerei Forst

Standort: Lagundo, Trentino-Südtirol

Sorte: Doppelbock

Farbe: dunkles Walnussbraun

Alkoholgehalt: 6,5 Vol.-%

Serviertemperatur: 10–12 °C

Passt gut zu: leichten Desserts mit nussigen Aromen wie Mandeltorte

Theresianer Pale Ale

Die heute in Treviso gelegene Theresianer-Brauerei wurde 1766 in der kosmopolitischen Hafenstadt Triest im Nordosten Italiens gegründet. Der Name stammt von dem Triester Viertel Borgo Teresiano, das nach der österreichischen Kaiserin Maria Theresia (1717–1780) benannt ist.

Der Gründer war ein Österreicher namens Lenz, der in Triest die österreichischen Händler und Geschäftsleute mit Bier versorgte. Trotz der Nähe zu Österreich ist das Theresianer Pale Ale ein typisch englisches Bier, von der Sorte, die Mitte des 19. Jahrhunderts beliebt wurde. Es hat ein fruchtiges Hefearoma und einen ausgewogenen Geschmack mit erfrischender Hopfenbittere.

WISSENSWERTES

Brauerei: Theresianer Alte Brauerei Triest
Standort: Treviso, Venetien
Sorte: Englisches Pale Ale
Farbe: Bernsteingelb
Alkoholgehalt: 6,5 Vol.-%
Serviertemperatur: 8 °C
Passt gut zu: Hasenbraten in Tomaten- und Weißweinsauce

Theresianer Vienna

Dieses klassische rote Lager im Wiener Stil wird in Triest seit Beginn des 20. Jahrhunderts gebraut. Es hat einen weichen, süffigen Charakter mit einem milden Geschmack, der Malz und Hopfen sorgfältig ausgleicht.

Die Theresianer-Brauerei produziert viele traditionelle Sorten, darunter ein klassisches untergäriges goldenes Pilsner, ein Weizen im bayerischen Stil und ein starkes Bernstein-Ale mit einem kräftigen Hopfengeschmack. Das Symbol der Brauerei auf den Etiketten ist der Leuchtturm, der auch das Wahrzeichen von Triest ist, wo die Brauerei ursprünglich stand. Heute befindet sie sich in Treviso.

WISSENSWERTES

Brauerei: Theresianer Alte Brauerei Triest
Standort: Treviso, Venetien
Sorte: Wiener Lager
Farbe: Kupferrot
Alkoholgehalt: 5,3 Vol.-%
Serviertemperatur: 8 °C
Passt gut zu: Desserts auf Schokoladenbasis

OBEN

Kaiser Bier ist das beliebteste Lager Österreichs und mit einem Alkoholgehalt von 5 Vol.-% ein typisches leichtes Pils. Somit unterscheidet es sich kaum von den meisten europäischen Lagerbieren. Viele österreichische Biere sind jedoch ausgesprochen stark – im Schnitt enthalten sie 7–12 Vol.-% Alkohol, manchmal sogar noch mehr. Die Kunst bei so kräftigen Bieren liegt darin zu erreichen, dass der Alkohol Geschmack und Aroma nicht dominiert.

Österreichisches Bier

Das österreichische Bier wird in einer Vielzahl von Stilen und, in vielen kleineren Brauereien, mit beachtlicher Kunstfertigkeit und Sorgfalt gebraut. Im ganzen Land gibt es zwischen 65 und 70 Brauereien. Ihre Zahl ist in den letzten Jahren dank der Gründung einiger Kleinbrauereien und Gasthausbrauereien leicht gestiegen. Vielleicht ist dies der Anfang einer Revolution in der Brauindustrie, die in den USA und in Großbritannien bereits in vollem Gange ist und viele Kleinbrauereien hervorgebracht hat.

Oben

Zu einem echten österreichischen Bierfest in einem Bierzelt gehört es, dass die Bedienungen Bierkrüge mit bis zu drei Litern Fassungsvermögen an die Tische der durstigen Gäste bringen.

DIE MEISTEN BRAUEREIEN des Landes – fast ein Drittel – befinden sich in Oberösterreich. Dieses Bundesland grenzt an Bayern und hat viele historische und kulturelle Verbindungen dorthin. Kein Wunder also, dass die Oberösterreicher eine ausgeprägte Biertradition pflegen. Im Osten und Süden Österreichs befinden sich nicht so viele Brauereien, diese sind aber tendenziell größer und von eher industriellem Charakter – und doch sind sowohl in Wien als auch in Graz in der letzten Zeit mehrere Kneipenbrauereien entstanden.

Das große Sortiment umfasst nahezu alle süddeutschen Biersorten, die meisten in leicht abgewandelter lokaler Form. Es gibt auch ein paar spezifisch österreichische Biere, aber kein echtes klassisches bernsteinfarbenes Lager im Wiener Stil, wie es Anton Dreher im 19. Jahrhundert kreiert hat. Die durchschnittliche Stärke österreichischer Biere muss zu den höchsten der Welt gehören, denn es gibt fast kein Bier, das weniger als 5 Vol.-% Alkohol enthält. Bezeichnenderweise wird in Österreich Bier, das über 4 Vol.-% Alkohol hat, als „leicht" klassifiziert. Biere gelten dann nur als Vollbiere, wenn sie eine Stammwürze ab elf bis unter 16 % enthalten.

Österreichisches Bier hat neben dem deutschen Bier lange die zweite Geige gespielt, was seinen Ruf anging. Doch das ist ungerechtfertigt, denn viele österreichische Biere können in Hinblick auf Qualität mit denen des bayerischen Nachbarn ohne weiteres mithalten. Neben dem beliebten starken hellen Lager gibt es viele andere, eigenwillige österreichische Stile wie die ungefilterten Keller oder Zwickl, die lohnenswert und interessant sind.

RUND UMS BIER

Produktionsvolumen: 8 891 000 Hektoliter pro Jahr
Pro-Kopf-Verbrauch: 107 Liter pro Jahr
Berühmte Brauereien: Brau Union Österreich; Brauerei Schwechat; Brauerei Zipf; Fohrenburger; Hirter Brauerei; Ottakringer
Berühmte Marken: Fohrenburger No.1; Gold Fassel; Hirter Privat Pils; Kaiser; Schwechater Zwick

Eggenberg Urbock 23

Das Salzkammergut ist berühmt für seine wunderschöne Landschaft mit Seen, Bergen und Wäldern. Im Herzen dieser Region, am Fuße des Bergs Traunstein, in der Nähe des Dorfes Vorchdorf, liegt Schloss Eggenberg, das einen herrlichen Ausblick über einen kristallklaren blauen See und weite Wiesenlandschaften bietet.

Schloss Eggenberg ist die älteste österreichische Brauerei in Familienbesitz. Schon im 10. Jahrhundert, möglicherweise sogar früher, stand an dieser Stelle bereits eine Burg. Die Brauerei geht mindestens bis ins 12. Jahrhundert zurück. Seit 1681 wird sie als kommerzielles Unternehmen geführt. Ende des 18. Jahrhunderts wurde sie von den Vorfahren der heutigen Eigentümer, der Familie Stohr, übernommen. Durch einen Brand im 19. Jahrhundert zerstört, wurde sie wieder aufgebaut.

Obwohl die Brauerei in den letzten Jahren stark modernisiert und erweitert wurde, braut man das Bier noch immer nach den traditionellen Methoden. Es wird nur das reine, klare Wasser aus der schlosseigenen Quelle verwendet. Zum Reifen kommen die Biere in die Schlosskeller. Eggenberg Urbock 23 wird neun Monate lang gelagert. Die Zahl 23 bezieht sich auf die Tradition, die Stärke des Biers entsprechend seiner originalen Stammwürze zu messen (d. h. wie viel Gärmaterial es enthält). Noch stärker, mit ungefähr 14 Vol.-% Alkohol, ist Samichlaus, das früher von Hürlimann in der Schweiz hergestellt wurde. Dieses Bier wird einmal im Jahr am 6. Dezember gebraut und dann ganze zehn Monate gelagert.

WISSENSWERTES

Brauerei: Schloss Eggenberg
Standort: Vorchdorf, Oberösterreich
Sorte: Doppelbock
Farbe: goldene Bernsteinfarbe
Alkoholgehalt: 9,6 Vol.-%
Serviertemperatur: 9–10 °C
Passt gut zu: Früchtedesserts

Fohrenburger Jubiläum

Die Brauerei Fohrenburg wurde 1881 in Bludenz im Westen Österreichs von Ferdinand Gassner gegründet. Er nahm sich vor, für seine Kunden nur Biere von bester Qualität zu brauen. Die Brauerei hatte sofort großen Erfolg und musste bereits sechs Monate nach ihrer Eröffnung erweitert werden. Heute gehört Fohrenburger mit einer Produktion von 33 Millionen Litern Bier pro Jahr und mehreren Braustätten in Österreich, der Schweiz und Norditalien zu den größten Brauereien des Landes. Fohrenburger produziert neben 15 Spezialitätenbieren auch Fruchtsäfte, alkoholfreie Getränke und Spirituosen.

Fohrenburger Jubiläum ist ein starkes Saisonbier, das jedes Frühjahr zum Gründungstag der Brauerei gebraut wird. Es verfügt über eine weiche, cremige Textur und einen spritzigen, reinen, würzigen Hopfengeschmack mit weichem Malzhintergrund. Weiter produziert die Brauerei das Fohrenburger Goldmärzen 1881, ein vollmundiges goldenes Bier, dessen Rezeptur so alt ist wie die Brauerei selbst; ein hellgoldenes Oktoberfestbier im Münchner Stil mit 7,2 Vol.-% Alkohol, sowie Fohrenburger Dunkler Bock, ein Bockbier, das durch dunkle und Karamellmalze eine tiefbraune Farbe erhält. Weiterhin ist das Kellerbier im Sortiment, ein ungefiltertes Lager mit würzig-hefigem Aroma und Geschmack.

WISSENSWERTES

Brauerei: Fohrenburger
Standort: Bludenz, Vorarlberg
Sorte: Bockbier
Farbe: Goldgelb
Alkoholgehalt: 5,5 Vol.-%
Serviertemperatur: 10 °C
Passt gut zu: geräuchertem Schinken und Fleisch

Ratsherrn Trunk

In Freistadt gibt es seit 1363 eine Brautradition. In jenem Jahr hatte Herzog Rudolf IV. den Bürgern der Stadt das Recht gewährt, ihr eigenes Bier zu brauen.

Im Jahr 1770 wurde der Grundstein für ein Brauhaus gelegt, das zwischen 1770 und 1780 errichtet wurde und den 149 Freistädter Bürgern gehörte. Sie schlossen sich anschließend zur Gesellschaft „Braucommune in Freistadt" zusammen. Ihre Einlagen bestanden aus insgesamt 6390 Eimern (Eimer ist ein altes Biermaß und entspricht etwa 56 Litern), wobei das Gesamtvermögen auf die 149 Eigentümer ungleichmäßig verteilt wurde. Die Rechtsform „Commune" besteht bis heute und gilt als letzte ihrer Art in Europa. Freistädter Bier wird mit dem weichen Wasser aus dem hauseigenen Brunnen zu St. Peter, Hopfen aus dem Mühlviertel und dem benachbarten Bayern und Malzen aus Zistersdorfer Braugerste produziert.

Das Freistädter Sortiment umfasst sieben Biere. Das bekannteste ist Ratsherrn Trunk. Es handelt sich um ein Vollbier, womit nach deutscher Kategorisierung ein Bier mit elf bis unter 16 % Stammwürze bezeichnet wird. Als solches ist Ratsherrn Trunk ein elegantes, fein gehopftes und vollmundiges Bier, das eine zarte Hopfennote mit frischer Bittere kombiniert. Die Brauerei produziert außerdem einen Weihnachtsbock, ein Märzen im Münchner Stil, ferner das weiche, milde, leichte Midium sowie das einzige Rauchbier Österreichs.

WISSENSWERTES

Brauerei: Braucommune in Freistadt
Standort: Freistadt, Oberösterreich
Sorte: Vollbier
Farbe: Dunkelrot
Alkoholgehalt: 5,3 Vol.-%
Serviertemperatur: 8–10 °C
Passt gut zu: pikanten Fleischgerichten wie ungarischem Gulasch

Hirter Privat Pils

Die Hirter Brauerei in Kärnten nahe der historischen Burgenstadt Friesach kann ihre Anfänge bis ins Jahr 1270 zurückverfolgen. Damals war Hirter die Hausbrauerei der Taverna Ze Hurde im kleinen Ort Hirt. Noch heute ist der Braukeller Hirt in Betrieb. Hirter Biere werden nach traditionellen Methoden gebraut und niemals pasteurisiert. Stattdessen wird das Endprodukt kalt filtriert. So bleibt der charakteristische Geschmack des Biers erhalten.

Das Flaggschiff-Bier der Brauerei ist das Privat Pils, das nach einer alten böhmischen Rezeptur gebraut wird und während einer langen Lagerzeit einen weichen, runden Geschmack mit einem feinen, aber deutlichen Hopfencharakter entwickelt – anders als die stark hopfigen deutschen Pilsener. Hirter produziert ferner das Morchl, das mit dunklem Braumalz und Karamellmalzen und reichlich Hopfen gebraut wird und einen ausgewogenen, süffigen Geschmack hat; des Weiteren ein traditionelles kupferfarbenes Vollbier namens Hirter 1270; Biobiere von Hirter sind das naturtrübe, goldene Hirter Weizen – es wird mit biologischem Weizen und Hopfen gebraut und verbindet ein frisches, hefiges Bananenaroma mit einem klaren Weizengeschmack – sowie das traditionelle, weiche Hirter Biobier mit fruchtigem Malzgeschmack. Die Brauerei produziert auch einen Bierbranntwein mit Hopfengeschmack namens Braumeisterbrand.

WISSENSWERTES

Brauerei: Hirter Brauerei
Standort: Hirt, Kärnten
Sorte: Pilsner
Farbe: Gold
Alkoholgehalt: 5,2 Vol.-%
Serviertemperatur: 8 °C
Passt gut zu: pikanten Lammfleischbällchen

Kaiser

Österreichs größte Brauerei-Gruppe nahm 1921 ihren Anfang, als sich mehrere kleinere Brauerein aus der Region zur Braubank AG zusammenschlossen.

Die Gruppe ist im 20. Jahrhundert durch die Übernahme anderer österreichischer Brauereien weiter gewachsen und heißt heute Brau Union Österreich. Ihre Biere machen heute etwa 33 Prozent des Inlandsmarktes aus. Die Hauptbrauerei befindet sich in Linz. Mehrere weitere Braustätten im ganzen Land produzieren regionale Biermarken wie Falkensteiner, Gösser, Kaltenhausener, Puntigamer, Schwechater, Wieselburger und Zipfer. Flaggschiff-Produkt ist das Kaiser, das meistverkaufte Bier Österreichs. Es ist ein goldenes Lager mit fruchtigem Aroma, einem Hauch Orange und einem ausgewogenen Geschmack, der zu Beginn süß und malzig schmeckt und einen langen, trockenen, bitteren Hopfenabgang hat. Das Premium Pils hat ein deutlicheres Hopfenprofil im Aroma und einen volleren, malzigeren Geschmack mit Whiskey- und Walnussnote, der zu einem spritzigen bitteren Abgang führt. Zur Marke Kaiser gehören auch das komplexe Kaiser Fasstyp, dessen Ananasnote durch blumigen Hopfen ausgewogen wird; das fruchtig-würzige Goldquell mit Apfel-, Birnen- und Zitrusnoten und einem weichen Malzgeschmack, der durch eine sanfte Hopfenbittere ausgewogen wird; sowie das rotbraune, süß-malzige Doppelmalz. Zu den Marken der Brau Union Österreich gehören außerdem die Schladminger Spezialitätenbiere aus der Steiermark, einem bedeutenden österreichischen Hopfenanbaugebiet, das ausschließlich biologische Zutaten enthält.

WISSENSWERTES

Brauerei: Brau Union Österreich
Standort: Linz, Oberösterreich
Sorte: Lager
Farbe: Goldgelb
Alkoholgehalt: 5 Vol.-%
Serviertemperatur: 7–9 °C
Passt gut zu: Schwertfisch oder Thunfischsteaks vom Grill

Goldfassl Pils

Die Brauerei Ottakringer wurde 1837 durch Heinrich Plank gegründet. Sie ist nach dem Stadtviertel benannt, in dem sie ihren Standort hatte. 1850 erwarben die Cousins Ignaz und Jacob Kuffner die Brauerei und machten sie zu einer der führenden Brauereien der Stadt. Im Jahr 1905 wandelte Ignaz' Sohn Moritz Kuffner sie in eine Aktiengesellschaft um. Da er als Jude in Österreich ahnte, dass er unter nationalsozialistischer Herrschaft nicht mehr existieren konnte, verkaufte er die Brauerei 1938 an Gustav Harmer und emigrierte mit seiner Familie rechtzeitig in die USA. Heute pflegt Ottakringer ihre Identität als Wiener Lokalbrauerei und ist die größte unabhängige Brauerei der österreichischen Hauptstadt.

Harmer führte 1977 Goldfassl Pils in das Brauereisortiment ein, als erstes Pilsner, das in Österreich gebraut wurde. Es ist leicht und süffig, mit einem frischen, blumigen Hopfenaroma und ausgewogenem Malzgeschmack. Die Brauerei produziert unter der Marke Goldfassl auch ein stärkeres Bier namens Goldfassl Spezial, dessen voller Malzgeschmack zu einem zunehmend trockenen, bitteren Abgang führt. Unter der Marke Ottakringer rangiert ein Helles im Münchner Märzen-Stil mit einem delikaten, ausgewogenen Geschmack sowie ein Dunkel, ein traditionelles dunkles Lager im Wiener Stil mit einer markanten roten Farbe und einem weichen Malzgeschmack.

WISSENSWERTES

Brauerei: Ottakringer
Standort: Wien
Sorte: Pilsner
Farbe: tiefes Goldgelb
Alkoholgehalt: 4,6 Vol.-%
Serviertemperatur: 9 °C
Passt gut zu: gebratenem Huhn oder Schweinebraten

Schwechater Zwickl

Zwickl ist ein ungefiltertes, nicht pasteurisiertes Bier, und das Zwickl von Schwechater ist charakteristisch trüb goldgelb mit einem weichen, süffigen Geschmack und einem frischen Hopfenaroma.

Die Brauerei Schwechat produziert auch ein traditionelles, fruchtig-malziges Wiener Lager sowie ein Bier namens Hopfenperle mit einer reichen, intensiven Hopfennote in Geschmack und Aroma. Schwechat ist eine der ältesten Brauereien Österreichs und kann seine Geschichte mehr als 350 Jahre zurückverfolgen, bis zu ihrer Gründung im Jahr 1632 als Brauerei Klein-Schwechat. Im Jahr 1760 kam der Kellner Franz Anton Dreher nach Wien und nahm die Brauerei Ober-Lanzendorf in Pacht. Einige Jahre später, 1782, pachtete er auch das Brauhaus „Im unteren Werd". Schließlich erwarb er für 19 000 Gulden 1796 die Brauerei Klein-Schwechat samt der dazugehörigen Landwirtschaft. Anton Dreher, der Sohn von Franz, übernahm die Brauerei, nachdem er das Brauhandwerk in München und England eingehend studiert hatte.

Im Jahr 1841 begann die Brauerei mit der Produktion untergäriger Lager, die sie unter der Marke Klein-Schwechater Lagerbier nach Wien verkaufte, wo sie begeistert aufgenommen wurden. Dieser von ihm geschaffene Bierstil wurde später Wiener Lager genannt, und das besondere rötliche Malz, mit dem es gebraut wird, wurde Wiener Malz genannt. Nach dem Tod des letzten Mitglieds der Familie Dreher im Jahr 1921 wurde die Brauerei an die Gruppe verkauft, aus der später die Brau Union Österreich hervorging. Der Name Dreher ist heute eine Marke von Heineken.

WISSENSWERTES

Brauerei: Brauerei Schwechat
Standort: Schwechat, Niederösterreich
Sorte: Zwicklbier
Farbe: Goldgelb
Alkoholgehalt: 5,4 Vol.-%
Serviertemperatur: 8 °C
Passt gut zu: Pasta, Reisgerichten, Sandwich

Zipfer Urtyp

Im Jahr 1858 erwarb der Wiener Bankier Franz Schaup das Brauhaus, in dem damals 1542 Hektoliter Bier pro Jahr gebraut wurden. Innerhalb von fünf Jahren konnte er die Bierproduktion verzehnfachen. Während des Zweiten Weltkriegs kam es zum Stillstand des Braubetriebs, doch in den 1950er-Jahren brachte Fritz Kretz, der Urenkel des Gründers, die Brauerei wieder auf Vordermann, unter anderem mit dem berühmten Werbeslogan „Ein Glas voller Freude“. Seit 1993 gehört Zipf zur Brauereigruppe Brau Union Österreich.

Die Brauerei Zipf wird jedoch weiterhin unabhängig geführt, und ihre Biere zählen zu den charaktervollsten Bieren der Brau Union Österreich. Zipfer Urtyp ist ein vollmundiges, starkes goldenes Lager mit einem duftenden, krautigen Hopfenaroma, das durch einen fruchtigen Malzcharakter ausgewogen wird. Auf dem Gaumen hat es einen weichen Körper, und die anfängliche sanfte Süße geht in einen spritzigen, erfrischend trockenen Hopfenabgang über. Acht Biere hat die Brauerei in ihrem Sortiment, darunter ein starkes, helles Pils mit kräftigem Hopfencharakter, ein Märzen im Münchner Stil und zwei vollmundige saisonale Bockbiere – ein Weihnachtsbier namens Stefanibock und das Osterbier Josefibock.

WISSENSWERTES

Brauerei: Brauerei Zipf
Standort: Zipf, Salzburg
Sorte: Lager
Farbe: Goldgelb
Alkoholgehalt: 5,4 Vol.-%
Serviertemperatur: 7–9 °C
Passt gut zu: delikatem Fisch oder leicht gewürztem Risotto

OBEN

Eine typische Szene in einem tschechischen Straßencafé. Die tschechische Bierindustrie hat im 20. Jahrhundert – mit zwei Weltkriegen und langer kommunistischer Herrschaft – wechselvolle und auch schwierige Zeiten durchgemacht. In den letzten Jahren konnte sie jedoch ihren Ruf als Produzent qualitativ hochwertiger Lager erfolgreich bestätigen. Tschechien ist heute ein großer Bierexporteur, produziert aber auch für den eigenen Markt.

Tschechisches Bier

Vieles hat sich in der tschechischen Brauindustrie seit dem Zusammenbruch des Ostblocks geändert. Schließungen, die Einführung neuer Technologien und Übernahmen durch ausländische Unternehmen waren an der Tagesordnung. Nicht immer waren es Veränderungen zum Besseren.

DIE TSCHECHISCHEN LAGER gelten immer noch als die besten der Welt, und die Sortenvielfalt ist überwältigend. In einer großen Stadt wie Prag, selbst Heimat mehrerer Brauereien, bekommt man Biere aus dem ganzen Land. Es wird jedoch auch behauptet, dass sich die Qualität der tschechischen Lager verschlechtert habe, seit die Industrie privatisiert und die alteingesessenen Familienbetriebe von großen multinationalen Konzernen geschluckt wurden. In Prag beispielsweise wurden die drei großen Brauereien Staropramen, Braník und Měšťan von der Gruppe Pražské Pivovary geschluckt. Im November 1996 erhöhte deren Eigentümer – das britische Unternehmen Bass – seinen Anteil auf 51 Prozent. Als Bass sich aus der Brauindustrie zurückzog, gingen die Brauereien an den belgischen multinationalen Konzern Interbrew.

Die tschechische Brauindustrie kann aus der langen Biertradition des Landes schöpfen. Der Hopfenanbau ist in Böhmen schon seit dem Jahr 859 belegt. Die erste tschechische Brauerei wurde 1118 in Cerhenice gegründet. Die Industrie wuchs schnell und hatte eine immer größere Bedeutung für den Wohlstand des Landes – Anfang des 16. Jahrhunderts stammte 80 Prozent des Einkommens mancher Städte aus der Bierproduktion. Zusätzlich blühte Ende des Mittelalters der Export von Bier und des berühmten böhmischen Hopfens. Dieser Wirtschaftszweig brach während des verheerenden Dreißigjährigen Kriegs (1618–1648) ein und erholte sich erst wieder im 19. Jahrhundert. Das 20. Jahrhundert brachte zwei Kriege und, nach dem Zweiten Weltkrieg, den Kommunismus. Die kommunistische Regierung „förderte" Bier, indem sie es äußerst billig machte – doch nahm die Qualität häufig ab. Seit dem Zusammenbruch des Ostblocks Ende der 1980er-Jahre ist tschechisches Bier wieder auferstanden und genießt heute erneut weltweites Ansehen wegen seiner Qualität.

OBEN

Bier trinken kann man in Tschechien fast als nationalen Zeitvertreib ansehen. Die tschechischen Konsumenten sind von der Qualität ihrer Biere begeistert.

RUND UMS BIER

Produktionsvolumen: 18 548 000 Hektoliter pro Jahr
Pro-Kopf-Verbrauch: 159 Liter pro Jahr
Berühmte Brauereien: Budějovický Budvar; Lobkowicz; Pilsner Urquell; Pivovar Staropramen
Berühmte Marken: Budweiser Budvar; Lobkowicz Special; Pilsner Urquell; Staropramen

Budweiser Budvar

Budweiser Budvar, das in der südböhmischen Stadt Budějovice gebraut wird, ist ein starkes goldenes Lager mit leichtem, weichem Geschmack und einem stärkeren Malzcharakter als die klassischen Pilsner aus der Stadt Plzeň im Norden des Landes.

Es wird mit Saazer Hopfen, mährischem Gerstenmalz und Wasser aus dem brauereieigenen artesischen Brunnen gebraut und reift 60 Tage lang in traditionellen horizontalen Lagertanks. Nicht zu verwechseln mit dem Budweiser des amerikanischen Brauereigiganten Anheuser-Busch, stammt der Name des Budweiser Budvar von Budweis, dem deutschen Namen für die Stadt Budějovice, Heimat der Brauerei Budvar. Wegen einer harten Auseinandersetzung über die Rechte an dem Namen ist das tschechische Bier in den USA unter dem Namen Crystal auf dem Markt, während das amerikanische Bier in manchen europäischen Ländern unter der Abkürzung Bud verkauft wird. Es ist noch immer umstritten, welches das „originale“ Budweiser ist – aber es scheint widersinnig, einem Bier aus Budějovice zu verbieten, sich Budweiser zu nennen.

Anheuser Busch wurde 1875 gegründet, 20 Jahre bevor Ceský akciový pivovar 1895 entstand. Eigentümer war ein Kollektiv privilegierter, lizenzierter Brauer, deren Tradition bis ins 13. Jahrhundert zurückgeht, als man in der Stadt erstmals Bier braute. Die heutige Brauerei entstand 1967, als das tschechische Landwirtschaftsministerium die Budějovický Budvar als direkten Nachfolger von Ceský akciový pivovar gründete. Die Brauerei stellt eine von Tschechiens meist exportierten Marken her, und fast die Hälfte der Produktion wird in über 60 Länder exportiert.

WISSENSWERTES

Brauerei: Budějovický Budvar
Standort: Ceskě Budějovice, Verwaltungsbezirk Budweis
Sorte: Lager
Farbe: tiefes Goldgelb
Alkoholgehalt: 5 Vol.-%
Serviertemperatur: 9 °C
Past gut zu: Roastbeef und Knödeln

Lobkowicz

Die Brauerei wurde 1466 in der Stadt Vysoký Chlumec gegründet und 1474 von der Familie Lobkowicz erworben. Sie blieb in ihrem Besitz, bis sie im Zweiten Weltkrieg von den Nazis konfisziert wurde und die Familie nach England auswandern musste.

Nach dem Krieg kehrte die Familie Lobkowicz in die Tschechoslowakei zurück, doch die Brauerei wurde nun verstaatlicht. Erst 1992 erhielt die Familie ihr Unternehmen zurück, und der in Amerika geborene William Lobkowicz übernahm die Leitung des Betriebs. Sein Hauptprodukt ist ein klassisches dunkles tschechisches Lager mit Karamellmalzgeschmack und Schokoladennote, ausgewogen durch einen erfrischenden Hopfenabgang.

WISSENSWERTES

Brauerei: Lobkowicz
Standort: Vysoký Chlumec, Verwaltungsbezirk Stredočeský
Sorte: Lager
Farbe: tief goldene Bernsteinfarbe
Alkoholgehalt: 5 Vol.-%
Serviertemperatur: 8 °C
Passt gut zu: getrocknetem und geräuchertem Fleisch und Wurst

Lobkowicz Special

Die Lobkowicz Biere werden nach alter Tradition in großen Kupferkesseln gebraut.

Das Wasser stammt aus dem brauereieigenen artesischen Brunnen, und das Malz wird aus heimischer Gerste in der eigenen Mälzerei hergestellt. Der besonders aromatische Saazer Hopfen wird während des Brauens von Hand zugegeben. Das fertige Bier reift mehrere Monate in den Kellern, bevor es abgefüllt und verkauft wird. Lobkowicz Special ist mit 5,7 Vol.-% Alkohol ein starkes Bockbier mit einer weichen, cremigen Textur und einem markanten, fruchtigen Geschmack. Der Abgang ist anhaltend und süß-malzig. Sehr schön ist auch die erfrischende goldgelbe Farbe dieses Biers.

WISSENSWERTES

Brauerei: Lobkowicz
Standort: Vysoký Chlumec, Verwaltungsbezirk Stredočeský
Sorte: Lager
Farbe: Goldgelb
Alkoholgehalt: 5,7 Vol.-%
Serviertemperatur: 8 °C
Passt gut zu: gegrilltem Kalbssteak

Pilsner Urquell

Obwohl inzwischen jedes starke, hopfige, untergärige goldfarbene Bier Pilsner genannt wird, bezeichnet es streng genommen ein Bier aus der tschechischen Stadt Plzeň (Pilsen). Dieses originale Pilsner Urquell ist das Bier, das der Sorte ihren Namen gab.

Im Tschechischen heißt es Plzeňský Prazdroj, aber im 19. Jahrhundert gehörte Plzeň zu Österreich-Ungarn, und die offizielle Sprache war Deutsch. Das Pilsner Urquell wurde 1842 durch Josef Groll kreiert. Bis dahin war Bier meistens dunkel und trüb. Die kühle Brauumgebung und die Zutaten, die Groll verwendete – das heimische Wasser, die hellen Malze aus heimischer Gerste und der untergärige Hefestrang – ergaben jedoch ein klares goldenes Lager, das auch deswegen schnell beliebt wurde, weil man inzwischen Bier häufiger aus einem Glas als aus Stein- und Zinnkrügen trank und das Pilsner darin ansprechender aussah. Drei Jahre später wurde das Bier nach Prag verkauft und bald auch nach Deutschland, wo der Pilsner Stil viele Nachahmer fand.

Wenige Biere dieses Stils kommen jedoch an das Original heran. Die Mischung aus mährischem Malz und aromatischem Saazer Hopfen erzeugt ein extrem gut ausgewogenes Bier mit einem prickelnden, erfrischenden Geschmack. Im Aroma dominiert blumiger, würziger Hopfen, während auf dem Gaumen ein anfänglich weicher Charakter in einen trockenen, bitteren Abgang übergeht.

WISSENSWERTES

Brauerei: Pilsner Urquell
Standort: Plzeň, Verwaltungsgebiet Pilsen
Sorte: Pilsner
Farbe: goldenes Bernsteingelb
Alkohol: 4,4 Vol.-%
Serviertemperatur: 9 °C
Ideal als: Aperitif

Staropramen

Staropramen Premium Lager ist ein weiches, vollmundiges goldenes Pilsner mit einem erfrischend trockenen Abgang. Die Brauerei braut noch zwei weitere Biere. Das eine heißt Granát und ist ein dunkles rubinrotes Lager mit ausgewogener Hopfenbittere und Karamalzgeschmack. Das andere heißt Staropramen Cerný, ein süßes, malziges Bier mit Karamellmalz-, Lakritz- und Anisnoten. Der Name Staropramen bedeutet „alter Brunnen". Die Brauerei hieß ganz zu Anfang jedoch Smichov nach dem gleichnamigen Prager Stadtteil am Ufer der Moldau, wo sie ihren Standort hatte. Ab 1869 wurde sie erbaut, und 1871 begann man mit dem Mälzen. Nur wenige Monate später kamen die ersten Biere auf den Markt.

Einer der ersten Kunden war die benachbarte Fabrik Ringhofer, die für eine große Nachfrage sorgte und Smichov zu einem Riesenerfolg machte. Kaiser Franz Joseph I. besichtigte die Brauerei 1867 und lobte das Bier im Gästebuch. Ab 1884 exportierte die Brauerei ihre Biere nach Wien, Deutschland, in die Schweiz und die Vereinigten Staaten. Im Jahr 1911 ließ die Brauerei ganze 16 Handelsmarken registrieren, darunter auch Staropramen, das so erfolgreich war, das es zur Flaggschiff-Marke der Brauerei wurde. Die Brauerei expandierte weiter und wurde in den 1930er-Jahren eine der drei größten Brauereien Europas. Nach dem Zweiten Weltkrieg kam es zur Verstaatlichung. Das heutige Unternehmen wurde 1989 gegründet und im Jahr 2000 von Interbrew übernommen. Heute werden seine Biere in 36 Länder exportiert.

WISSENSWERTES

Brauerei: Pivovar Staropramen
Standort: Prag, Verwaltungsbezirk Prag
Sorte: Pilsner
Farbe: tiefes Goldgelb
Alkoholgehalt: 5,2 Vol.-%
Serviertemperatur: 8 °C
Passt gut zu: Brot und Käse

OBEN

Die Brauereien in Slowenien und Kroatien sind sehr darum bemüht, nach dem Zerfall von Jugoslawien und dem Bürgerkrieg in den 1990er-Jahren wieder zu alter Form zu finden. Der Tourismus in dieser Region, die immer stark vom Fremdenverkehr abhängig war, zieht wieder an, und die Lebensmittelindustrie unternimmt große Anstrengungen, um für die ausländischen Gäste und die Einheimischen Produkte von hoher Qualität zu erzeugen.

Slowenisches und kroatisches Bier

Die slowenische Hauptstadt Ljubljana kann auf eine Brauindustrie mit einer 400-jährigen Geschichte zurückblicken. Bereits 1592 wurde eine Biersteuer erhoben. In Ljubljana hat die Brauerei Union ihren Sitz, die 1864 gegründet wurde und heute zu den größten Bierproduzenten des Landes gehört.

Oben

In dem vom Bürgerkrieg erschütterten Kroation hat die Bierbrauerei eine lange Tradition. Es nimmt auch hier einen großen Stellenwert als Erfrischungsgetränk ein.

DIE GRÖSSTE BRAUEREI BEFINDET SICH in Lasko. Franz Geyer gründete sie 1825 in dem Gebäude des heutigen Hotel Savinja. Im Jahr 1924 wurde sie von der Konkurrenz, der Brauerei Union, aufgekauft, nur um 1927 geschlossen zu werden. Doch 1938 wurde eine neue Brauerei Lasko gegründet, die heute etwa 50 Prozent des slowenischen Biermarkts kontrolliert.

Die größte Brauerei im benachbarten Kroatien ist Zagrebacka Pivovara, die, wie ihr Name sagt, ihren Standort in Zagreb hat. Gegründet 1982, dominiert sie heute mit ihren Lagerbieren 46 Prozent des Inlandmarkts. Ihre beliebteste Biermarke ist Ozujsko, was „März" bedeutet. Zagrebacka Pivovara ist das zweitgrößte Unternehmen nach Karlovacka Pivovara mit Sitz in Karlovac. Es beliefert die kroatischen Touristengegenden und ist gleichzeitig der größte kroatische Bierexporteur. Die älteste Brauerei des Landes heißt Osijek und befindet sich seit 1697 in der gleichnamigen Stadt. Damals gehörte Osijek zu Österreich-Ungarn, wo man einen Großteil seiner Produkte absetzen konnte. Die kroatischen Brauereien verwendeten als erste der Welt bakterielle Enzyme zum Brauen und klärten das Bier, was ihnen eine hohe Qualität einbrachte. Nach den eigenen Bieren wird auch das in Lizenz gebraute Tuborg in Kroatien gerne getrunken. Für den Touristen können die slowenischen und kroatischen Biere eine echte Entdeckung sein – und es gibt viel zu entdecken.

RUND UMS BIER

Produktionsmenge: 5 900 000 Hektoliter pro Jahr

Pro-Kopf-Verbrauch: 103 Liter pro Jahr

Berühmte Brauereien: Buzetska Pivovara; Karlovacka Pivovara; Pivovarna Lasko; Pivovara Osijek; Pivovarna Union

Berühmte Marken: Crno; Favorit; Karlovacko Pivo; Premium Pivo; Zlatorog Club; Zlatorog Pivo

Termalni Desert

In der Geschichte der Brauerei Lasko ging es stetig auf und ab. Im Jahr 1825 durch den Lebkuchen- und Honigweinhersteller Franz Geyer gegründet, wurde sie 1838 von Heinrich August Ulrich erworben, der seine Biere nach Triest, Indien und Ägypten exportierte.

Nachdem die Brauerei 1867 erneut verkauft worden war, verlegte sie der neue Eigentümer an einen anderen Standort. Die Geschäfte liefen sehr schlecht, doch zum Glück konnte Simon Kukec die Brauerei vor dem Konkurs bewahren. Sein neues Konzept bestand darin, Wasser aus Thermalquellen zum Brauen zu verwenden. So entstand Termalni Desert, ein vollmundiges dunkles Lager. In den letzten 50 Jahren entwickelte sich die Brauerei vom fünftgrößten Brauer Sloweniens zum größten. Seit 1997 produziert man auch alkoholfreie Getränke sowie eine Mischung aus Limonade und Bier.

WISSENSWERTES

Brauerei: Pivovarna Lasko
Standort: Lasko, Slowenien
Sorte: dunkles Lager
Farbe: Walnussbraun
Alkoholgehalt: 6 Vol.-%
Serviertemperatur: 8–10 °C
Passt gut zu: geräuchertem Fisch oder Fleisch

Zlatorog Club

Die originäre Brauerei Lasko wurde 1924 Teil der Brauerei Union. Im Jahr 1938 gründeten Vertreter des Gasthausverbandes der Stadt eine neue Brauerei. Diese wurde bei einem Bombenangriff 1944 jedoch zerstört, und die Produktion konnte erst 1946 wieder aufgenommen werden.

Damals prägte die Brauerei die Marke Zlatorog („Goldhorn") für sein starkes, helles Pilsner im bayerischen Stil, das sich durch einen klaren, erfrischenden Geschmack und eine starke Hopfenbittere auszeichnet.

WISSENSWERTES

Brauerei: Pivovarna Lasko
Standort: Lasko, Slowenien
Sorte: dunkles Lager
Farbe: dunkles Rotgold
Alkoholgehalt: 5 Vol.-%
Serviertemperatur: 7 °C
Passt gut zu: Pasta mit leichter Sauce

Zlatorog Pivo

Als Folge der slowenischen Unabhängigkeit verlor die Brauerei Lasko plötzlich 40 Prozent ihres Marktes – ein Schlag, von dem sie sich nie ganz erholt hat. Trotzdem konnte sie in den letzten Jahren einigen Erfolg auf dem Exportmarkt verbuchen.

Heute verkauft sie über 20 Prozent ihrer Produktion außerhalb von Slowenien. Im Inland hat die Marke Zlatorog einen Marktanteil von über 50 Prozent. Dazu zählt dieses leichte helle Lager, das heute die meistverkaufte Marke der Brauerei ist. Lasko produziert außerdem das starke, vollmundige Export Pils und ein ausgewogenes, dunkles, malziges Lager im Münchner Stil namens Netopir („Fledermaus").

WISSENSWERTES

Brauerei: Pivovarna Lasko
Standort: Lasko, Slowenien
Sorte: Lager
Farbe: Goldgelb
Alkoholgehalt: 2 Vol.-%
Serviertemperatur: 7 °C
Passt gut zu: leichten, frischen Gemüsegerichten

Premium Pivo

Premium Pivo ist die älteste Biermarke der Brauerei Union aus Ljubljana, der Hauptstadt Sloweniens. Es handelt sich um ein einfaches goldenes Lager mit leichtem Hopfenaroma und mildem Malzgeschmack.

Union 1864 ist ein etwas stärkeres Bier, Crni Baron ein starkes, dunkles süßes Bier mit einem vollen Malzgeschmack. Die Anfänge der Brauerei gehen bis auf das Jahr 1864 zurück, als die Brauerei Kosler in Ljubljana gegründet wurde. Im Jahr 1909 ging sie als Brauerei Union an die Börse, wurde aber 1946 verstaatlicht. Als Slowenien 1991 die Unabhänigkeit von Jugoslawien erreichte, wurde die Brauerei wieder zur Aktiengesellschaft.

WISSENSWERTES

Brauerei: Pivovarna Union
Standort: Ljubljana, Slowenien
Sorte: Lager
Farbe: Goldgelb
Alkoholgehalt: 5 Vol.-%
Serviertemperatur: 7 °C
Passt gut zu: Risotto

Favorit

Die Brauerei Buzetska befindet sich in der kleinen Stadt Buzet an der nördlichen Adriaküste Kroatiens.

Im Jahr 1958 sollte die Brauerei in Rijeka errichtet werden, wegen Finanzierungsproblemen wurden die Pläne aber zehn Jahre lang auf Eis gelegt. Dann fand sich ein Financier: die Stadt Buzet. Die Gegend ist eine beliebte Touristenregion und wegen ihres Volksmusikfestivals bekannt. Das Hauptprodukt der Brauerei ist Favorit, ein leichtes Lager mit frischem Hopfenaroma und körnigem Malzgeschmack. Das Wasser der Region, das für den Geschmack des Favorit-Biers ausschlaggebend ist, wird ebenfalls pur in Flaschen abgefüllt und verkauft.

WISSENSWERTES

Brauerei: Buzetska Pivovara
Standort: Buzet, Kroatien
Sorte: Lager
Farbe: Strohgelb
Alkoholgehalt: 5,2 Vol.-%
Serviertemperatur: 6–8 °C
Passt gut zu: Brot mit Streichkäse und Schinken

Karlovacko Crystal

Dieses klare, goldene Lager hat ein hopfiges Aroma und einen leicht körnigen Malzgeschmack. Es stammt von der Brauerei Karlovacka in Karlovac, einem Städtchen, das etwa 50 km von der Hauptstadt Zagreb entfernt ist.

Seit 1779 wird hier Bier gebraut. Die heutige Brauerei wurde 1854 im Stadtviertel Dubovac gegründet. Braumeister war ein Mann namens Zisler. Im Jahr 1880 wurde die Brauerei stillgelegt und in eine Töpferei umgewandelt, 1896 aber wieder eröffnet und 1902 von einer Gruppe wohlhabener Karlovacer Bürger gekauft, die ihr den Namen Karlovacka Pivovara gaben. Im April 2003 wurde Karlovacka Teil der niederländischen Heineken-Gruppe.

WISSENSWERTES

Brauerei: Karlovacka Pivovara
Standort: Karlovac, Kroatien
Sorte: Lager
Farbe: Strohgelb
Alkoholgehalt: 4,8 Vol.-%
Serviertemperatur: 6–7 °C
Ideal als: Aperitif

Karlovacko Pivo

Karlovacka Pivovara ist die zweitgrößte Brauerei Kroatiens mit annähernd 20 Prozent Marktanteil, und Karlovacko Pivo ist ihre wichtigste Marke: ein leichtes, prickelndes Lager mit erfrischender Hopfenbittere.

Besonders bei einem Festival, dem Dani Piva („Biertag"), das auf dem Marktplatz stattfindet, wird dieses Bier getrunken – obwohl es natürlich auch das Jahr über erhältlich ist. Die Brauerei braut auch ein starkes Winterbier namens Zimsko und ein vollmundiges dunkles Lager namens Crno. Das Sortiment wird durch das leichte Rally vervollständigt, das erste Leichtbier aus Kroatien.

WISSENSWERTES

Brauerei: Karlovacka Pivovara
Standort: Karlovac, Kroatien
Sorte: Lager
Farbe: helles Goldgelb
Alkoholgehalt: 5,4 Vol.-%
Serviertemperatur: 6–8 °C
Passt gut zu: kräftigen Reisgerichten wie Risotto

Osjecko Crno

Seit 1664 wird in Osijek Bier gebraut, und die erste historisch nachweisbare kommerzielle Brauerei gab es bereits 1695.

Im Jahr 1856, als die Brauindustrie florierte, wurde die Brauerei Osijek gegründet, und zwar von Kajetan Seper, der sein Handwerk in München und Tschechien gelernt hatte. Allerdings wurden die Brauereien der Stadt 1956 unter einem Dach zusammengefasst – sie wurden einfach verstaatlicht. Der Brauerei Osijek gelang es jedoch bald, eigene Wege zu gehen, und 1969 war sie wieder die größte der Stadt. Das ist sie bis heute geblieben. Die zwei wichtigsten Biere der Brauerei sind ein leichtes, hopfiges Lager und ein dunkles vollmundig-malziges Bier namens Crno. Osjecko braut auch die deutschen Marken Löwenbräu und Franziskaner in Lizenz.

WISSENSWERTES

Brauerei: Pivovara Osijek
Standort: Osijek, Kroatien
Sorte: dunkles Ale
Farbe: Walnussbraun
Alkoholgehalt: 5 Vol.-%
Serviertemperatur: 8 °C
Passt gut zu: deftigen Eintöpfen

OBEN

Asien ist für die hohe Qualität seiner hellen Lager bekannt. Der Export dieser Biere in Flaschen- und Dosenform in die Vereinigten Staaten, Südamerika und Europa ist im Laufe der letzten 20 Jahre unaufhörlich gestiegen. China ist hinsichtlich der Menge der größte Bierproduzent der Welt, obwohl der Pro-Kopf-Verbrauch nach wie vor ausgesprochen gering ist.

Asiatisches Bier

Die bedeutendsten Biermärkte im Fernen Osten sind Japan und China. Sie gehören zu den größten Bierkonsumenten, obwohl keines dieser Länder eine echte Biertradition vorweisen kann. Bier kam erst Anfang des 20. Jahrhunderts durch die Deutschen und Russen nach China. Heute nähert sich die Zahl der Brauereien der Tausendermarke – diese reichen von kleinen, lokalen Brauereien bis zu gigantischen Brauunternehmen in staatlicher Hand.

OBEN
Ein Plakat für das japanische Asahi-Bier. Asahi ist ein gutes Beispiel für ein regionales asiatisches Bier, das auf dem Weltmarkt großen Erfolg hat.

JAPAN HAT BEIM BIER den höchsten Pro-Kopf-Verbrauch im Fernen Osten. Bier kam etwa 50 Jahre eher nach Japan als nach China. Kirin, die erste kommerzielle Brauerei des Landes, wurde 1870 von einem Amerikaner gegründet. Im Jahr 1876 folgte die erste Brauereigründung durch einen Japaner. Nach einem raschen Wachstum der Brauindustrie während der 1890er-Jahre gab es 1906 eine längere Phase der Konsolidierung. Im Jahr 1908 wurde ein Gesetz zur Biersteuer erlassen, das einen Mindestausstoß von 180 000 Litern pro Jahr erforderlich machte. Das führte zum Niedergang der kleineren Brauereien, sodass sich die Brauindustrie in den Händen einiger weniger großer Unternehmen konzentrierte. Nachdem dieses Gesetz 1994 aufgehoben wurde, schossen die Klein- und Gasthausbrauereien, deren Produkte als ji-biru („lokales Bier“) bezeichnet werden, wie Pilze aus dem Boden. Viele der neuen Bierbrauer waren schon lange als Saké-Brauereien etabliert.

Im restlichen Teil Asiens gibt es gewaltige Unterschiede hinsichtlich der Brautraditionen. Verglichen mit den meisten europäischen Ländern ist der Bierkonsum generell recht gering. In Indien ist immer noch das Erbe der englischen Kolonialzeit zu spüren, denn hier werden vor allem reiche, dunkle Stouts und natürlich India Pale Ales getrunken. Das Bier wird überwiegend importiert, und in manchen Gegenden auf dem Subkontinent sind sowohl die Alkoholproduktion als auch der Alkoholgenuss strikt verboten. Einer der größten Bierproduzenten Südostasiens ist die San Miguel Corporation auf den Philippinen, die in der ganzen Region über Brauanlagen verfügt. Das Unternehmen kann auf eine über 100 Jahre lange Geschichte zurückblicken.

RUND UMS BIER

Produktionsmenge: 396 638 000 Hektoliter pro Jahr

Pro-Kopf-Verbrauch: 10 Liter pro Jahr

Berühmte Brauereien: Asahi; Asia Pacific Breweries; Boon Rawd Brewery Company Ltd.; Cambrew Limited; Chung Hua Beer Company Ltd.; Hite Company Ltd.; Kirin; PT Multi Bintang Indonesia; Tsingtao

Berühmte Marken: Angkor; Asahi; Bir Bintang; Hite; Kingfisher; Kirin; Sapporo; Silver Sapporo; Singha; Tiger; Tsingtao

Kingfisher

Kingfisher ist ein sehr beliebtes Lager, jedoch nicht jedermanns Geschmack. Gleich nach dem Ausschenken bildet sich eine kleine schaumige Krone mit einem feinen Spitzenmuster.

Im Aroma vermischt sich auf angenehme Weise körniges Getreide mit einem schwachen Hefeunterbau. Dieses Bier trinkt man am besten eisgekühlt aus einem Glas, sodass das Aroma den Geschmack auf dem Gaumen vervollständigen kann. Kingfisher, ein Produkt der United Breweries aus Bangalore in Indien, ist goldgelb mit einem moderaten Körper und einem anfänglichen Biss. Es wird auch in den USA und in Großbritannien in Lizenz gebraut.

WISSENSWERTES

Brauerei: United Breweries
Standort: Bangalore, Karnataka, Indien
Sorte: Lager
Farbe: Blassgelb
Alkoholgehalt: 4,8 Vol.-%
Serviertemperatur: eisgekühlt
Passt gut zu: Currys, insbesondere auf Kokosnussbasis

Bengal Tiger

Bengal Tiger, ein zuckersüßes Lager, wird in Europa immer häufiger in indischen Restaurants angeboten.

Es ist strohgold und verfügt über ein leichtes Malzaroma. Das Flaschenbier wird von der Brauerei Mysore in Bangalore produziert. Wie andere indische Lager aus der Flasche schmeckt auch Bengal Tiger eiskalt und zu scharfem orientalischem Essen am besten.

WISSENSWERTES

Brauerei: Mysore Breweries
Standort: Bangalore, Karnataka, Indien
Sorte: Lager
Farbe: Strohgold
Alkoholgehalt: 5 Vol.-%
Serviertemperatur: eisgekühlt
Passt gut zu: Currys, insbesondere auf Kokosnussbasis

Zhong Hua

Die Chung Hua Beer Company wurde wie Tsingtao von deutschen Siedlern in der Küstenprovinz Zhejiang im Osten Chinas gegründet, ein Gebiet, das bis zum Beginn des 20. Jahrhunderts deutsches Kolonialgebiet war, ähnlich wie Hongkong, das lange unter britischer Herrschaft stand.

Heute sind sowohl die Region als auch die Brauerei in chinesischer Hand. Obwohl es außerhalb von China weniger bekannt ist als Tsingtao, ist Zhong-Hua-Bier eine der führenden Exportmarken des Landes. Es wird vor allem in Gegenden mit einer großen chinesischen Population verkauft und häufig in chinesischen Restaurants serviert. Bei Zhong Hua handelt es sich um ein einfaches, leichtes, süffiges hellgoldenes Lager mit moderatem Hopfenprofil.

WISSENSWERTES

Brauerei: Zhong Hua Beer Company Ltd.
Standort: Chunghua, Provinz Zhejiang, China
Sorte: Lager
Farbe: Hellblond
Alkoholgehalt: 5 Vol.-%
Serviertemperatur: 8 °C
Passt gut zu: einfachen Gemüse- und Reisgerichten

Tsingtao

Im Jahr 1903 durch deutsche Siedler im Hafen von Tsingtao (jetzt Qingdao) gegründet, war Tsingtao (sprich „Tschingdau") eine der ersten kommerziellen Brauereien Chinas und ist heute eine der größten.

Ihr Flaggschiff-Bier, ein goldenes Lager, ist das meistverkaufte Bier Chinas und das bekannteste chinesische Bier weltweit. Es wurde erstmals 1972 in die USA exportiert und macht heute etwa 80 Prozent des chinesischen Bierexports aus. Mit Quellwasser aus den Laoshan-Bergen und Malzen und Hefe aus Kanada und Australien gebraut, verfügt es über ein leicht hopfiges Aroma mit ausgewogenem Geschmack.

WISSENSWERTES

Brauerei: Tsingtao
Standort: Qingdao, Provinz Shandong, China
Sorte: Lager
Farbe: Blassgelb
Alkoholgehalt: 4,8 Vol.-%
Serviertemperatur: 8 °C
Passt gut zu: pochiertem oder gedämpftem Fisch

Lion

Die Ceylon Brauerei trägt den ehemaligen Namen von Sri Lanka, wo die Brauerei seit 1881 ansässig ist.

Die Brauerei stand ursprünglich in der Bergstadt Nuwara Eliya, zwischen den Teeplantagen in der Nähe der heiligen Stadt Kandy, und versorgte die britischen Plantagenbesitzer mit Bier im britischen Stil. In diesen abgelegenen Ort gelangt man nur über steile, enge, gewundene Straßen, die das Anliefern der Zutaten sehr schwierig machten. Aus diesem Grund errichtete das Unternehmen 1998 eine neue Brauanlage in der Hauptstadt Colombo.

Bis in die 1960er-Jahre war das beliebteste Bier der Region ein India Pale Ale im englischen Stil. Dieses ist nun unmodern geworden und wurde durch ein goldenes Lager abgelöst. Wie viele Brauereien der Region produziert auch Ceylon nach wie vor ein dunkles Bier für diejenigen, die ein Bier mit vollerem Geschmack bevorzugen. Es ist eines der besten asiatischen Stouts, mit einem intensiv fruchtigen Aroma mit einer Kaffeenote, während es auf dem Gaumen einen dichten, sirupartigen Körper hat. Der anfängliche volle, dunkle süße Malzgeschmack wird zunehmend trocken und bitter und entwickelt eine Röstkaffee- und Bitterschokoladennote. Obwohl das Bier heute pasteurisiert wird, kommt es noch ungefiltert in die Flasche. In Sri Lanka trinkt man es mit einem Schuss Arrak, einem Branntwein auf Palmweinbasis.

WISSENSWERTES

Brauerei: Ceylon/Lion Brewery Limited
Standort: Colombo, Sri Lanka
Sorte: tropisches Stout
Farbe: Schwarz
Alkoholgehalt: 8,2 Vol.-%
Serviertemperatur: 13 °C
Passt gut zu: Schokoladenkuchen

Bintang Pilsener

Bir Bintang, ein Pilsener im deutschen Stil mit einem ausgewogenen Hopfen-Malz-Aroma, wird von der größten Brauerei Indonesiens produziert, die 1929 als Nederlandsch Indische Bierbrouwerijen gegründet wurde.

Das Unternehmen wurde 1936 von Heineken übernommen und braute nun Heineken-Bier. Als Heineken sich 1957 aus der Region zurückzog, untersagte es die Verwendung seines Markennamens, und so wurde das Bier in Perusahaan Bir Bintang umbenannt. Als Heineken 1967 nach Indonesien zurückkehrte, kam das Bier unter dem Namen Bintang Baru neu heraus. Seit 2002 heißt es Bir Bintang. Die Brauerei braut auch Guinness in Lizenz.

WISSENSWERTES

Brauerei: PT Multi Bintang Indonesia
Standort: Surabaya, Indonesien
Sorte: Pilsener
Farbe: Goldgelb
Alkoholgehalt: 4,8 Vol.-%
Serviertemperatur: 8 °C
Passt gut zu: scharfen indonesischen Gerichten

Singha

Boon Rawd, die erste und immer noch größte Brauerei in Thailand, wurde 1933 von Phraya Bhirom Bhakdi gegründet. Mit deutscher Technologie braut man hier Biere im Pilsner Stil.

Heute werden bei Boon Rawd neben den drei Biermarken Singha, Leo und Thai Beer auch Tafelwasser, Tee und Kaffee produziert. Singha ist ein vollmundiges Vollmalz-Lager mit einem deutlich krautigen Hopfencharakter. Singha Light hat weniger Kalorien und Alkohol und einen leichten, erfrischenden Geschmack. Leo ist ein durchschnittliches leichtes, goldenes Lager, während Thai Beer etwas stärker ist.

WISSENSWERTES

Brauerei: Boon Rawd Brewery Company Ltd.
Standort: Bangkok, Thailand
Sorte: Lager
Farbe: Goldgelb
Alkoholgehalt: 6 Vol.-%
Serviertemperatur: 6–8 °C
Passt gut zu: Fisch und Meeresfrüchten

Tiger

Tiger ist das meistverkaufte Bier in Singapur. Es handelt sich um ein vollmalziges goldenes Lager, das mit Malz aus Europa und Australien und Hopfen aus Deutschland gebraut wird.

Auch der Hefestrang stammt aus Europa. Er wurde von Heineken exklusiv für die Brauerei in den Niederlanden entwickelt. Tiger ist die führende Marke der Asia Pacific Breweries, die 1931 unter dem Namen Malayan Breweries Limited als Joint Venture zwischen Heineken und Fraser & Neave gegründet wurde. Die Brauerei verwendet zwar importierte Zutaten, braut aber alle ihre Biere ausschließlich in den beiden Brauanlagen in Singapur und Kuala Lumpur in Malaysia. Darin unterscheidet sich dieses Bier von vielen anderen asiatischen Marken, die meist in Lizenz in Europa und den USA gebraut werden.

Im Westen gehört es zu den bekanntesten asiatischen Biersorten. Dies ist zum Großteil der Tatsache zu verdanken, dass es im Zweiten Weltkrieg bei den im Fernen Osten stationierten alliierten Truppen sehr beliebt war und von den Soldaten in ihre Heimat mitgebracht wurde. Tiger-Bier wird heute in mehr als 50 Länder exportiert. Der englische Schriftsteller Anthony Burgess, der in den 1950er-Jahren einige Zeit im Fernen Osten gelebt hatte, nannte sogar einen seiner Romane nach einer Tiger-Werbung: „Time for a Tiger". Die Asia Pacific Breweries produzieren auch ein saisonales Neujahrsbier namens Tiger Classic, ein goldenes Lager mit einem weichen Malzgeschmack, sowie mehrere andere Marken wie das Anchor Beer.

WISSENSWERTES

Brauerei: Asia Pacific Breweries
Standort: Alexandra Point, Singapur
Sorte: Lager
Farbe: helles Strohgelb
Alkoholgehalt: 5 Vol.-%
Serviertemperatur: 6–8 °C
Passt gut zu: scharfen orientalischen Gerichten

Angkor Beer

Die Menschen in Kambodscha trinken vor allem Importbiere wie Tiger, San Miguel und Heineken. Das Land hat jedoch auch seine eigene nationale Marke, das Angkor, das in der Hafenstadt Sihanoukville von Cambrew gebraut wird. Die Brauerei existiert erst seit 1990.

Dieses Bier wurde nach der majestätischen Tempelanlage Angkor Wat benannt, die auf dem Flaschenetikett abgebildet ist. Sie wurde im 12. Jahrhundert zur Zeit der Khmer erbaut. Angkor Beer ist ein typisches goldenes Lager im europäischen Stil mit einem vollen Körper, sanfter Bittere und einem leichten, hopfigen Aroma. In den letzten Jahren erfreut es sich auch in Übersee zunehmender Beliebtheit und ist immer öfter in den Bars und Delikatessengeschäften Europas und der USA zu finden. Große Abnehmer dieses Biers sind Japan und Kanada. Es wird in 640-ml- und 320-ml-Flaschen, in 320-ml-Dosen und auch als Fassbier verkauft.

Das Bayon Beer (benannt nach dem Khmer-Tempel Bayon in der königlichen Hauptstadt Angkor Thom) ist, nach Angaben der Brauerei, „mit seinem weichen und hopfigen Aroma und dem angenehmen Nachgeschmack insbesondere auf den Geschmacke der asiatischen Konsumenten abgestimmt“. Das kräftige Black Panther Stout mit 8 bis 8,3 Vol.-% Alkohol ist von geschmackvoller Bittere.

Die Brauerei Cambrew wurde Mitte der 1960er-Jahre gegründet und hatte ursprünglich französische Besitzer. Im Jahr 1990 wurde sie von ihrem heutigen Eigentümer im Originalstil der 1960er-Jahre komplett renoviert und überholt. Die drei Marken, die hier gebraut werden, haben eine eindrucksvolle Erfolgsgeschichte geschrieben. Bis 2004 ist die Produktionsmenge auf 500 000 Hektoliter Bier pro Jahr gestiegen.

WISSENSWERTES

Brauerei: Cambrew Limited
Standort: Sihanoukville, Kambodscha
Sorte: Lager
Farbe: Goldgelb
Alkoholgehalt: 5,2 Vol.-%
Serviertemperatur: 6–8 °C
Passt gut zu: Fischsuppe mit Kokosmilch

Hite Beer

Das erste Bier kam erst 1933 nach Korea. Damals wurde die Chosun Beer Company gegründet, die sich zunächst in staatlichem Besitz befand, 1952 aber privatisiert wurde.

In den 1980er-Jahren erweiterte die Brauerei ihr Sortiment. Im Jahr 1982 führte man eine leichte Version des eigenen Biers ein, 1984 ein alkoholfreies Malzgetränk. Seit 1986 werden Carlsberg-Biere in Lizenz gebraut und 1989 kreierte man Super Dry. Trotzdem bleibt Hite Beer die Hauptmarke – ein prickelndes Bier, das in einem dreistufigen Verfahren entwickelt und bei dem die Temperatur während der Gärung kontrolliert wird.

WISSENSWERTES

Brauerei: Hite Company Ltd.
Standort: Seoul, Südkorea
Sorte: Pilsner
Farbe: Goldgelb
Alkoholgehalt: 4,5 Vol.-%
Serviertemperatur: 8–10 °C
Passt gut zu: scharfen Gerichten mit Fisch und Meeresfrüchten

San Miguel Dark

San Miguel Dark ist eine dunklere Version von San Miguels Hauptmarke Pale Pilsen. Es wird mit dunkleren Malzen gebraut, so entsteht ein Lager im Münchner Stil mit einem abgerundeten, fruchtigen Karamellmalzgeschmack mit Röstkaffee- und Bitterschokoladennoten.

In seinem Heimatland wird es Cerveza Negra („Schwarzes Bier") genannt und als Bier für Kenner bezeichnet. In Asien werden hauptsächlich Leichtbiere getrunken, und deshalb gelten die dunklen Lager als etwas Besonderes. San Miguel braut noch weitere Biere, die im Ausland weniger bekannt sind. Dazu gehört das Red Horse Beer, das erste extra starke Bier der Philippinen, sowie Golden Eagle Beer, ein helles bernsteinfarbenes Lager mit einem weichen Körper und delikatem Hopfenaroma.

WISSENSWERTES

Brauerei: San Miguel Corporation
Standort: Manila, Philippinen
Sorte: Münchner dunkles Lager
Farbe: helles Bernsteinbraun
Alkoholgehalt: 5 Vol.-%
Serviertemperatur: 8–10 °C
Passt gut zu: Fleischgerichten mit einer kräftigen, scharfen Sauce

San Miguel Pale Pilsen

Nachdem La Fabrica de Cerveza de San Miguel die königliche Erlaubnis zum Bierbrauen erhalten hatte, wurde sie 1890 im Zentrum von Manila neben dem Kolonialhaus des spanischen Generalgouverneurs gegründet. Die Einweihung der Brauerei fand während des San-Miguel-Festes zu Ehren des Erzengels Michael statt. Trotz diverser Schwierigkeiten – so musste die Zeremonie wegen schlechten Wetters verschoben werden – konnte die Brauerei schließlich auf den Namen des Heiligen getauft werden.

Das erfolgreichste Produkt der Brauerei, San Miguel Pale Pilsen, ist mit Abstand das meistverkaufte Bier der Philippinen. Mit einem Marktanteil von über 90 Prozent gehört es auch zu den drei bedeutendsten Biermarken in ganz Asien. Es besitzt ein brotiges Malzaroma mit Hefenoten und, obwohl es als Pilsener bezeichnet wird, ein recht leichtes Hopfenprofil mit einem Hauch blumigen Hopfens im Aroma und einer subtil ausgewogenen Bittere auf dem vom Malz dominierten Gaumen. Die San Miguel Corporation, wie sie inzwischen heißt, ist heute mit über 100 Braustätten (auf den Philippinen, in Südostasien, China und Australien) in der ganzen Region präsent und damit der größter Brauer. Im Jahr 2002 ging man eine Partnerschaft mit Kirin in Japan ein.

WISSENSWERTES

Brauerei: San Miguel Corporation
Standort: Manila, Philippinen
Sorte: Pilsener
Farbe: Goldgelb
Alkoholgehalt: 5 Vol.-%
Serviertemperatur: 7–8 °C
Passt gut zu: scharfem Fischeintopf

Asahi Super Dry

Die führende Brauerei Japans wurde 1889 in Osaka gegründet. Im Jahr 1892 kam das erste Asahi-Bier heraus. 1906 fusionierte Asahi mit der Japan Beer Brewery Ltd. und der Sapporo Beer Company. Es entstand die Dai Nippon Breweries Company.

Das Unternehmen expandierte schnell und errichtete mehrere Braustätten in der Region. Im Jahr 1949 zwang das Gesetz zur wirtschaftlichen Dezentralisierung den Riesen Dai Nippon, sich in zwei Unternehmen aufzuteilen, von denen Asahi das kleinere war. Bis Ende der 1980er-Jahre blieb das so, doch dann kam Asahi Super Dry heraus. Der gewaltige Erfolg dieses Biers – nicht nur in Japan, sondern auf der ganzen Welt – katapultierte das Unternehmen von mickrigen 10 Prozent Marktanteil auf fast 50 Prozent und machte es zum zweitgrößten Brauunternehmen Japans.

Der Erfolg von Asahi Super Dry ist seinem weichen, leichten Geschmack zu verdanken, der nach ausgiebiger Marktforschung entwickelt wurde. Er entsteht durch eine längere Reifezeit, während der das Bier vollständig fermentiert und einen höheren Alkoholgehalt erhält. In dieser Hinsicht ähnelt es einem klassischen deutschen Pilsner, hat jedoch ein viel leichteres Hopfenprofil mit einem ganz leichten, krautigen Hopfencharakter. Das Ergebnis ist ein adstringierend trockenes, delikates Bier.

Asahi braut mehrere interessante Biere, zum Beispiel Asahi Draft Beer Fujisan, das ausschließlich mit Quellwasser vom Berg Fuji gebraut wird, oder das vollmalzige kalorienarme Lager Asahi Super Malt mit geringem Alkoholgehalt.

WISSENSWERTES

Brauerei: Asahi
Standort: Tokio, Japan
Sorte: Lager
Farbe: Goldgelb
Alkoholgehalt: 5 Vol.-%
Serviertemperatur: 6–7 °C
Passt gut zu: traditioneller japanischer Küche, insbesondere Sushi

Asahi Black

Das Asahi Black hat deutsches Schwarzbier als Vorbild, besitzt aber eine eher rötlich braune Farbe, wenngleich es eine sehr dunkle Schattierung aufweist.

Das reiche Aroma duftet nach dunklen, rauchigen Karamellmalzen (Asahi wird nicht mit gerösteter Gerste gebraut) und verfügt über süße Karamell- und Kaffeenoten, die auch auf dem Gaumen dominieren, zusammen mit einem Hauch Butter, Karamellbonbon und Bitterschokolade. Asahi produziert außerdem ein richtig schwarzes Bier – das Stout, das 1935 herauskam. Dieses Bier verwendet wie die englischen Porter sehr wohl Röstgerste, die ihm einen reichen, bitteren, kaffeeartigen Geschmack verleiht. Bemerkenswert ist auch seine außergewöhnlich weiche, satinähnliche Textur, und mit kräftigen 8 Vol.-% Alkohol erinnert es an irische und britische Stouts.

Asahi Black und Stout sind nur zwei Biere aus dem umfangreichen Sortiment der Brauerei. Asahi Edomae ist ein klassisches Lager im Stil der deutschen Pilsner. Die Brauerei Asahi ist auf Biere dieses Stils spezialisiert: Weitere Marken sind Asahi Fujisan, Asahi Minori Zanmai und Asahi Honnama. Eher für den Kenner geeignet ist Asahi Point One, ein Lager mit wenig Alkohol. Außerdem produziert Asahi eine Reihe von Fruchtbieren mit Apfel-, Grapefruit- und Himbeergeschmack.

Asahi ist eines der größten Unternehmen auf dem japanischen Markt mit starkem Exportanteil nach Europa und in die USA. Der Renner auf dem Exportmarkt ist die Marke Super Dry.

WISSENSWERTES

Brauerei: Asahi
Standort: Tokio, Japan
Sorte: dunkles Lager
Farbe: dunkles Rotbraun
Alkoholgehalt: 5 Vol.-%
Serviertemperatur: 8–10 °C
Passt gut zu: Schokolade und Desserts auf Früchtebasis

Kirin Ichiban

Kirins „anderes" Bier kam 1990 als Ichiban Shibori heraus, was wörtlich übersetzt „erste Auflage" heißt.

Der Name spielt darauf an, dass nur die Würze aus dem ersten Abläutern des Malzes verwendet wird – gewöhnlich wird dasselbe Malz ein zweites Mal abgeläutert, die dann entstehende Würze ist schwächer und hat einen höheren Anteil an bitterem Tannin. Folglich hat Kirin Ichiban einen höheren Alkoholanteil und einen milderen, reineren Geschmack, was das Bier bei den japanischen Biertrinkern sehr begehrt macht. Durch das Kirin Ichiban konnte sich die Brauerei auch international etablieren und expandieren. Im Jahr 1998 erwarb das Unternehmen einen größeren Anteil an der neuseeländischen Lion-Nathan-Gruppe, und 2001 investierte man in das philippinische Unternehmen San Miguel.

WISSENSWERTES

Brauerei: Kirin
Standort: Tokio, Japan
Sorte: Lager
Farbe: Goldgelb
Alkoholgehalt: 5,5 Vol.-%
Serviertemperatur: 8–10 °C
Passt gut zu: Sushi, Sashimi und Tempura

Kirin Beer

Kirin Beer ist ein knackiges, goldenes Lager im Pilsner Stil, das durch Saazer und Hallertauer Hopfen eine erfrischende blumige Bittere erhält. Es reift bis zu zwei Monaten in kalten Kellern und erhält so einen weichen, leichten Körper und einen vollen Geschmack.

In Japan wird es nicht pasteurisiert und ungefiltert in Flaschen abgefüllt. Die für den Export bestimmte Version wird generell gefiltert. Kirin-Biere werden in den USA von Budweiser und in Europa von dem englischen Brauer Charles Wells in Lizenz gebraut. Die ursprünglich Spring Valley genannte Brauerei wurde 1869 in Yokohama gegründet und war eine der ersten kommerziellen Brauereien Japans. Während Kirin Beer seit 1888 ununterbrochen die meistverkaufte Biermarke Japans ist, wurde Kirin erst 1954 zur führenden Brauerei des Landes. Seitdem hat das Unternehmen diese Position verteidigt.

WISSENSWERTES

Brauerei: Kirin
Standort: Tokio, Japan
Sorte: Pilsner
Farbe: Goldgelb
Alkoholgehalt: 4,9 Vol.-%
Serviertemperatur: 8 °C
Passt gut zu: Sushi, Sashimi und Tempura

Hitachino Nest Lacto Sweet Stout

Die Kiuchi Brewery besteht seit 1832. Anfangs produzierte sie Saké, um den überschüssigen Reis zu verarbeiten, der von den Bauern als Steuer erhoben wurde.

Erst 1996 begann man, Bier zu brauen, erwarb sich aber mit den qualitätvollen, traditionellen Bieren sowie Bieren mit spezifisch japanischem Charakter einen guten Ruf. Das Lacto Sweet Stout ist hierfür ein typisches Beispiel. Es besitzt Karamell- und Schokoladennoten im Aroma mit einem Hauch von Milchsäure, die von der Verwendung von Milchzucker stammt. Auf dem Gaumen verfügt es über einen vollen Körper mit erfrischender Kohlensäure und adstringierend bitterem Röstmalzcharakter, der durch eine cremig-weiche Süße ausgewogen wird.

WISSENSWERTES

Brauerei: Kiuchi Brewery
Standort: Naka-gun, Ibaragi, Japan
Sorte: Milk Stout
Farbe: Dunkelbraun, fast Schwarz
Alkoholgehalt: 3,9 Vol.-%
Serviertemperatur: 10–12 °C
Passt gut zu: Schalentieren und anderen Meeresfrüchten

Hitachino Nest Red Rice Beer

Dieses markante Bier besitzt ein körniges Malzaroma mit subtil-blumiger Hopfennote und einem hefig-fruchtigen Unterbau mit Kirsch-, Orangen-, Birnen- und Apfelnoten.

Die etwas trübe, orange Farbe stammt nicht von den Malzen, sondern von rotem Reis, der dem Bier auch einen spritzigen, reinen, erfrischenden Charakter mit leichter Süße, ähnlich einem Saké, verleiht. Es verfügt über eine delikate, bitter-zitronige Hopfennote im Geschmack, und der hohe Alkoholgehalt verleiht ihm ein würziges, trockenes Aroma und eine angenehme Wärme im Abgang.

WISSENSWERTES

Brauerei: Kiuchi Brewery
Standort: Naka-gun, Ibaragi, Japan
Sorte: Belgisches Abtei Dubbel
Farbe: dunkles Bernsteinorange
Alkoholgehalt: 8,5 Vol.-%
Serviertemperatur: 8–10 °C
Passt gut zu: Yakitori – gegrillten Hühnerspießen

Hitachino Nest Weizen

Dieses naturtrübe goldene Weizenbier im deutschen Stil besitzt ein süßes, hefiges Bananen- und Orangenaroma mit einem Hauch Schärfe, insbesondere von schwarzem Pfeffer, Nelken und Koriander.

Auf dem Gaumen dominiert eine erfrischende Weizenherbe, ein fruchtiger, säuerlicher Zitronenhauch macht sich im Abgang bemerkbar. Zum großen Sortiment von Kiuchi zählen auch das in Zedernfässern gereifte Japanese Classic Ale, das ein scharfer, harziger Geschmack auszeichnet; das englische Pale Ale Cascade Ale, in dem Hopfen und Malz gut ausgewogen sind; sowie ein deutscher Eisbock mit kräftigen 9 Vol.-% Alkohol.

WISSENSWERTES

Brauerei: Kiuchi Brewery
Standort: Naka-gun, Ibaragi, Japan
Sorte: Hefeweizen
Farbe: trübes Strohgelb
Alkoholgehalt: 5 Vol.-%
Serviertemperatur: 8–10 °C
Passt gut zu: Sushi

Yebisu

Das Yebisu wurde erstmals 1890 durch die Japan Brewing Company herausgebracht, die 1887 von einigen Unternehmern gegründet worden war. Es basierte auf einer Rezeptur für ein vollmalziges goldenes Lager, das ein deutscher Brauer für die Brauerei entwickelt hatte.

Aus der Japan Beer Company wurde später Kirin, das wiederum ein Teil von Dai Nippon wurde – und die Marke Yebisu starb aus. Im Jahr 1971 wurde die Marke jedoch durch Sapporo wieder neu aufgelegt. Damit war es das erste Vollmalzbier im deutschen Stil, das nach dem Krieg in Japan gebraut wurde. Es verfügt über einen vollen, malzigen Geschmack, der dem eines Dortmunder Export ähnlich ist. Sapporo braut auch ein dunkles Lager im Münchner Stil namens Yebisu Black Beer.

WISSENSWERTES

Brauerei: Sapporo Breweries Ltd.
Standort: Hokkaido, Japan
Sorte: Dortmunder/Export
Farbe: Goldgelb
Alkoholgehalt: 5 Vol.-%
Serviertemperatur: 8–10 °C
Passt gut zu: scharfen Gerichten wie Hühnchen mit Nudeln und Chili

Silver Sapporo

In Japan wird die Hauptmarke der Sapporo Brauerei in Flaschen verkauft und heißt Sapporo Black Label – eine Anspielung auf das schwarze Etikett, das den silbernen Stern der Brauerei zeigt.

In anderen Ländern ist das Bier als Sapporo Premium bekannt, wird aber auch in stilvollen silbernen Dosen entweder als Silver Sapporo oder als Sapporo Draft verkauft. Es kam in Japan 1977 auf den Markt und ist ein leichtes, erfrischendes goldenes Lager mit weichem Malzaroma und sanft bitterem Hopfengeschmack. Die Geschichte der Sapporo-Brauerei beginnt 1876, als Seibei Nakagawa, der in Deutschland das Brauhandwerk erlernt hatte, von der japanischen Regierung eingestellt wurde, um den Bau einer Brauerei in Hokkaido zu überwachen. Bevor das Jahr zu Ende ging, wurden die ersten Biere im bayerischen Stil produziert.

Die Brauerei wurde 1886 in Sapporo umbenannt und kam 1906 zur Dai-Nippon-Gruppe. Ihr Biere wurden nun in Tokio gebraut. Als Dai Nippon 1949 zerschlagen wurde, wurde Sapporo wieder unabhängig. Das Unternehmen nannte sich zunächst Nippon Breweries Ltd., gab aber dem öffentlichen Druck nach und nahm 1956 den Namen Sapporo wieder an. Heute wird das Bier wieder in Hokkaido gebraut.

WISSENSWERTES

Brauerei: Sapporo Breweries Ltd.
Standort: Hokkaido, Japan
Sorte: Lager
Farbe: Goldgelb
Alkoholgehalt: 4,5 Vol.-%
Serviertemperatur: 6–8 °C
Passt gut zu: leichten Nudel- oder Reisgerichten

Oben

Foster's Lager wurde mithilfe einer äußerst effizienten Werbekampagne zu einer der bekanntesten Biermarken der Welt. Foster's hat Australien – neben Castlemaine XXXX – eine weltweite Präsenz auf dem Biermarkt gesichert. Auch Neuseeland beansprucht mit qualitativ hochwertigen Premium-Bieren wie Steinlager (das von der riesigen Lion Nathan Group produziert wird) einen wachsenden Anteil am Weltmarkt.

Australisches und neuseeländisches Bier

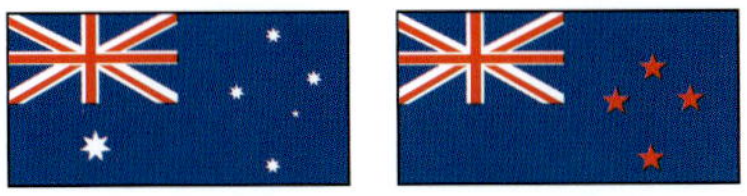

Die Brautradition in Australien und Neuseeland nimmt mit der Ankunft der europäischen Siedler Ende des 18. Jahrhunderts ihren Anfang. Das erste Dokument, das eine Art Brauereiwesen überliefert, stammt von 1794: Danach hat John Boston ein Bier aus indischem Mais (anstelle von Gerste) gebraut. Die nötige Bittere erzeugte er durch die Stängel und Beeren der Kapstachelbeere.

Oben

Der spezielle Charakter der australischen Biere trägt einen wesentlichen Teil zu ihrem großen Erfolg auf den Exportmärkten bei.

DIE ERSTEN BRAUER hatten Mühe, sich die erforderlichen Zutaten zu verschaffen, und außerdem hatten sie es mit einem ungünstigen Klima zu tun. Die Wirkung der Hitze auf die obergärige Hefe, mit denen üblicherweise die englischen Ales produziert wurden, machte das Brauen zu einem unvorhersehbaren Unterfangen, und selbst wenn die Versuche von Erfolg gekrönt waren, war das Bier nicht sehr lange haltbar.

Nachdem Pioniere wie die Brüder Foster Ende des 19. Jahrhunderts die Kühlung eingeführt hatten, wurden die Ales weitgehend von den untergärigen goldenen Lagern abgelöst, die auch heute noch die beliebteste Biersorte in Australien sind. In der Zwischenzeit braute man in Neuseeland, dessen Klima dem in Nordeuropa vergleichbar ist, erfolgreich Ales. Und die sind selbst nach der Einführung der Lagerbiere nach wie vor gefragt.

Der australische Inlandsmarkt wird von zwei riesigen Brauereigiganten beherrscht: Carlton and United Breweries (einem Unternehmen der internationalen Foster's Brewing Group) und Lion Nathan aus Neuseeland. Obwohl der Bierkonsum zurückgegangen ist, seitdem in den 1980er-Jahren der Wein zunehmend an Beliebtheit gewann, wird in Australien immer noch viel Bier getrunken. In Neuseeland hat die Brauindustrie in der Vergangenheit stark unter einer einflussreichen Abstinenzbewegung gelitten. Unter deren Einfluss wurde 1923 die Brauereigruppe Lion Nathan gegründet, in der sich die zehn größten Brauer des Landes zusammengeschlossen haben, da keiner von ihnen alleine hätte überleben können.

RUND UMS BIER

Produktionsvolumen: 20 300 000 Hektoliter pro Jahr

Pro-Kopf-Verbrauch: 82 Liter pro Jahr

Berühmte Brauereien: Castlemaine Perkins; Foster's Brewing Group Ltd.; Lion Breweries; Malt Shovel; Swan Brewery; Tooheys

Berühmte Marken: Castelmaine XXXX; Foster's; James Squire Original Amber Ale; Steinlager; Swan Draught; Tooheys New

Castlemaine XXXX

Dieses helle, malzige Lager erhält durch ganzen Hopfen eine erfrischende Bittere. Die Brauerei Castlemaine wurde 1859 in Castlemaine, Victoria, von Nicholas und Edwin Fitzgerald gegründet.

Die beiden übernahmen 1877 in Milton, einem Vorort von Brisbane, eine kränkelnde Schnapsbrennerei und brauten als Erstes das Castlemaine XXX Sparkling Ale. Dann folgte 1894 das Castlemaine XXXX Sparkling Ale, aber das heiße Klima von Queensland verursachte beim Brauen Probleme. Also zog die Brauerei 1920 den Österreicher Alois Wilhelm Leitner hinzu, der ein leichteres, untergäriges Bier entwickelte, das XXXX Bitter Ale. Castlemaine fusionierte später mit der Brauerei Perkins aus Brisbane und wurde 1992 Teil der neuseeländischen Lion Nathan Group.

WISSENSWERTES

Brauerei: Castlemaine Perkins
Standort: Brisbane, Queensland, Australien
Sorte: Lager
Farbe: helles Goldgelb
Alkoholgehalt: 4,8 Vol.-%
Serviertemperatur: 6–8 °C
Passt gut zu: scharfen Gerichten wie thailändischen Currys

James Squire Original Amber Ale

Die originale Brauerei Malt Shovel wurde 1795 von James Squire gegründet, einem Brauer und Kneipenwirt, der als verurteilter Straßenräuber nach Australien kam.

James Squire Original Amber Ale ist ein englischen Pale Ale, wie es von der ersten Malt Shovel Brauerei produziert wurde. Kristall- und Karamellmalze verleihen ihm eine deutliche Kupferfarbe und einen vollen, süßen, nussigen Malzgeschmack, während die späte Zugabe von Willamette-Hopfen für einen erfrischend bitter-zitronigen Grapefruit-Abgang sorgt. Die Brauerei produziert auch ein stark gehopftes Pilsner mit einem duftend krautig-blumigen Aroma und reifem Malzgeschmack.

WISSENSWERTES

Brauerei: Malt Shovel
Standort: Sydney, Neusüdwales, Australien
Sorte: English Pale Ale
Farbe: Kupferrot
Alkoholgehalt: 5 Vol.-%
Serviertemperatur: 10 °C
Passt gut zu: Lamm-, Rind- oder Wildgerichten

Foster's Lager

Dieses original australische Lager verfügt über eine weiche Textur und einen runden Malzgeschmack mit leichter Hopfenpräsenz im Abgang. Es wurde 1887 in Melbourne von zwei New Yorker Brüdern herausgebracht. Obwohl die Brauerei bis heute ihren Namen trägt, zogen sie sich nach nur 18 Monaten aus dem Unternehmen zurück und gingen wieder nach New York. Zuvor führten sie aber noch eine neuartige Kühlung ein, die die Produktion von leichteren Lagerbieren im europäischen Stil im heißen australischen Klima möglich machte.

Foster's, Australiens bekannteste Biermarke, ist heute in mehr als 150 Ländern zu bekommen. Das ist zum großen Teil das Ergebnis einer gewaltigen internationalen Expansion in den 1980er-Jahren. Nachdem die Brauerei von Elders IXL (später Foster's Brewing Group) übernommen worden war, übernahm sie Courage in England und Carling in Kanada. In den 1990er-Jahren musste die Gruppe diese Beteiligungen jedoch wieder verkaufen. Zur gleichen Zeit diversifizierte sich das Unternehmen und verschaffte sich einen Anteil am riesigen australischen Weinmarkt. Foster's produziert aber nach wie vor Bier, darunter bemerkenswerte Marken wie Victoria Beer (VB), Carlton Draught und Crown Lager, die in Australien sehr bekannt sind.

WISSENSWERTES

Brauerei: Foster's Brewing Group Ltd.
Standort: Melbourne, Australien
Sorte: Lager
Farbe: blasses Goldgelb
Alkoholgehalt: 4,9 Vol.-%
Serviertemperatur: 5–7 °C
Passt gut zu: Salaten und Schalentieren

Swan Draught

Albion war die erste kommerzielle Brauerei in Perth und wurde 1837 gegründet. Die Swan Brauerei folgte 1857. Ihr Gründer Frederick Sherwood ließ sich in der Gegend nieder, die heute als Sherwood Court bekannt ist.

Die Brauerei wurde Captain John Ferguson und William Mumme zur Pacht überlassen. Die beiden verfügten über umfangreiche Kenntnis der deutschen Bierstile und konnten die Qualität der Swan-Biere erheblich verbessern. Später wurde William Mumme alleiniger Inhaber. Im Jahr 1928 erwarb er auch die Brauerei Albion, die damals Emu hieß. Heute gehört Swan zur Lion Nathan Group. Swan Draught ist ihre Flaggschiff-Marke und das führende Lager in Westaustralien. Es ist ein weiches, süffiges Bier, dessen Malzgeschmack durch sanfte Bittere aus tasmanischem Hopfen ausgeglichen wird.

Im Jahr 1983 kam zum Draught das nach traditionellen Methoden gebraute Swan Stout hinzu, ein Bier mit vollem Körper und kräftigen 7 Vol.-% Alkohol.

WISSENSWERTES

Brauerei: Swan Brewery
Standort: Perth, Westaustralien
Sorte: Lager
Farbe: Goldgelb
Alkoholgehalt: 4,8 Vol.-%
Serviertemperatur: 6–8 °C
Passt gut zu: Grillwurst

Tooheys New

Tooheys New ist ein einfaches hellgoldenes Lager mit einem prickelnden, klaren Geschmack. Es wird seit 1931 von Tooheys in Sydney gebraut und hieß ursprünglich Tooheys Draught. Seit 1998 heißt es Tooheys New, wird aber nach derselben Rezeptur gebraut. Bis in die 1930er-Jahre hatte das Unternehmen ein mildes, dunkles, obergäriges Ale im englischen Stil namens Tooheys Old im Sortiment, ein schweres, malziges Bier mit Schokoladennote auf dem Gaumen und niedrigem Hopfengehalt.

Heute produziert Tooheys zahlreiche Biere, darunter zwei dunkle Lager namens Amber und Red, ein Eisbier namens Blue Laber und ein hopfiges Pilsner in deutschem Stil. Das jüngste Produkt in der Reihe kam 2001 heraus, das Tooheys Maxim, ein Lager mit wenig Kalorien und voller Stärke. Die Geschichte von Tooheys beginnt, als 1869 der irisch-katholische Einwanderer John Thomas Toohey seine Braulizenz erwarb. Drei Jahre später kauften er und sein Bruder James die Brauerei Darling in Cockle Creek in Sydney, die später in Darling Harbour umbenannt wurde. Tooheys wurde 1902 eine Aktiengesellschaft und 1985 zusammen mit der Swan-Brauerei von Bond übernommen. Seit 1992 wird sie unter dem Dach der internationalen Lion Nathan Group aus Neuseeland wieder eigenständig geführt. Im Jahr 1994 nahm Tooheys ein neues, hochmodernes Brauhaus in Auburn in Betrieb.

WISSENSWERTES

Brauerei: Tooheys
Standort: Sydney, Neusüdwales, Australien
Sorte: Lager
Farbe: blasses Goldgelb
Alkoholgehalt: 4,6 Vol.-%
Serviertemperatur: 6–8 °C
Passt gut zu: scharfen Gerichten wie thailändischen Currys

Steinlager

Steinlager ist das Pilsener der Lion Breweries. Es verfügt über ein markantes grasiges Aroma und eine klare, prickelnde Hopfenbittere auf dem Gaumen, die zu einem trockenen, adstringierenden Abgang führt.

Lion entstand 1923, als acht der führenden neuseeländischen Brauereien in dem Bemühen fusionierten, die gesetzliche Verankerung der Prohibition abzuwehren. Das neue Unternehmen nannte sich New Zealand Breweries, wurde aber 1977 nach einer seiner stärksten Marken in Lion umbenannt. Vor der Fusion waren die Lion-Biere von der Great Northern Brewery produziert worden, die im Jahr 1860 gegründet wurde.

Lion Breweries ist ein Unternehmen der Lion Nathan Group, einem der größten Wein- und Bierproduzenten in Neuseeland und Australien. Weitere beliebte Marken der Gruppe sind Lion Red, ein vollmundiges, malziges Bier (und in Neuseeland die führende Biermarke); ferner Speight's Amber Ale, von dem die Brauerei sagt, es sei „ein Vollbier, traditionell mit ausgewähltem Nelson-Hopfen, feinster Canterbury-Gerste und Wasser gebraut und bitterer als die durchschnittlichen Fassbiere“, sowie das Hahn Premium Light und das mittelstarke XXX Gold.

WISSENSWERTES

Brauerei: Lion Breweries
Standort: Auckland, Neuseeland
Sorte: Pilsner
Farbe: blasses Goldgelb
Alkoholgehalt: 5 Vol.-%
Serviertemperatur: 6–8 °C
Ideal als: Aperitif

Register

Fett gedruckte Seitenzahlen verweisen auf ausführliche Erläuterungen des jeweiligen Biers.

Bildnachweis

Der Verlag dankt allen Brauereien, die am Zustandekommen dieses Buchs mitgewirkt haben.

Unser besonderer Dank gilt:
Adrian Matthew, www.newbelgium.com
Anthony Crewe
Miller Brewing Co.
New Jersey Climax Brewing Company
The Boston Beer Company
The Staff at Cambrew Ltd.
Phnom Penh, Kambodscha
www.schlenkerla.de

Corbis: Vorsatz, 6, 9, 10, 11, 12, 13, 26, 70, 71, 78, 79, 82, 90, 91, 98, 99, 112, 113, 128, 129, 132, 133, 144, 145, 190, 191, 202, 203, 208, 209, 256, 257, 270, 271, 280, 281, 286, 287, 292, 293, 308, 309

Getty Images: 83

Topham Picturepoint: 7, 8

Amber Books: 15, 23 u (beide), 33, 34 o (beide), 38 o (beide), 41 o (beide), 49, 50, 58 u, 62 o (beide), 63, 72 u (beide), 74 o (beide), 118, 123 u (beide), 206 u (beide), 240, 247, 285, 294 u (beide), 296, 297, 300 o (beide), 313

Oland Brewer/Interbrew, 14 o; **Amsterdam Brewing Company**, 14 u; **Big Rock Brewery**, 16 o (beide); **Brick Brewing Co.**, 16 u (beide), 17; **Creemore Springs**, 18 o (beide); **McAuslan Brewing**, 19 u (beide), 20; **Molson Breweries**, 21; **Moosehead Breweries Ltd.**, 22 o (beide); **Sleeman Brewing & Malting Co.**, 22 u (beide); **Upper Canada Brewing**, 25 o (beide); **Wellington County**, 25 u; **Anchor Brewing Co.**, 28, 29; **Alaskan Brewing Company**, 30 o; **August Schell Brewing Co.**, 31; **Bear Republic Brewing Co.**, 32; **Breckenridge Brewery**, 34 u (beide); **Brooklyn Brewery**, 35; **BridgePort Brewing Company**, 36; **Coors Brewing Company**, 38 u, 39 o; **Full Sail Brewing Co.**, 39 u; **Great Lakes Brewing Co.**, 40; **Hale's Ales Brewer & Pub**, 41 u; **Hair of the Dog Brewing Co.**, 42; **Left Hand & Tabernash Brewing Co.**, 43; **Jacob Leinenkugel Brewing Company**, 44 o (beide); **MacTarnahan's Brewing Company**, 44 u (beide) 45; **Anheuser-Busch**, 46 u; **SAB Miller**, 47, 48 o; **North Coast Brewing Co.**, 48 u (beide), 51; **Odell Brewing Company**, 52; **Old Dominion Brewing Company**, 53; **Brewery Ommegang**, 54; **Pabst Brewing Company**, 55; **Pensylvania Brewing Company**, 56; **Pete's Brewing Company**, 57; **Pike Pub and Brewery**, 58 o; **Brooklyn Brewery**, 59; **Redhook Ale Brewery**, 60 o; **Rogue Ales**, 60 u, 61; **Saint Arnold Brewing Company**, 62 u; **Boston Beer Company**, 64; **Sierra Nevada**, 65; **Stone Brewing Company**, 66, 67 o; **Stoudt's Brewing Co.**, 67 u, 68 o; **Privatbrauerei Sudwerk Hubsch**, 68u; **Victory Brewing Company**, 69; **Especialidad Cerveceras**, 72 o; **Belhaven Brewer Company Ltd.**, 100; **Caledonian Brewery**, 108, 109; **Adnams Ltd.**, 114; **Batemen's**, 116; **Fuller, Smith & Turner Plc.**, 119, 120, 121 o; George Gale & Co, 121 u, 122 o; **Brauerei Eichhof**, 204 u, 205, 206 o; **Bürgerbräu**, 212 u; **Berliner Kindl Brauerei**, 215 o; **Binding Brauerei**, 215, 216 o; **Bitburger Brauerei**, 217; **DAB**, 218, 219 o; **Brauerei P. J. Früh**, 225 o (beide); **Heller-Bräu**, 227; **Friesisches Brauhaus**, 229 u (beide); **Spaten-Franziskaner-Bräu**, 238 o, 248, 249; **Brauerei Pinkus Müller**, 241 o (beide); **Rostocker Brauerei**, 242 u; **Privat Weissbierbrauerei G. Schneider & Sohn**, 246; **Thurn und Taxis**, 252 u; **Wernesgrüner**, 255 o; **Fohrenburger**, 273; **Braucommune in Freistadt**, 274; **Brau Union Österreich**, 276; **Ottakringer**, 277; **Brauerei Schwechat**, 278; **Brauerei Zipf**, 279; **United Breweries**, 294 o (beide); **Asia Pacific Breweries**, 298; **Cambrew Ltd.**, 299; **San Miguel Co.**, 300 u; **Asahi**, 303; **Kuchi Brewery**, 305, 306 o (beide); **Sapporo Breweries Ltd.**, 306; **Malt Shovel**, 310 u (beide); **Swan Brewery**, 312

MARKE
CLAUSTHALER
CLASSIC
PREMIUM-ALKOHOLFREI
Gutmann
HEFEWEIZEN
DOPPELBOCK DUNKEL
Andechs
Andechser
DOPPELBOCK
DUNKEL
LÖWENBRÄU
Premium Pils
PAULANER
Hefe-Weißbier
DUNKEL
Hefe-Weißbier
DUNKEL
PAULANER
Hefe-Weißbier
DUNKEL
Mönchshof
Mönchshof
Original
PILS
Seit 1887
Leikeim
PREMIUM
PREMIUM-HERBE BIERSPEZIALITÄT
AUS ALTENKUNSTADT
Schöfferhofer
SCHNEIDER WEISSE
Original
SCHNEIDER WEISSE
HEFE-WEIZENBIER
Original